CHRISTINA OTT

* VOM MUT,
ICH SELBST
ZU SEIN

unvollkommen GLÜCKLICH

Francke

Über die Autorin:
Christina Ott wuchs in Ostdeutschland in einer christlichen Familie auf. Viele Jahre arbeitete sie als Krankenschwester und ist nun als psychologische Beraterin und Supervisorin tätig. Sie engagiert sich im Gnadauer Arbeitskreis Frauen sowie im Arbeitskreis Frauen der Deutschen Evangelischen Allianz und ist gefragte Referentin bei Frauenfrühstückstreffen. Christina Ott ist mit einem Theologen verheiratet und Mutter von zwei erwachsenen Kindern. Seit 2021 lebt sie in Nürnberg.

Biografische Information der Deutschen Nationalbibliothek
Die Deutsche Nationalbibliothek verzeichnet diese Publikation in der Deutschen Nationalbibliografie; detaillierte bibliografische Daten sind im Internet über http://dnb.dnb.de abrufbar.

2. Auflage 2023
ISBN 978-3-96362-173-4

35037 Marburg an der Lahn
Umschlaggestaltung: Francke-Buch GmbH
Satz: Francke-Buch GmbH
Printed in Czech Republic

www.francke-buch.de

INHALT

Vorwort

An einem strahlenden Samstagmorgen fuhr ich durch den Thüringer Wald, vom frischen, zarten Frühlingsgrün beflügelt. Mein Magen knurrte ein wenig. Umso mehr wuchs die Freude auf das bevorstehende Frühstück mit Kaffee, frischen Brötchen und interessanten Begegnungen. Als Referentin war ich zu einem Frauenwochenende eingeladen. Zeitlich lag ich gut im Rahmen. Nach etwa dreißig Minuten Fahrt riss mich ein Gedanke aus der friedlichen Beschaulichkeit: Mein Laptop steht noch zu Hause! In Sekundenschnelle überlegte ich, was zu tun ist. Ohne die vorbereitete PowerPoint-Präsentation wird mein Beitrag massiv einbüßen. Wenn ich allerdings ordentlich Gas gebe, wäre beides noch zu schaffen – den Laptop holen und pünktlich zum Vortrag im »Bibelheim am Rennsteig« erscheinen. Leider ohne Frühstück ... Also eine straffe Wendung und schon ging es zurück. Nachdem die erste Aufregung abgeklungen war, dämmerte mir eine kuriose Verknüpfung: Erst gestern hatte ich den unterschriebenen Vertrag für ein Buch zurückgesendet. Sein Titel lautet »Unvollkommen glücklich. Vom Mut, ich selbst zu sein«. Und heute diese Lektion. Volltreffer ... ich begann zu lachen. Ja, ich bin unvollkommen. Und ich mache Fehler. Aber anstatt auf mir selbst herumzuhacken, kommt es jetzt darauf an, gut mit der Situation umzugehen. Und das heißt zuerst, die Verantwortliche anzurufen und das Tempolimit zu beachten. Als ich später – mit Laptop unter dem Arm – den Gruppenraum betrat, wurde ich entspannt empfangen. Offenherzig erzählte ich von meiner Panne, was sofort Sympathien schuf. Sogar Kaffee und frische Brötchen gab es noch für mich.

In unserem persönlichen Ausstattungskoffer ist alles enthalten, was wir für ein erfülltes Leben brauchen.

Und nun lege ich Ihnen mein unvollkommenes Buch vor. Als Mensch, Frau und Christin teile ich darin meine Lebens- und Glaubenserfahrungen. Als psychologische Beraterin und Referentin führe ich Sie behutsam durch verschiedene Lebensthemen von Frauen. Diese haben sich aus meiner langjährigen Erfahrung in der Begleitung von Frauen herauskristallisiert. Die damit verbundenen Fragen tauchen auch in der Beratungspraxis immer wieder auf.

»Glück ist, wenn das, was ist, genug sein darf« – so las ich es gerade in einem Roman von Christina Brudereck. Besser kann man es nicht sagen. Was wir heute vorfinden, darf genug sein. Und wie wir heute sind, darf genug sein: unsere Originalität und Einmaligkeit, die Erfahrung aus unserer Lebensgeschichte, unsere Macken und Grenzen. In unserem persönlichen Ausstattungskoffer fürs Leben ist im Prinzip alles enthalten, was wir für ein erfülltes und sinnvolles Dasein brauchen. Gott schenkt uns von Anfang an Würde und Wert. Und er sucht die vertrauensvolle Verbindung zu mir und zu Ihnen. Wenn das keine guten Voraussetzungen sind …

Dieses Buch soll zuallererst ein Mutmachbuch sein, kein Ratgeber. Mein größter Wunsch wäre es, dass es Ihren Mut bestärkt, *Sie selbst* zu sein. Denn Sie dürfen ein grundlegendes Ja zu sich selbst sagen. Und dann zuversichtlich weiterwachsen.

Ihre
Christina Ott

1.

Kindheit –

WIE SIE MEIN LEBEN PRÄGT

Unser Leben ist mit einem Film vergleichbar. Es hat einen Anfang und ein Ende. Ein beachtlicher Teil ist schon gelaufen. Wie mein Leben weitergehen wird, ist noch offen. Wenn wir diesen »Film« und unsere Rolle darin mögen, ist das natürlich vorteilhaft für ein glückliches und zufriedenes Leben. Welche Überschrift würden wir unserer Lebensstory geben? Schon das würde zeigen, wie wir unsere Existenz empfinden. In den Film unseres Lebens sind wir nicht zufällig »hineingeraten«. Nur im Kino kann man sich verirren und dann im falschen Saal in einen Film eintauchen, den man eigentlich nicht sehen wollte … Unser Lebensfilm hingegen ist weitgehend unter unserer eigenen Regie entstanden. Wir spielen darin eine entscheidende Rolle. Wir haben sie – im gewissen Rahmen natürlich – selbst gewählt. Und das fing schon in unserer Kindheit an.

Neunundzwanzig, dreißig – ich komme!

»Life is ten percent what happens to you and ninety percent how you respond to it.«[1] *(Lou Holtz)*

Denken Sie gelegentlich daran, wie es in Ihrer Kindheit war? Wie Sie spielten und unbeschwert die Welt entdeckten? Erinnern Sie sich an den Stolz, allein Roller fahren zu können und später dann Fahrrad? Haben Sie noch den Geschmack von Ihrem Lieblingsessen auf der Zunge, das die Großmutter extra für Sie kochte?

Ich erinnere mich besonders gut an die Spiele draußen mit meinen Geschwistern und den Nachbarskindern. An die Suche nach einem tollen Versteck, während ein Kind laut zählt: «Siebzehn, achtzehn, neunzehn …« Ein wenig Zeit bleibt mir, also doch lieber noch einmal wechseln und zwischen Schubkarre und Schuppen quetschen, als hinter dem Baum zu hocken? »Neunundzwanzig, dreißig, ich komme …« Und jetzt ducken und sich ganz klein machen! Die Spannung lässt den ganzen Körper kribbeln. Gelegentlich vorsichtig hinter dem Baum hervorspähen und schauen, was insgesamt vorgeht. Und dann – der Sucher bewegt sich gerade in die entgegengesetzte Richtung – aufgeregtes Herzklopfen und ein mutiger Sprint zur vereinbarten Stelle, an der man sich freischlagen kann. Das war für mich Kindheitsglück, ob ich es nun geschafft hatte oder vorher erwischt wurde. Und am Abend vom Straßenstaub gereinigt werden, erschöpft ins Bett fallen und mit dem Gedanken an ein besseres Versteck für morgen einschlafen …

Natürlich tauchen dabei auch unschöne Erinnerungen auf. Sie sind vielleicht genauso lebendig. Oder sie melden sich nur als negatives Gefühl, das wir am liebsten wieder in die Versenkung schicken.

Die Kindheit schwingt mit

Egal, wie alt Sie heute sind: Ihre Kindheit schwingt mit. Sie klingt nach und färbt auf Ihr Leben heute ab. Gehen Sie mit mir in Gedanken noch ein Stück weiter zurück bis zum Anfang Ihres Lebens.

Die Umstände damals mögen bei allen von uns sehr unterschiedlich gewesen sein: ob Sie gewünscht und ersehnt waren oder ob Sie Ihre Eltern »überrascht« haben. Ob Ihre Eltern sich verbindlich füreinander entschieden hatten oder wieder auseinandergingen. Welche Menschen außer Ihren Eltern schon zur Familie gehörten. Wo Sie zur Welt kamen und zu welchem Zeitpunkt. Wie die gesellschaftlichen und wirtschaftlichen Umstände gewesen sind. Ob und was Ihre Eltern glaubten. Wie Vater und Mutter ihren Glauben lebten und welche Werte ihnen wichtig waren. Diese Reihe ließe sich noch lange fortsetzen.

Ihre Kindheit schwingt mit. Sie klingt nach und färbt auf Ihr Leben heute ab.

Das kleine, schutzlose Wesen, frisch angekommen in diesem Nest, sind Sie gewesen. Voller Lebenswillen und innerer Kraft, angewiesen auf die Hilfe und Unterstützung anderer – so wie wir alle am Anfang unseres Lebens. Und gleichzeitig waren wir willens und in der Lage, zu wachsen und die Welt für uns zu erobern. Unabhängig davon, wie günstig unser Umfeld gewesen ist, wie viel Liebe und wohlwollende Unterstützung wir erfahren haben: Wir fanden einen Weg, unser Leben zu meistern. Schon allein das verdient Respekt. Und das dürfen wir selbst anerkennen. Denn tatsächlich sind die Startbedingungen nicht für alle Menschen gleich.

Wer in ein liebevolles Elternhaus hineingeboren wurde, kann doppelt dankbar sein. Ein unverdient positiver Lebensstart! Wer in ein eher schwieriges Umfeld gekommen ist, kann auf die Fähigkeiten schauen, die er gerade in dieser Familie erworben hat. Und das ist oft enorm viel: Denken Sie an all die praktischen Kompetenzen, die ein Mensch braucht, um sein Leben zu bewältigen.

Kinder, die verstärkt zur Mithilfe herangezogen wurden, lernten zu arbeiten, allein und mit anderen. Bei unserem Urlaub in Rumänien beobachteten wir halbwüchsige Mädchen, die geschickt eine hoch mit Kartoffeln und Zwiebeln beladene Schubkarre vom Feld nach Hause balancierten. Es schien ihnen sogar Freude zu machen und was von der Karre fiel, sammelten sie wieder auf.

Und Kinder in sogenannten Fortsetzungsfamilien[2] lernten z. B., sich in verschiedenen Familiensystemen zu arrangieren, und dass es nicht nur eine Art zu leben gibt. Kinder, die finanziell eher kurzgehalten wurden, können lernen, besonders sorgsam mit ihrem Geld umzugehen. Kinder, die häufig körperliche Übergriffe erlebten, sind oft Meister in der Deutung von Körpersprache und der Gesamtstimmung in einem Raum. Fällt Ihnen ebenfalls etwas ein, das Sie genau in Ihrem Umfeld erlernt haben? Sind Sie besonders mitfühlend, nachdem in Ihrer Familie jahrelang ein Großvater gepflegt wurde? Oder selbständig, weil Sie schon frühzeitig morgens alleine aufgestanden sind und Ihre Schulbrote belegten? Tatkräftig und entschlossen, weil Sie einen Bruder hatten, der regelmäßig epileptische Anfälle bekam und Sie dann die entsprechenden Handgriffe übernommen haben?

> Ungebetene Herausforderungen aus der Kindheit erweisen sich oft als Lebenslektionen.

Je länger man darüber nachdenkt, desto deutlicher zeigen sich diese ungebetenen Herausforderungen aus der Kindheit als Lebenslektionen. Und übrigens: Auch im besten Elternhaus bleiben Dinge offen. Jedes Kind vermisst irgendetwas und bekommt bestimmte Bedürfnisse nicht erfüllt. Trotzdem kann auch das uns lebensfähig machen. Und auch aus Gottes Sicht scheint es zu genügen. Er ist an unserer Seite, wenn wir uns der Aufgabe stellen, aus unserem Lebensmaterial – aus den Bausteinen, die wir haben – unser Leben aufzubauen. Ein Leben, in dem wir Sinn finden, mit anderen Menschen verbunden sind und das wir gerne leben.

Das Kostbarste von allem – das Leben wurde uns geschenkt

Unsere beiden Kinder kamen als Adoptivkinder zu uns. Als sie später erfahren wollten, wieso sie als Babys zur Adoption freigegeben wurden und was wir über ihre Mutter wissen, blieben viele Fragen offen. Aber eine Antwort konnten wir ihnen aus tiefster Überzeugung geben. Wir sagten es immer wieder: »Sie hat euch das Kostbarste gegeben, was ihr habt – euer Leben.« Deshalb denken wir mit großer Wertschätzung an diese Frau. Das Gleiche lässt sich wohl über alle Eltern sagen: Sie haben uns das Leben geschenkt – das Kostbarste, was uns zur Verfügung steht. Trotz ihrer Begrenzungen und trotz der Schwierigkeiten, die sie vielleicht mit sich selbst und ihrem Leben hatten.

In dieser Haltung können wir den Fokus weg von den Eltern auf uns selbst richten. Natürlich ist es relativ bequem und üblich, Eltern oder Lebensumstände verantwortlich zu machen für unser Leben heute. Aber entspricht das der Realität und hilft es uns weiter? Ich möchte Sie zu einer anderen Denkweise einladen. Zu einer Sicht auf das Leben, die uns unsere eigene Verantwortung zurückgibt und gleichzeitig einen Veränderungshorizont und neuen Gestaltungsspielraum eröffnet.

Wir selbst hatten Einfluss auf unsere Entwicklung

Mir hilft zum Verständnis, welche Möglichkeiten ein Kind in seiner Familie hat und wovon die Entwicklung beeinflusst wird, ein Modell. Es geht auf den Arzt und Psychotherapeuten Alfred Adler[3] zurück. Er stellte fest, dass es neben den genetischen Voraussetzungen und der Umwelt noch eine dritte Kraft gibt, die das Leben eines Kindes wesentlich beeinflusst: nämlich die kreative Kraft des Kindes. Er formulierte: »Der Einzelne ist Bild und Künstler zugleich. Er ist der Künstler seiner eigenen Persönlichkeit.«[4] Damit meinte er die Fähigkeit des Kindes, seine Persönlichkeit zu entwickeln entsprechend der inneren Vermutung, wie es am besten zurechtkommen könnte. Aus dieser Vermutung wird später eine feste Überzeugung.

Denken Sie an die unglaubliche Kreativität, die Kinder beim Malen, Basteln, und Kleben haben. Dabei ist nahezu alles möglich. Dem Spiel mit Farben und Formen sind keine Grenzen gesetzt. Jedes Kunstwerk ist einzigartig.

> Die gleiche kreative Kraft, die ein Kind nach außen zeigt, hat es auch nach innen.

Eben habe ich eines meiner Lieblingskunstwerke unserer Tochter wieder aus dem Schrank geholt. Es war ein Ostergeschenk und sollte ein Nest darstellen. Dazu hatte die kleine Künstlerin einen Kreis ausgeschnitten und ringsum am Rand elf kleine rote Hasen gemalt. Anschließend hat sie irgendwie den Rand des Kreises mit Nadel und weißem Wollfaden aufgefädelt und zusammengezogen. Ganz schön clever! Mein Herz wird heute noch weich, wenn ich das anschaue. Vielleicht haben Sie irgendwo auch eine Mappe oder Schachtel deponiert, in der Ihre frühen kindlichen Werke aufbewahrt werden oder Geschenke Ihrer Kinder und Enkel. Wenn Sie wieder hineinschauen, wissen Sie, was ich meine.

Nun stellen Sie sich vor: Die gleiche kreative Kraft, die ein

Kind nach außen zeigt, hat es auch nach innen. Und es verwendet sie ganz unbedarft, um zu beobachten, zu kombinieren, zu probieren und für sich ein inneres Bild zu malen, wie es selbst sein sollte. Es kreiert sich sozusagen eine unscharfe Schablone. In Richtung dieses inneren Bildes entwickelt sich das Kind. Wenn sich seine Strategie bewährt, zeichnet es anschließend für sich das Bild mit immer deutlicheren Konturen und hat keinen Grund mehr, es infrage zu stellen.

Betty Lou Bettner baut auf diese Theorie mit ihrem Modell von der Theaterbühne auf.[5] Sie illustriert, dass jedes Kind bei seiner Geburt die Bühne des Lebens betritt so wie ein Schauspieler die Theaterbühne. Allerdings mit einem wesentlichen Unterschied: Der Schauspieler weiß, um welches Stück es sich handelt. Er hat die Rolle einstudiert, kennt seinen Einsatz und die Mitspieler. Beim Kind verhält es sich anders. Es ist zwar fähig und ambitioniert, es wird sich zurechtfinden und seine Rolle überzeugend spielen. Das Schwierige daran ist allerdings: Es weiß nicht, welches Stück gespielt wird und welche Rolle es selbst einnehmen kann. Genauso wenig weiß es, welche Rollen schon vergeben sind. Also versucht es, das Drehbuch und die Atmosphäre zu erfassen. Es nimmt wahr, welche Rollen schon besetzt sind und wie sie gespielt werden. Daraus schlussfolgert es, welche Dynamik das gesamte Stück hat. Und natürlich auch, wie es sich einbringen kann, um dazuzugehören und trotzdem eine eigene Rolle zu spielen. Das kann auf günstige oder ungünstige Weise geschehen. Das Kind übt diese Rolle und spielt sie immer profilierter. Ob stark und verantwortlich, hilfsbedürftig, tollpatschig, Sonnenschein oder Sorgenkind – es findet seinen individuellen Platz in seiner Familie zwischen Eltern und schon vorhandenen Geschwistern. Wenn ein neues Geschwisterkind dazukommt, tastet es sich ebenfalls und auf seine ureigene Weise heran und findet eine neue, unbesetzte Rolle.

Halten wir fest: Die feinen Antennen, die ein Kind hat, helfen ihm, die Situation zu erfassen und sich gut einzufügen. Es verfügt über enorme Kreativität in seiner Innenwelt. Es schafft sich seine Rolle selbst und baut sie immer weiter aus. Die Familie ist dabei das kleine Modell von der großen Welt, die Miniatur. Was das Kind dort verinnerlicht hat, überträgt es später auf das Zusammenleben im größeren Rahmen.

Schon Schulanfänger sind kleine Persönlichkeiten

So war das auch bei Ihnen und bei mir. Spätestens als Schulanfänger waren wir überzeugt davon zu wissen, wie das Leben funktioniert und welche Rolle wir darin haben. Uns war klar, wie wir sind und was wir tun müssen, um in dieser Welt zurechtzukommen. Wir hatten ein Bild davon, wie Männer und Frauen sind, wie Beziehungen zu anderen und das Leben im Allgemeinen funktionieren. Selbstverständlich lief das alles nicht bewusst ab, sondern im Inneren unserer Persönlichkeit.

Stellen Sie sich verschiedene Schulanfänger mit ihrer Schultüte vor. Ihre Geschwister, Kinder, Patenkinder, Enkel und gerne auch sich selbst. Vermutlich geben Sie mir recht, dass die unterschiedlichen Persönlichkeiten in diesem Alter schon offensichtlich sind.

Es gibt z. B. Kinder voller Selbstvertrauen. Kinder, die selbstverständlich tun, was die Situation erfordert und sich an Herausforderungen heranwagen. Kürzlich erlebte ich im Friseursalon folgende Szene: Ein Mädchen von etwa 7 Jahren unterstützte das Personal. Sie trug die Untertasse samt Keks zu einem Kunden, die Friseurin brachte anschließend den heißen Kaffee. Sie schaute interessiert auf alle Handgriffe, fegte abgeschnittene Haare auf und vergnügte sich selbstvergessen mit dem Drehhocker. Ich erfuhr, dass das Mädchen zu Gast bei der Inhaberin des Salons war und dass es alle überraschte mit seinem großen Interesse, mit Ausdauer und Lernfähigkeit. Die Kleine getraute sich sogar, Telefongespräche anzunehmen und sie dann an die entsprechende Person weiterzugeben. Bei mir durfte sie den Nacken föhnen. Es war nicht ganz leicht für ihre zierlichen Hände, die Rundbürste und den großen Fön zu halten und zu koordinieren. Aber sie schaffte es. Auch mein kleines Trinkgeld nahm sie mit ernsthafter Miene und ohne Scheu an.

Welche Freude, solch ein Kind zu erleben. Natürlich kennen wir auch ängstliche Kinder. Kinder, die sich lieber verkriechen möchten, als etwas Neues auszuprobieren. Noch dazu, wenn jemand zuschaut. Die Angst davor haben, unfähig zu sein oder etwas verkehrt zu machen. Die befürchten, jemanden zu enttäuschen. Daneben gibt es auffällig ehrgeizige Kinder. Sie stecken sich hohe Ziele und sind erst zufrieden, wenn sie ein Ergebnis sehen und es vorzeigen können. Andere geben auf, sobald es schwierig und anstrengend wird, und sei es nur eine größere Steigung auf der Fahrradtour. Die Reihe ließe sich fortsetzen: Überartige Kinder, die sich nicht trauen, eine eigene Meinung zu haben. Verwöhnte, die meinen, alle anderen seien nur dazu da, um es für sie bequem zu machen. Sturköpfe, die lieber allein trotzen, als mit anderen friedlich zu spielen.

Unser Grundmuster haben wir uns in den frühesten Kindheitsjahren angeeignet. Mit der erworbenen Sicht auf uns selbst, auf die anderen, auf Beziehungen und das Leben gehen wir von da an weiter. Wir sind überzeugt davon, dass diese Sichtweise der Realität entspricht. Wie sollten wir auch ahnen, dass es nur unsere private Logik ist? Der Wahrnehmungsfilter wurde von uns so eingestellt, dass er immer bestätigen wird, was wir vorher als Realität angenommen haben. Falls sich Gegenbeispiele nicht übersehen lassen, können sie immer noch als Ausnahmen gewertet und anschließend ignoriert werden. In direktem Zusammenhang zu unserer Deutung stehen unsere Strategien, um in dieser Welt zurechtzukommen. Unbemerkt läuft dieses Lebensprogramm permanent mit.

In der Erwachsenen von heute steckt die Kleine von damals

Es ist uns kaum bewusst, hat aber trotzdem Auswirkungen: In unserer erwachsenen Person lebt auch das Kind von damals. Das heißt für mich: In der erwachsenen Christina von heute steckt die kleine Tini von damals. In dieses Wortspiel können Sie für sich ganz individuell einsteigen.

Lehnen Sie sich zurück und sagen Sie verständnisvoll und wertschätzend:

In der erwachsenen ...... von heute
steckt die kleine ...... von damals.

Vielleicht wird jetzt der Name in Ihnen lebendig, mit dem Sie üblicherweise von Eltern, Geschwistern oder Schulfreunden angesprochen wurden. Wenn es keine solche Kindheitsform Ihres Namens gibt, setzen Sie ihn einfach ein zweites Mal ein. Verbinden Sie ihn mit dem Kindheitsgefühl oder dem Bild, wie Sie als kleines Mädchen ausgesehen haben.

In unserer erwachsenen Person lebt auch das Kind von damals.

Der Autor und individualpsychologische Lehrer Theo Schoenaker formuliert: »Wir sind nicht so erwachsen, wie wir aussehen; wir sind Kinder in einer alternden Haut. Es ist, als würde das Kind von damals in uns weiterleben.«[6] Das bedeutet: Unabhängig von unserem Alter lebt, antwortet und handelt ein Teil unserer Persönlichkeit als Kind.

Über unsere Haut machen wir uns als Frauen tatsächlich oft mehr Gedanken als über das Kind in uns. Wir versuchen, mit Cremes und Tinkturen den Alterungsprozess so lange wie möglich aufzuhalten. Wofür eigentlich? Ich übe gerade, morgens und abends beim Auftragen der Creme die Kleine in mir zu streicheln. Ja es stimmt, Hautbeschaffenheit und Proportionen meines Gesichtes haben sich verändert. Aber die Augen sind genau dieselben, mit denen die kleine Tini damals in die Welt und in den Spiegel schaute.

In meinem Inneren sind alle meine Erfahrungen gespeichert. Die Mut machenden genauso wie die beängstigenden. In Form von Gefühlen tauchen sie immer wieder auf. Gelegentlich geschieht es auch sehr unpassend, unerwartet und störend, dass sich negative Gefühle melden.

Wie sie in uns aktiv bleiben, lässt sich an einer Matroschka (auch Matruschka oder Matrjoschka genannt) demonstrieren. Sicher kennen Sie die russischen bunt bemalten Holzpuppen, die man ineinanderstecken kann. Während ich Ihnen wenige Episoden aus meiner Geschichte erzähle, können Sie sich bildlich vorstellen, wie wir die Püppchen ineinanderstecken. Zuerst haben wir die kleinste Figur in der Hand.

Sie stellt die kleine Tini dar, die mit 10 Wochen wegen einer schweren Erkrankung für 10 Tage ins Krankenhaus kam. Damals durften Familienangehörige noch nicht mit dem Kind in der Klinik bleiben. Es gab nur die offizielle Besuchszeit, die Tinis Mama nicht täglich nutzen konnte. Sie hatte niemanden, der auf ihr weiteres Kleinkind aufpasste, denn Tinis Papa leistete seinen Armeedienst bei den Bausoldaten[7] ab. Keiner konnte der kleinen Tini erklären, was hier vonstattengeht und dass es irgendwann ein Ende haben wird. Grelles Neonlicht, fremde Stimmen und beängstigende Apparate anstelle der Mutterbrust und gesungener Einschlaflieder. Das ging tief ins Körpergedächtnis ein.

Die kleinste Matroschka stecken wir in eine größere oder die zweitkleinste, doch das ist ungewöhnlich. In ihr sehen wir die zweijährige Tini. Sie steht wie gelähmt vor dem schwelenden Feuer aus Gartenabfällen, Holzresten und altem Hausrat. Ihr Papa hatte es entzündet. Zwischen all dem alten Krempel wird ihr kleiner gelber Teddy verbrannt. Vor längerer Zeit hatte sie mit ihrem Bruder Beerdigung gespielt, dabei den Teddy im

Sandkasten begraben und anschließend vergessen. Nun war er nicht mehr brauchbar. Dass sie das selbst verschuldet hat, kann sie in diesem Moment nicht verstehen. Sie fühlt nur Schmerz und Verlust.

Und wieder verschwindet eine Matroschka in der nächstgrößeren. Wir sind nun bei der Vierjährigen. Sie erlebte aus nächster Nähe mit, wie ihre geliebte Katze auf der Straße rücksichtslos überfahren wurde. Anschließend schippte ein Bauarbeiter die zerquetschten Überreste mit der Schaufel weg. Schreiend lief Tini zu ihrer Mutter und ließ sich nur schwer trösten.

Nun steht die nächste Matroschka vor uns für die Sechsjährige. Sie kam in der 1. Klasse in eine unverständliche Situation. Fast alle Kinder gehörten zur Pionierorganisation[8], Tini nicht. Sie trugen eine weiße Bluse und ein blaues Halstuch. Tini nicht. Die »Jungen Pioniere« der Klasse wurden von der Lehrerin wie eine geschlossene Gruppe behandelt, zu der Tini nicht gehörte.

Alle Figuren befinden sich mittlerweile im Bauch der größten Matroschka. Kommen wir nun zur Achtjährigen, die ihre Oma an einem entfernten Ort besucht. Das war Geborgenheit pur bis zu dem Tag, an dem beide gemeinsam zu Omas Freundin zum Kaffeekränzchen gingen. Irgendwann wurde es der Achtjährigen dann zu langweilig und sie durfte vom Tisch aufstehen. Während die beiden alten Damen arglos aus ihren Sammeltassen tranken, kam der erwachsene Sohn der Gastgeberin der kleinen Tini auf unangemessene Weise zu nahe. Eine zutiefst irritierende Erfahrung, über die sie mit keinem Menschen sprach. Als sie später hörte, dass dieser Mann sich vor den Zug geworfen hatte, fühlte sie sich sehr erleichtert. Aber gleichzeitig auch schuldig für dieses starke Gefühl. Immerhin war ein Mensch tragisch gestorben.

Von außen kann man nur noch die größte Matroschka sehen. Aber wir haben verstanden, dass alle anderen Geschichten in Form der kleineren Puppen in ihr verschachtelt sind. Und so könnten Sie gedanklich selbst Ihre inneren Matroschka-Puppen ineinanderstecken, verbunden mit den Geschichten, die Sie selbst erlebt haben. Diese Reihe ließe sich weiter fortsetzen bis heute, wobei die kindlichen Erfahrungen die bedeutendste Rolle spielen.

Unser Lebensprogramm

Astrid Lindgren sagt: »Es gibt kein Lebensalter, in dem alles so irrsinnig intensiv erlebt wird wie in der Kindheit.« Wie recht sie hat. Kinder sind frisch und aufnahmebereit. Sie entdecken an nahezu jedem Tag etwas ganz Neues, machen folglich permanent Ersterfahrungen. Aus psychologischer Sicht kommt noch etwas hinzu: die Mischung aus intensivem Erleben und der Unfähigkeit, es richtig deuten zu können. Die Denkfähigkeit eines kleinen Kindes ist noch nicht voll ausgeprägt. Verallgemeinerungen werden zu schnell getroffen.[9] Genau in dieser Zeit aber entsteht unser Lebensprogramm. Dass sich auf diese Weise bei der Deutung der Welt und unserer Rolle darin Fehler ergeben, ist nicht verwunderlich. Selbst wenn wir später das Leben besser verstehen, mehr Erfahrung haben und reifer sind, meldet sich die kindliche Deutung immer wieder, laut oder leise. Wie eine Alarmanlage, die in für uns heiklen Situationen anschlägt. Diese Alarmanlage hat als Signalton unsere »eingefrorenen«, unreifen kindlichen Gefühle. Bildlich gesprochen klappert eines der Püppchen in der großen Matroschka.

> Es gibt kein Lebensalter, in dem alles so intensiv erlebt wird wie in der Kindheit.
> (Astrid Lindgren)

In ihrem Bestseller »Das Kind in dir muss Heimat finden«[10] widmet sich Stefanie Stahl dieser Thematik. Sie spricht vom »Schattenkind«, das in uns lebendig ist, und demonstriert das an zahlreichen Beispielen aus dem Erwachsenenleben. In der

Regel ist immer dann, wenn der Erwachsene unangemessen heftig und emotional auf einen kleinen Auslöser reagiert, das Schattenkind im Spiel. Und das kann dann so aussehen:

»Michael bekommt immer wieder Wutanfälle, wenn seine Lebensgefährtin Sabine etwas vergisst, was für ihn wichtig ist. Neulich vergaß sie beim Einkaufen seine Lieblingswurst, und er ist richtiggehend ausgeflippt. Sabine war wie vor den Kopf geschlagen – für sie fehlte einfach nur die Wurst. Für Michael schien jedoch die Welt aus den Fugen geraten zu sein. Was war da passiert?«[11]

Stahl erklärt die tieferen Zusammenhänge. »Michael ist sich nicht bewusst, dass es das innere Kind in ihm ist, das sich von Sabine nicht genügend beachtet und respektiert fühlt. Er weiß nicht, dass der Grund für seine enorme Wut nicht Sabine und die vergessene Wurst ist, sondern eine tief liegende Verletzung aus der Vergangenheit: nämlich der Umstand, dass seine Mutter seine Wünsche als Kind nicht ernst genommen hat. Sabine hat mit ihrem Versäumnis lediglich Salz in diese alte Wunde gestreut.«[12] Bei Sabine gibt es natürlich ein entsprechendes Pendant: »... wie Michael wird auch Sabine von ihrem inneren Kind gesteuert. Ihr inneres Kind reagiert sehr empfindlich auf Kritik, weil sie es früher ihren Eltern selten recht machen konnte. Michaels Wutanfälle lösen also auch in Sabine alte Kindgefühle aus. Sie fühlt sich dann klein und wertlos und reagiert entsprechend gekränkt und beleidigt.«[13]

Das Bild von einem »inneren Kind« kann nützlich sein, um manche inneren Prozesse zu verstehen und ernst zu nehmen.

Stahl zeigt unterschiedliche kindliche Schutzstrategien auf, die wir heute als Erwachsene immer noch anwenden. Das können beispielsweise Harmoniestreben und Überanpassung, Perfektionismus, Machtstreben oder Angriff und Attacke sein. Außerdem lädt sie die Leser dazu ein, das »Sonnenkind« in sich zu entdecken. Damit meint sie das gesunde, mutige, tatkräftige Kind, das ebenfalls zu uns gehört.

Natürlich ist das eine bildliche Sprache. Es schlummert nicht wirklich ein Schattenkind oder Sonnenkind in uns. In verschiedenen psychologischen Schulen ist etwas allgemeiner von einem »inneren Kind« die Rede. Dieses Bild kann nützlich sein, denn es hilft, manche inneren Prozesse zu verstehen und sie ernst zu nehmen. Unsere kindliche Sicht kann uns tatsächlich behindern und verlangt deshalb Beachtung. Das innere Kind beharrt darauf, dass das Leben genau so ist, wie es zu glauben meint, und dass seine kindliche Strategie der beste Umgang damit ist. Dieser Mechanismus läuft nicht nur in Michael und Sabine ab, sondern auch in uns, wenn wir z. B. plötzlich eingeschnappt sind, unangemessen aggressiv reagieren oder uns innerlich gelähmt fühlen. Bedenken Sie: Als erwachsene Personen hätten wir natürlich andere, reifere Reaktionsmöglichkeiten für die Situation. Aber wir können in diesem Moment einfach nicht auf sie zugreifen.

Umdenken lernen

Seltsamerweise stellen wir das Hauptgefühl unserer Kindheit immer wieder her. Wir aktivieren es und übertragen es anschließend auf unser heutiges Leben. Mit einem positiven Hauptgefühl der Kindheit ist das wunderbar. Dann bin ich meist zufrieden oder zuversichtlich. Wenn es allerdings ein ungutes Gefühl gewesen ist, überschattet das mein Leben dauerhaft. Dann werde ich mich immer wieder einsam, traurig, unbedeutend oder übersehen fühlen. Wie kann ich jemals langfristig glücklich sein, wenn mich diese Gefühle immer wieder einholen? Zwei Schritte könnten helfen.

Der Beginn kann sein, dass ich das Positive meiner Kindheit ins Bewusstsein hole. Damit kann das Grundgefühl meiner

Kindheit erweitert und vielleicht ein wenig korrigiert werden. *Was waren die glücklichen Erfahrungen damals? Was habe ich am meisten geliebt? Wer hat es besonders gut mit mir gemeint?* In jeder Kindheit, auch in der dramatischsten, gibt es mindestens eine Person, die ermutigend und tröstend gewirkt hat. Das klingt bis heute nach, deshalb kann es sich lohnen, in Gedanken nach dieser Person zu suchen. Je mehr ich darüber nachdenke und spreche, desto mehr Details werden mir einfallen.

Der Mut, ich selbst zu sein, kann nur wachsen, wenn ich beginne, mein »So-geworden-Sein« zu akzeptieren. Im günstigsten Falle lerne ich sogar, es anzunehmen und zu umarmen.

Und was ist dann mit dem schwierigen Teil meiner Kindheit? Anstatt auch heute noch innerlich dagegen aufzubegehren, wäre es hilfreich, alles, was gewesen ist, anzunehmen. Am besten mit Worten wie: »Ja, so war das damals.« Zum Beispiel: »Ja, so war das damals. Nach meinen Bedürfnissen hat keiner gefragt«, »... meine Eltern waren so sehr mit der Sicherung unserer Existenz beschäftigt, dass sie für mich kaum Zeit hatten« oder: »... ich bin kein Wunschkind gewesen und das wurde mir auch gesagt«. Unbedingt zu beachten ist dabei aber: Bei traumatischen Erfahrungen in der Kindheit und körperlichen Gewalt- und Missbrauchserfahrungen wird in der Regel darüber hinaus eine therapeutische Begleitung hilfreich sein!

Ich sage meinem inneren Kind, in welcher Realität ich heute lebe und welche Kraftquellen mir zu Verfügung stehen.

Zu dem anerkennenden »Ja, so war das damals« kann anschließend der Satz ergänzt werden: »Aber heute bin ich weiter!« oder: »Heute bin ich nicht mehr so schutzlos, sondern erwachsen«, »Heute meistere ich mein Leben und bin Menschen verbunden«. Das lenkt den Blick auf die Fähigkeiten und Ressourcen, die mir heute zur Verfügung stehen.

Wenn wir »unvollkommen« glücklich sein wollen, beginnt das bei unserer unvollkommenen Kindheit und schließt sie ein.

»Es ist nie zu spät, eine glückliche Kindheit zu haben.« Diese Ansicht vertritt in diesem Zusammenhang der finnische Psychiater und Psychotherapeut Ben Furman in seinem gleichnamigen Buch.

Wenn wir dagegen an einer unglücklichen, schweren oder schwierigen Kindheit festhalten, wird das Ziel eines glücklichen Lebens beinahe unerreichbar. Denn das innere Kind will hartnäckig auf unreife Weise für die Erfüllung seiner kindlichen Bedürfnisse kämpfen, sobald wir ihm die Regie überlassen. Doch nicht mein unreifes Selbst soll mir heute sagen, wie die Wirklichkeit vermeintlich ist und mir bremsend und lähmend ins Leben greifen. Sondern es soll genau umgekehrt sein: *Ich* sage meinem inneren Kind, in welcher Realität ich heute lebe und welche Kraftquellen mir zu Verfügung stehen. Ich sage der Kleinen in mir auch, dass sie schon damals nicht allein war mit aller Hilflosigkeit in ihren Matroschka-Szenen.

Gottes Gedanken mit uns

In der psychologischen Forschung der vergangenen Jahre hat man sich intensiv mit der Ressource »Glaube und Spiritualität« beschäftigt. Dass der Glaube eine lebensstärkende Kraft ist, wird heute allgemein anerkannt. Für mich ist er noch weit mehr als das: eine Segenskraft, die über alle Vorstellungen hinausgeht, weil durch den Glauben Gottes Kraft und Wirkmacht in mein Leben kommt.

Vielleicht hat der Glaube an Gott in Ihrer Kindheit schon eine Rolle gespielt. Vielleicht ist er Ihnen aber auch völlig fremd oder Sie haben ihn auf dem Weg ins Erwachsenenleben wieder verloren. Vielleicht haben Sie ihn erst später entdeckt. Mögen Sie mit mir in Gedanken durchspielen, welche Rolle Gott in der Geschichte Ihrer Kindheit spielen könnte?

Ich sehe in Gott den Erschaffer des Lebens. Den Befürworter

allen Seins. Den Meister der Kreativität. Meine eigene Kreativität ist eine Gabe von ihm, auch die schöpferische Kraft, mit der ich meine Persönlichkeit erschaffen habe. Unendlich viele Möglichkeiten standen mir zu Verfügung. Aus dieser Fülle habe ich gewählt, was mir sinnvoll erschien und meinen Zielen diente. Gott hat mir diese Freiheit gewährt und mich wohlwollend begleitet.

Gelegentlich griff er ein und bot mir korrigierende Erfahrungen an. Das tat er zum Beispiel durch Menschen, die in mein Leben traten und einen heilsamen Einfluss auf mich nahmen. Aber auch mit jedem Zuspruch, der mir seine ungebrochene Zuneigung und meinen Wert zeigten. In der Bibel lassen sich viele Worte dieser Art finden: zum Beispiel im Buch des Propheten Jeremia, Kapitel 29, Vers 11:

»Denn ich weiß wohl, was ich für Gedanken über euch habe, spricht der Herr: Gedanken des Friedens und nicht des Leides, dass ich euch gebe Zukunft und Hoffnung.«

Dieser Vers gibt meinem Herzen Mut. Ich lerne daraus, dass Gottes Absichten mit mir und mit jedem Menschen wohlwollend, zukunftsträchtig und hoffnungsvoll sind. Im Schmerz und im Leiden ist er tröstend an meiner Seite und er war es auch damals für das kleine, hilflose Mädchen. Er war anwesend in den Momenten, in denen die Kleine in mir fast erstarrte vor Unsicherheit und Angst. Auch die Lebens- und Überlebenskraft in mir ist ein Geschenk von ihm. Je mehr ich mich Gott anvertraue, desto mehr können seine Absichten mit meinem Leben zur Entfaltung kommen.

Ich mag die Einladung der Bibel, mich als Gottes Kind zu verstehen (z. B.: Römer 8,14-16; Galater 4,4-7). Gottes Geschöpfe sind wir alle von Zeugung an. Zu Gottes Kindern werden wir, indem wir willentlich in Beziehung zu ihm treten – in einer Haltung der Abhängigkeit und des Vertrauens. Vielleicht fällt es mir leichter als anderen, weil ich meinen leiblichen Vater positiv erleben durfte. Wenn das bei Ihnen nicht der Fall ist, halten Sie sich nicht zu lange in der Trauer darüber auf. Lenken Sie den Blick eher auf das Kindsein. Denken Sie daran zurück, welche kindlichen Eigenschaften Sie gerne noch mehr gelebt hätten. Oder in welchem Modus Sie sich besonders glücklich und lebendig fühlten. In der Beziehung zu Gott hätte all dies Raum und Entwicklungspotenzial: Ihre Neugier, die Fähigkeit zu großem Vertrauen, der Mut, etwas auszuprobieren, Lernbereitschaft oder was immer Ihnen dazu einfällt. Mehr noch als die positivste Person in Ihrer Kindheit möchte Gott dieses Potenzial in Ihnen fördern und zur Entfaltung bringen.

Jesus sagte zu seinen Jüngern: »Wenn ihr nicht [...] werdet wie die Kinder, so werdet ihr nicht ins Himmelreich kommen.« (Mt 18,3) Damit spricht Jesus eine tiefe, theologische Dimension an. Und gleichzeitig spricht er auch das gesunde, neugierige, vertrauensvolle kindliche Wesen in uns an, das leider oft zu kurz kommt.

Ihr »kleines Mädchen« an Ihrer Hand und Sie an der Hand Gottes ... so können Sie unterwegs durchs Leben sein.

Vor meinem inneren Auge wird die Erinnerung an eine Szene lebendig, die mich als Kind geprägt hat. Ich glaube, sie wiederholte sich so oder ähnlich mehrfach:

Als kleines Mädchen bin ich mit meinem Vater unterwegs. Nach der heiteren Zugfahrt haben wir noch einen Fußmarsch vor uns vom Bahnhof bis zu seiner Mutter. Es ist ein weiter Weg – zuerst eine unendlich lange Baumallee bergab, anschließend geht es durchs halbe Dorf bis zum Haus der Großmutter. Ich laufe an der Hand meines Papas und höre seine Stimme. Ich kann mich heute nicht daran erinnern, was er mir erzählte. Ich weiß nur, dass ich in seiner Gegenwart keinen Augenblick daran zweifelte, dass ich den weiten Weg bewältigen könnte. An der Hand meines Papas fühlte ich mich beflügelt, zutiefst geborgen und zufrieden.

Dieses kindliche Vertrauen möchte ich auf mein Leben heute übertragen. Ja, an Gottes Hand kann ich mich ganz natürlich durchs Leben bewegen. Ich kann zuversichtlich unterwegs sein, die Hauptverantwortung ihm überlassen und ausdauernd mit ihm in die richtige Richtung gehen. Und alles Schmerzliche und Verletzende kann ich vertrauensvoll in seine Hand geben.

Ein Gebet von Sabine Naegeli heißt »Das innere Kind bergen«[14]. Darin beschreibt sie die Not, die viele Kinder erlebt haben. Sie spricht von Schutzlosigkeit, der Suche nach Bestätigung, kindlicher Wut, Neid und Eifersucht. In dem Gebet wendet sich Naegeli an Gott wie an eine Mutter und lässt es in die Bitte münden:

»[Gott], schließe dieses verletzte Kind in deine Arme. Gib ihm Halt. Umhülle es mit der Wärme deiner göttlichen Liebe. Lass es in die Sprache kommen, denn es will leben, singen, tanzen. Sprich das Friedenswort, das alles vergangene Unheil entmächtigt. Mit deiner Hilfe nehme ich das kleine Mädchen an die Hand.«

Wie schön wäre es, wenn dies mehr und mehr auch Ihre Erfahrung werden könnte: Ihre Kleine – das kleine Mädchen in Ihnen – an Ihrer Hand und Sie an der Hand des Allerhöchsten unterwegs durchs Leben.

Einige Fragen und Anregungen:

- Welche Fähigkeiten, die Ihnen heute nützlich sind, konnten Sie genau in Ihrer Herkunftsfamilie erwerben?

- Wie sah die Theaterbühne Ihres Lebens aus? Was fanden Sie vor, als Sie auf die Welt kamen? Welche Mitspieler gab es und welchen Namen könnten Sie dem Gesamtstück geben?

- Was für ein Kind sind Sie als Schulanfängerin gewesen?

- Was war das Hauptgefühl Ihrer Kindheit?

- Welche glücklichen Erfahrungen gab es in Ihrer Kindheit? In der Nähe welcher Person haben Sie sich besonders wohlgefühlt? Was hat diese Person in Ihnen geweckt oder Ihnen vermittelt?

- Machen Sie sich den Satz zu eigen: »Ja, so war das damals ...«, und ergänzen Sie, was Ihnen von Ihrer Kindheit noch anhängt. Mit dem Ausspruch »Aber heute bin ich weiter« können Sie sich selbst ermutigen.

- Können Sie sich Gott als wohlwollenden und segnenden Begleiter Ihrer Kindheit vorstellen?

- Welche gesunden kindlichen Eigenschaften möchten Sie in der Beziehung zu Gott leben?

2.

Lebensträume – WOFÜR SCHLÄGT MEIN HERZ?

Zu meinem 50. Geburtstag bekam ich über 500 Tulpenzwiebeln geschenkt. Für einige Tage lagen die unterschiedlichen Packungen arrangiert in unserem Wohnzimmer. Eigentlich wollte ich mich nur an der Vielfalt der Sorten, Farben und Formen erfreuen. Doch eines Tages überkam mich ein ehrfurchtsvoll-staunender Gedanke: Wie viel Lebenskraft schlummert in diesen Zwiebeln! Pure Wachstumsenergie, die darauf wartet, sich entfalten zu können. Die Zwiebeln müssen nur zuvor in die Erde. Mit diesem erwartungsträchtigen Wissen platzierte ich meine Tulpen in kleinen Grüppchen in den Rasen. Nun musste ich nur noch auf den Frühling warten … Sind wir Menschen mit unserem Potenzial nicht mit diesen Tulpenzwiebeln vergleichbar? Ich glaube, dass in jedem Menschen ein riesiges Potenzial steckt, das darauf wartet, sich entfalten zu können. Anhand unserer

In jedem Menschen steckt ein riesiges Potenzial, das darauf wartet, sich entfalten zu können.

Lebensträume können wir vielleicht eine Spur dieses Potenzials entdecken.

Das Leben – ein Wartezimmer?

Die Poetry-Slammerin Julia Engelmann wurde im Mai 2013 schlagartig auch in sozialen Netzwerken durch ihren Auftritt beim Bielefelder Hörsaal-Slam bekannt. Ihr Poetry-Stück »Eines Tages, Baby, werden wir alt sein, Baby ...« haben seitdem mehrere Millionen Nutzer im Netz gelikt. Ich auch. Darin heißt es:

> *»Mein Leben ist ein Wartezimmer, niemand ruft mich auf. Mein Dopamin, das spar ich immer – falls ich's noch mal brauch.«*[15]

Das Stichwort *Wartezimmer* weckt vermutlich bei jedem Hörer Assoziationen. Uns kommen langwierige, unangenehme Erfahrungen in den Sinn: wenig Bewegung, trübe Stimmung und untätig versessene Stunden. Üblicherweise greifen die meisten "Wartezimmersitzer" – egal aus welcher Generation – auf ihr Smartphone zurück. Sie wollen die ineffektive Zeit irgendwie überbrücken. Übertreibt Julia Engelmann, wenn sie das Wartezimmer als Metapher für ein Lebensgefühl gebraucht? Das klingt trist und irgendwie banal. Die junge Künstlerin hat es wohl auf den Punkt gebracht, wie viele Menschen sich heute fühlen. Sie spricht vom Dopamin, einem körpereigenen Hormon zur Antriebssteigerung und Motivation, das in unserem Gehirn vom Belohnungssystem ausgeschüttet werden kann. Es kommt kaum zum Einsatz. Wie schade. Dabei hat unser Gehirn die Fähigkeit, uns mit diesem sogenannten Glückshormon zu belohnen, wenn wir einen Schritt in Richtung unserer persönlich gesteckten Ziele getan haben.

Kürzlich konnten mein Mann und ich an einer malerischen

Schiffsreise ans Nordkap teilnehmen. Auf der Rückreise fragte ich Frauen unterschiedlichen Alters nach ihren Lebensträumen. Nur wenige konnten mir darauf eine Antwort geben. Einige standen mit Tränen in den Augen vor mir, es gab unsicheres Schulterzucken oder die Antwort lautete: »Ich weiß gerade überhaupt nicht, wohin ich mit meinem Leben will.«

Mich bewegte besonders das überraschende Gespräch mit einer fremden Frau. Wir standen allein an Deck. Sie war etwa in meinem Alter. Das Stichwort Lebenstraum kam von ihr, ohne dass ich danach gefragt hätte. Das machte mich natürlich hellhörig. Sie erzählte, dass sie vor einem Jahr eine sehr ernste Diagnose erhalten hatte. Alles Erlebte bekam seitdem für sie ein besonderes Gewicht und nun erfüllte sie sich diesen Traum mit ihrer 14-jährigen Tochter. Sie erzählte mir, welche Rolle Gott dabei für sie spielt. Und wie sehr sie sich nun noch wünschen würde, das fantastisch schöne Polarlicht zu erleben. Für dieses Ziel ging sie mehrmals nachts an Deck, um es keinesfalls zu verpassen. Bei den frostigen Außentemperaturen oberhalb des nördlichen Polarkreises war dafür jedes Mal umfangreiche Garderobe erforderlich. Das nahm die Frau gerne in Kauf und ich sah die sehnsüchtige Erwartung in ihren Augen. Sosehr es auch mein Wunsch war, das Polarlicht zu sehen – in diesem Moment trat ich innerlich einen Schritt zurück und sagte in meinem Herzen zu Gott: »Wegen mir muss es nicht sein. Ich könnte auch darauf verzichten. Aber für diese Frau – bitte!« Zwei Tage später bewunderten wir mit offenem Mund »Aurora borealis«, wie das Polarlicht in Norwegen genannt wird, in allerschönster Ausprägung. Wir konnten den Blick nicht abwenden, bis uns das Genick schmerzte ... Die Empfindungen dieser kranken Frau ahnend, erlebte ich das gigantische Naturphänomen doppelt intensiv. Ja, mit Sicht auf unsere begrenzte Lebenszeit gewinnt manche Erfahrung ein anderes Gewicht.

Bronnie Ware arbeitete jahrelang als australische Palliativkrankenschwester. Sie veröffentlichte ihre Erfahrungen in dem

Bestseller »5 Dinge, die Sterbende am meisten bereuen«[16]. Viele ihrer Patienten wünschten sich im Rückblick auf ihr Leben, sie hätten den Mut gehabt, ihr Leben nicht nur nach den Vorstellungen anderer zu gestalten. Ware beschreibt ihre Beobachtung, dass es besonders am Ende des Lebens extrem hart für Menschen ist, wenn sie erkennen, dass sie ihre Träume nicht verwirklicht haben. Dass sie sich hätten anders entscheiden können und es nicht getan haben. Und dass nun keine Zeit mehr dafür bleibt.

Es ist mehr möglich

In den Medien werden wir gelegentlich auf Menschen aufmerksam gemacht, die einen außergewöhnlichen Traum verwirklicht haben. Bei Facebook stieß ich auf Chelsea Werner, eine junge Frau, die mit dem Downsyndrom geboren wurde.[17] Sie hat mehr erreicht, als man ihr zugetraut hätte. Die Ärzte stellten bei ihrer Geburt eine traurige Prognose und sie lernte erst spät das Laufen. Als Chelsea 8 Jahre alt war, begann sie, Special Olympics-Sportgymnastik zu trainieren und war Feuer und Flamme. Sie hatte schwache Muskeln, aber eine außergewöhnliche Durchhaltekraft. Chelsea trainierte monatelang für einzelne Übungen, die andere Kinder in wesentlich kürzerer Zeit beherrschten. Von vielen Tiefschlägen und Enttäuschungen ließ sie sich nicht entmutigen. Mithilfe ihrer Trainerin Dawn Pombo, die sich ganz auf Chelseas spezielle Bedürfnisse einstellte und über alle Vorurteile hinwegsetzte, schaffte sie es 2012 bis zur Titelverteidigerin bei Special Olympics.[18]

Chelseas Botschaft in einem kurzen Videoclip hat mich beeindruckt: Sie möchte der Welt zeigen, dass alles möglich ist, und beweisen, dass wir alle auf unsere Art wunderschön sind.

Vor einiger Zeit las ich von der deutschen Professorin für Kinderheilkunde Ingeborg Syllm-Rapoport. Sie bekam im Alter von 102 Jahren endlich ihren Doktortitel anerkannt, für den sie schon 1937/38 die Dissertationsschrift eingereicht hatte. Wegen ihrer jüdischen Abstammung mütterlicherseits wurde ihr damals die mündliche Prüfung verweigert. Nach fast 80 Jahren erfolgte ihre nachträgliche Promotion durch die Universität Hamburg. Am 2.6.2015 bekam sie ihre Promotionsurkunde mit der Gesamtnote »magna cum laude« überreicht. Syllm-Rapoport brillierte mit ausgezeichnetem Fachwissen zum ursprünglichen Dissertationsthema Diphterie und ebenfalls zu Fragen der modernen Medizin. Was die Ärztin zu dieser enormen Leistung antrieb, war der Wunsch, das Andenken der vielen Opfer der Schoah zu ehren.

»Sie schwamm für ihren Lebenstraum und schaffte es beim fünften Versuch.« Das konnte man im September 2013 von der 63-jährigen Extremsportlerin Diana Nyad lesen. 1975 hatte sie es als 28-Jährige zum ersten Mal versucht und nun erreichte sie ihr Ziel. In 52 Stunden schwamm sie 170 Kilometer von Kuba nach Key West (Florida). Damit stellte sie einen neuen Rekord auf, denn sie verzichtete auf einen Haifischkäfig, obwohl das Gebiet von Haien nur so wimmelte. Keine Sorge, es war nicht leichtsinnig. Immerhin wurde sie von einer Crew von 35 Personen begleitet. Dazu gehörten außer Ärzten auch Taucher, die nach Haien Ausschau hielten. Nyads Versorgung mit Nahrungsmitteln und Getränken war ebenfalls sichergestellt. Im Vorjahr hatte die Sportlerin auf halber Strecke abbrechen müssen, denn ein schweres Unwetter und schmerzhafte Quallenbisse vereitelten ihr Vorhaben. Was trieb sie an, den erneuten Versuch zu unternehmen? Ihr ging es um mehr als ein Abenteuer oder den Eintrag ins Guinnessbuch der Rekorde. Die Autorin und Journalistin wollte eine politische Botschaft senden und dazu aufrufen, die politischen Gräben zwischen Kuba und der USA zu überbrücken. Ein gutes Jahr später, im Dezember 2014, hielt

In der Regel denken wir von uns selbst zu klein. Wir trauen uns wenig zu und geben zu schnell auf.

Präsident Barack Obama seine berühmte Rede, die die jahrzehntelange Feindschaft zwischen den USA und Kuba beendete.

Zugegeben, das sind herausragende Beispiele. Kaum eine von uns wird Ähnliches erleben. Aber die Beispiele illustrieren, was möglich ist. Denn in der Regel denken wir von uns selbst zu klein. Wir trauen uns wenig zu und geben zu schnell auf.

Träume der Deutschen

Immer wieder wurden Umfragen gestartet, um zu erfassen, wovon Menschen träumen. Ich las einmal, dass bei uns Deutschen an erster Stelle der Träume Wohneigentum stehen würde, an zweiter das Reisen und an dritter Stelle das Auto. Viele Deutsche spielen Lotto. Natürlich in der Hoffnung, einen großen Gewinn zu machen und damit ihre Träume umsetzen zu können.

In einer Zeitschrift las ich vor Jahren eine andere Angabe über die 10 wichtigsten Träume der Deutschen. An erster Stelle wurde dort genannt: meine Ruhe haben! Gefolgt von: eine Weltreise oder Kreuzfahrt machen; eine eigene Wohnung oder ein eigenes Haus besitzen; mich ohne Hektik Haus und Garten widmen; shoppen ohne Limit; auswandern und da leben, wo die Sonne scheint; Enkelkinder finanziell unterstützen; eine neue Sprache lernen; mich sozial engagieren; etwas für die Gesellschaft tun; ein Wohnmobil kaufen und damit durch Europa reisen.

Vielleicht kommt Ihnen davon auch einiges bekannt vor, was zu Ihrer persönlichen Traumhitliste zählt. Ich würde gerne im Ausland eine andere Sprache lernen, mich sozial engagieren und mich vom Traum meines Mannes anstecken lassen, mit dem Wohnmobil unterwegs zu sein. Nicht nur in Europa.

Allerdings – genauer hingeschaut erscheinen mir die Träume der Deutschen wenig ambitioniert und viel zu satt. Sie sprechen vom Haben und nicht vom Sein. Meine Ruhe haben. Es mir gut gehen lassen, auf der Sonnenseite leben. Nur zwei dieser Traumfavoriten der Deutschen sind Träume nicht für sich selbst, sondern für andere Menschen: Enkelkinder finanziell unterstützen und sich sozial engagieren. Bei der Umfrage des Meinungsforschungsinstitutes YouGov kommen Träume für andere gar nicht vor. Und ich frage mich: Ist das schon alles für ein Leben? Sind unsere Ressourcen und unser Potenzial nicht für weit mehr bestimmt als das?

Traum und Wunsch

Wir sollten unsere Träume noch genauer befragen. Was genau wünschen wir uns damit? Wünsche und Träume liegen oft nahe beieinander, auch sprachlich. Vieles, was wir als Traum bezeichnen, ist genau genommen eher ein Wunsch. Also etwas, das wir haben wollen. Lassen Sie mich das an einem Beispiel demonstrieren. Ich kann sagen: »Ich wünsche mir ein großes, schönes Haus!« Mein Wunsch drückt aus, was ich gerne hätte. Der Traum aber beginnt erst dann, wenn ich mir die entscheidende Frage stelle: Und was würde ich mit dem Haus machen? Wie würde es mein Leben verändern?

Eine Frau könnte darauf antworten: »Ich würde Atmosphäre schaffen. Ich könnte ein riesiges Esszimmer mit einem großen Tisch einrichten und hätte Platz für viele Gäste. Ich könnte unkompliziert Menschen ein Zuhause auf Zeit anbieten. Ich könnte mein Leben mit ihnen teilen, mit ihnen reden über Gott und die Welt und dabei auch meinen Horizont erweitern.«

Eine andere Frau würde antworten: »Ich könnte mich musikalisch entfalten und ungestört stundenlang Klavier üben. Ich hätte immer Ruhe und Rückzugsmöglichkeit und keine Nachbarn, die sich beschweren. Ich könnte den Dachboden ausbauen und zu kleinen Wohnzimmerkonzerten einladen. Das würde Menschen erfreuen und entspannen.«

Es gäbe noch mehr Varianten: »Ich würde ein Lesecafé eröffnen«; »Ich würde alte Rosensorten züchten«; »Ich würde mir eine Kettensäge kaufen und anfangen, im Garten Skulpturen auszusägen«.

Genau mit diesen konkreten Vorstellungen wird aus dem Wunsch ein Traum. Hier geht es nicht mehr nur um das Haben, sondern auch um unser Sein. Um Erfüllung mit Sinn und Ziel und die Entfaltung unseres Potenzials. Vielleicht sind unsere Wünsche oft nur die äußere Schale unserer tiefer liegenden Herzensträume. Es könnte sich lohnen, da genauer hinzuschauen und die Schichten wie bei einer Zwiebel behutsam abzulösen.

Vielleicht sind unsere Wünsch nur die äußere Schale unserer tiefer liegenden Herzensträume.

Jeder einzelne Mensch sehnt sich danach, Teil einer größeren Geschichte zu sein. In uns ist es angelegt, etwas beitragen zu wollen zum Wohl aller. Wir möchten eine eigene, individuelle Rolle spielen und gleichzeitig zum großen Ganzen dazugehören. Noch konkreter gesagt: In uns schlummert der Traum, mit unserem Leben etwas zu bewegen, Einfluss zu nehmen zum Positiven und aktiv zu werden. Bill Hybels sagt es so: »Jeder Mensch trägt die Sehnsucht in sich, ein Weltverbesserer zu sein. Und diese Sehnsucht kommt direkt aus dem Herzen Gottes.«

Könnten Sie sich vorstellen, dass Lebensträume tiefere Wurzeln und einen größeren Sinn haben, als nur die Sehnsucht nach Befriedigung? Fest im Alltag verwurzelt zu sein und trotzdem beflügelt von Wünschen, Ideen und Träumen – das raubt uns nicht die Energie im alltäglichen Leben, sondern gibt uns Auftrieb. Und es hilft uns, mehr von unserem Potenzial auszuschöpfen. In jeder von uns steckt viel mehr, als wir uns vorstellen können. Doch vielleicht gehören Sie zu den Frauen, die sich bereits zu viel abgeschminkt haben oder desillusioniert geworden sind …

Was hindert uns?

Wir sind Kinder unserer Generation und bringen natürlich eine tief verinnerlichte Prägung mit. Sie lässt sich nicht einfach abschütteln. Wer in den Nachkriegsjahren geboren wurde, hatte einfach zu funktionieren. In dieser Zeit ging es um die Sicherung und Erhaltung der puren Existenz, also sollte man anspruchslos, widerstandsfähig und bescheiden sein.

Wer zu Zeiten der Teilung Deutschlands in der DDR geboren wurde, wuchs mit dem Wissen auf, dass es starre Grenzen gibt. Das traf nicht nur auf die Landesgrenzen zu, sondern auch für die Entfaltungsmöglichkeiten. Diese Begrenzungen schienen unüberwindlich zu sein. So erlebte ich es als Kind einer christlichen Familie, die nicht systemkonform war. Sogar der Besuch einer Musikschule wurde mir untersagt, da ich kein Mitglied der Pionierorganisation war. So stand von vornherein fest: Vieles geht nicht und wird nie gehen. Also blieb mein Rahmen damals sehr überschaubar. Dass es jemals eine politische Wende und offene Grenzen geben würde, konnte keiner voraussehen.

Wie ging es gleichaltrigen Frauen jenseits der deutschen Grenze? Mit meiner »Ostbürger-Prägung« vermutete ich, sie hätten damals sicher schon viele Freiheiten besessen. Die Kombination, relativen Wohlstand zu genießen und keine Grenzen zu haben, klang für mich geradezu paradiesisch. Mittlerweile berichteten mir Frauen aus dem Westen Deutschlands, dass sie damals nicht so frei gewesen sind, wie es mir erschien. Sie fühlten sich nicht selten von festgeschriebenen Vorstellungen und starken Rollenerwartungen in ihrer Entfaltung behindert.

Die jungen Frauen der Nachwende-Generation aber gehen mit anderen Startbedingungen ins Leben. Für sie gibt es ungezählte Möglichkeiten. Die Welt steht ihnen offen. Jeder Traum ist zumindest erst einmal denkbar. Das erlebten wir in unserer eigenen Familie.

Unsere Tochter wurde 1995 geboren. Mit 15 Jahren teilte

sie uns ziemlich unvermittelt ihren Traum mit: »Ich möchte ein Highschool-Jahr in Amerika absolvieren!« Niemals werde ich vergessen, wie ich mich in diesem Augenblick am Lenkrad festhielt. Äußerlich wirkte ich gefasst, aber innerlich tobten die Fragen. »Wie soll das gehen? Wer soll das bezahlen? Ist das überhaupt zu organisieren in nur wenigen Monaten?« Natürlich verspürte ich auch Respekt für ihre Kühnheit. Gleichzeitig hörte ich die Stimmen meiner Kindheit: »Mädchen, bleib mal schön auf dem Teppich. Muss es gleich Amerika sein? Du willst aber hoch hinaus ...« Glücklicherweise waren meine Tochter und ihr begeisterungsfähiger Papa stärker als meine Bedenken. Tatsächlich reiste sie 9 Monate später mit einem riesigen roten Koffer in den äußersten Nordwesten der USA: Washington State. In ihrem Facebook-Profil stand zu jener Zeit ein Zitat von Walt Disney: »Alle Träume können wahr werden, wenn wir den Mut haben, ihnen zu folgen.« Diese Überzeugung nahm sie mit ins weitere Leben, und auch wir haben daraus einiges gelernt.

Vielleicht erleben Sie ebenfalls in Ihrem Umfeld junge Menschen, die »einfach so« ihre Träume verfolgen und dabei sogar noch gute Erfahrungen machen. Dabei kann man sich schon einmal so vorkommen wie ein Auto auf der Kriechspur, das im Schritttempo fährt, während alle anderen links vorbeizuziehen scheinen.

Sind das echte Träume?

Freuen wir uns doch für junge Menschen, die heute wesentlich mehr Freiheiten haben! Allerdings sollten wir die Schwierigkeit nicht unterschätzen, die sich daraus ergibt. Denn heute stellt sich die Frage: Was sind echte und tiefe Träume? Das übergroße Angebot an Möglichkeiten wirkt eher verunsichernd. Die Werbeindustrie investiert Unmengen an Geld und kreativer Energie, um Menschen in ihren Träumen zu beeinflussen. Viel zu leicht wird von außen über die Medien vorgegeben, was erstrebenswerte Lebensziele zu sein scheinen. Sind sie das wirklich? Um das zu prüfen, ist es notwendig, einen klaren Kopf zu behalten und den Zugang zu unseren echten Lebensträumen nicht zu verlieren. Das gilt übrigens nicht nur für junge Menschen, sondern auch für uns.

Unsere eigenen inneren Bremsen

Abgesehen von dem äußeren Rahmen spielt natürlich auch unsere Persönlichkeit eine Rolle. Denn unsere Träume passen zu uns als ganzer Person. Sie sind ein Ausdruck unseres Innenlebens und zeigen unsere individuelle Sicht auf das Leben. Sogar unsere nicht vorhandenen Träume haben etwas mit uns zu tun. Welche Gedanken könnten die Träume innerlich ausgebremst haben?

Vielleicht hindern wir uns selbst mit unserer Ängstlichkeit und mit unserer Überzeugung, sowieso nichts »Richtiges« zu schaffen. Oder mit dem Blick auf unsere kleine Kraft, unsere beschränkten finanziellen Mittel und unsere vermeintlich bescheidene Begabung. Genauso kann es eine Rolle spielen, dass wir uns davor fürchten, was wohl andere denken und sagen, wenn wir diesen oder jenen Traum verfolgen. Und natürlich kann uns auch die Scheu blockieren, eine herbe Enttäuschung einzustecken. Doch so, wie Autofahren mit angezogener Handbremse nicht funktioniert, ist auch die Entstehung von Träumen mit diesen Grundgedanken von vornherein blockiert. Mit einer kleinen Denkübung könnten Sie üben, diese inneren

Manche Gedanken bremsen unsere Träume innerlich aus.

Bremser zu entkräften. Lehnen Sie sich zurück, verschränken Sie die Hände hinterm Kopf, schauen Sie ins Weite und fragen Sie sich:

- Was würde ich tun, wenn ich unbegrenzt Mut und vor nichts Angst hätte?
- Was würde ich tun, wenn ich alle Kraft und Energie der Welt hätte?
- Was würde ich tun, wenn ich dadurch garantiert niemanden enttäuschen würde?
- Was würde ich tun, wenn ich sicher sein könnte, dass das Vorhaben auf jeden Fall gelingt?

Die Ideen, die dabei entstehen, könnten eine erste heiße Spur sein. Sie könnten zeigen, wofür Sie sich begeistern, was Sie interessiert, welche Not Ihnen auf dem Herzen liegt. Also bitte: Träumen Sie! Träumen Sie einfach drauflos – ohne die vielen Einwände wie »aber«, »unvorstellbar« und »geht nicht«.

Die Träume der Kindheit ernst nehmen

Eine andere Möglichkeit ist es, zu unseren Kindheitsträumen zurückzukehren. Sie sind einmal in uns wach gewesen. Kinder sind noch wunderbar unbedarft in ihren Träumen. Sie wollen Bundeskanzlerin werden, Astronaut oder Walretter. Sie drücken aus, wofür sie Leidenschaft haben, wo sie sich Begabungen oder Einfluss wünschen. Manche Kinder sind stärker als alle Entmutigungen, die sie im Laufe ihres Lebens einstecken, und retten ihre Träume hinüber in spätere Jahre. Manche mutigen Träume verschwinden leider, ohne dass jemals jemand nachgefragt hätte, welche Ideen und Sehnsüchte dahinterstehen.

Alexander von Humboldt, an dessen 250. Geburtstag im Jahr 2019 erinnert wurde, träumte schon als Kind von Reisen in fremde und weit entfernte Länder. Dieser Traum wurde später Wirklichkeit. Von Humboldt ging auf Expedition nach Venezuela, bereiste Kuba, Kolumbien, Ecuador, Peru und Mexiko. Er wurde zum unvergleichlichen Naturforscher und gilt als einer der letzten Universalgelehrten. Alexander von Humboldt sammelte an den entlegensten Orten der Welt Pflanzen, beobachtete Naturphänomene und forschte im Selbstexperiment. Zum Beispiel über das Lianengift Curare, das er trank, um zu beweisen, dass es nur durch den direkten Kontakt mit der Blutbahn tödlich wirkt.[19] Welche erstaunliche Motivation er doch aus seinem Kindheitstraum gezogen hat zu einer Zeit, als Reisen weitaus anstrengender und gefährlich waren als heute!

Für ähnliche Entwicklungen gäbe es zahlreiche Beispiele. Ich möchte Sandra nennen. Sie erfuhr als Kind mit großer Betroffenheit, dass Kinder aus Afrika in Koffern nach Deutschland geschmuggelt worden waren. Dies erschütterte das Mädchen zutiefst. Sandra beschloss, Ärztin zu werden. Mit ihrem Beruf wollte sie direkt in Afrika mithelfen, dass Kinder dort einer besseren Zukunft entgegengehen können. Für das Studium brachte sie viel Energie auf und kämpfte sich eisern durch. Als Sandra später Christin wurde, verfolgte sie ihren Traum weiter und stellte ihn Gott zur Verfügung. Ihr späterer Ehemann wusste, dass die junge Ärztin nur zu diesen Bedingungen zu haben sei. Sie entschlossen sich, den Weg gemeinsam zu gehen, und verbrachten als wachsende Familie mehrere Jahre bei zwei Einsätzen in Tansania. Mich berührt im Innersten, was Gott durch das ehemals kleine Mädchen und seinen Kindheitstraum bewegt hat.

Wie sehr wünschte ich, dass auch die Träume von Kindern wie Ayham (8 Jahre) und Amr (15 Jahre) wahr werden könnten. Sie wurden von zwei jungen Fotografinnen interviewt, die für das UNO-Flüchtlingshilfswerk UNHCR durch Europa reisten und Flüchtlingskinder nach ihren Träumen befragten.[20] Auf der Website des UNHCR Deutschland sind unter »Dream Diaries« noch weitere Träume zu finden. Ayham aus Syrien erzählt: »Ich möchte später einmal ein Superheld werden, damit ich keine Angst mehr haben muss. Ich würde die Kämpfe in Syrien beenden und dann würde ich dahin zurückgehen und alles vor Freude küssen.« Amr kommt auch aus Syrien. Er träumt davon, Journalist zu werden, denn Journalisten hätten die Chance, den Menschen die Wahrheit zu erzählen.

Eine ungeahnte Anzahl von Kindheitsträumen wurde viel zu früh begraben.

Eine ungeahnte Anzahl von Kindheitsträumen wurde viel zu früh begraben. Die Sängerin und Songwriterin Yasmina Hunzinger berichtet davon, wie schwer es für sie war, ihren Traum von der Gesangskarriere nicht aufzugeben. In ihrer Kindheit hörte sie immer wieder: Das schaffst du nie! 2013 bewarb sie sich mit ihrem Titel »I still believe« beim Eurovision Song Contest und belegte den zweiten Platz. Wenn diese dynamische Frau mit ihrer kraftvollen Stimme singt *»Hold on tight to your dreams«* (Halte fest an deinen Träumen), hat das ein besonderes Gewicht, denn sie hat es selbst vorgemacht. Im Lied lenkt Yasmina die Erinnerung zurück zur kindlichen Sicht, zur Fantasie und zu dem Gefühl, die Welt mit Kinderaugen zu sehen. Dann macht sie Mut mit den Worten »Erzähle mir nicht, dass du dieses Gefühl verlernt hast«, denn es kann hervorgeholt werden. Fleißig Überstunden machen, müde und abgearbeitet sein, das ist zu wenig im Leben. Deshalb, so singt sie:

»Halt an deinen Träumen fest,
spanne deine Flügel aus und fliege los.
Halt an deinen Träumen fest,

sieh die Sonne an Regentagen
und umarme all deine Träume.«

Von der amerikanischen Autorin Stacy Eldredge las ich einen sehr anschaulichen Traum. »Als kleines Mädchen träumte ich davon, mit dem Sheriff durch den Wilden Westen zu reiten, für Gerechtigkeit zu sorgen und die Schurken zu fangen. Ich stellte mir genau vor, was ich tragen würde. Einen weißen Lederrock und eine Weste mit Fransen. Dazu passende weiße Cowboystiefel und einen weißen Hut!«[21]

Sie war schon damals in ihren Träumen eine Kämpferin für Gerechtigkeit. Als Jugendliche träumte sie davon, wie sie ihre Dankesrede bei der Oscarverleihung formulieren könne. Heute schreibt sie: »Mittlerweile habe ich solche Träume losgelassen. Sie sind gereift und haben sich verändert, doch bleiben sie Ausdruck desselben tiefen Wunsches. Ich träume nicht mehr davon, ein Filmstar zu werden oder mit dem Sheriff im Wilden Westen für Ordnung zu sorgen. Doch ich sehne mich noch immer danach, das Leben anderer Menschen zu beeinflussen. Ich sehne mich nach Gerechtigkeit.«[22]

Entscheidend an einem Traum ist die Energie, die er freisetzt und die Richtung, in die er uns treibt.

Das wirklich Spannende an einem Traum ist nicht, ob sich das Ergebnis exakt so einstellt. Entscheidend ist die Energie, die er in uns freisetzt, und die Richtung, in die er uns treibt. Stacy Eldredge setzt sich für die Entwicklung von Frauen ein. Sie leitet mit ihrem Mann John ein Institut für Partnerschaft und Familie in den USA. Außerdem wirkt sie als Referentin und Bloggerin. Für das, was wir träumen können, können wir uns auch einsetzen. Der Motivationstrainer Zig Ziglar meinte einmal: »Wenn du es träumen kannst, kannst du es auch erreichen.«[23] Und der Theologe Paul M. Zulehner ist der Überzeugung: »Wer keinen Mut zum Träumen hat, hat keine Kraft zum Kämpfen.«[24]

I have a dream

Martin Luther King hat es vorgemacht. Er wurde zum Kämpfer der ganz anderen Art, zum Kämpfer ohne Gewalt für einen außergewöhnlichen Traum. Auf Spruchkarten ist gelegentlich das afrikanische Sprichwort zu lesen: »Träumen heißt: durch den Horizont blicken.« Auch als Wandtattoo ist es mittlerweile zu haben. Martin Luther King blickte tatsächlich »durch den Horizont«. Von der menschenverachtenden und unabänderlich scheinenden Rassentrennung in den USA der 1960er-Jahre ließ er sich nicht lähmen. Obwohl diese das gesamte gesellschaftliche Leben bestimmte, war Martin Luther Kings Sehnsucht nach Gerechtigkeit und Gleichwertigkeit so groß, dass er den gewaltlosen Widerstand initiierte. In seiner berühmten Rede vom 28.8.1963 vor dem Lincoln Memorial in Washington D. C. heißt es unter anderem: »Ich habe einen Traum, dass sich diese Nation eines Tages erheben wird und der wahren Bedeutung seines Glaubensbekenntnisses, ›Wir halten diese Wahrheiten als offensichtlich, dass alle Menschen gleich geschaffen sind‹, gerecht wird.«[25]

Bekannter ist Kings Traum davon, dass seine vier Kinder eines Tages in einer Nation leben können, in der Menschen nach ihrem Charakter beurteilt werden, nicht nach ihrer Hautfarbe.

Diese gewaltigen Worte gehen mir jedes Mal erneut unter die Haut und ich empfinde tiefste Ehrfurcht. Was für ein Traum! Diese Rede gehört nicht nur zu den 100 rhetorisch besten Reden der Welt. Sie hat auch die Welt verändert. King war beseelt von diesem Traum. Er hat viel riskiert und er verlor durch ein Attentat sein Leben, aber sein Traum ist zu einem guten Teil Wirklichkeit geworden. Und er ist nicht mehr wegzudenken aus der Weltgeschichte. Gott hat diesen Mann und seinen Traum benutzt, um neue Maßstäbe für das Zusammenleben von Menschen unterschiedlicher Herkunft zu schaffen.

Gottes Träume mit der Welt

Stellen Sie sich vor: Auch Gott hat Träume. Träume für die Welt und Träume für jeden einzelnen Menschen, also auch für Sie und mich. Sein Traum mit der Welt trägt eine Überschrift. Sie heißt: *Beziehung und Versöhnung*. Gott wünscht sich nichts sehnlicher als die Verbindung zwischen seinen Geschöpfen und ihm selbst. Um diesem Ziel näher zu kommen, ließ Gott uns in Jesus Christus sein Gesicht sehen und in sein Herz schauen. In der Bibel heißt es: »Gott will, dass allen Menschen geholfen werde und sie zur Erkenntnis der Wahrheit kommen.« (1. Tim. 2,4) Wie schön, wenn wir uns darauf einlassen und ihm Vertrauen schenken. In der Bibel lesen wir von Gottes überdimensionalen Träumen, die nur er selbst verwirklichen kann. Er macht aus seinen Träumen Versprechen. Christen nennen das Verheißungen, also Versprechen von Gottes Träumen, für die er sich selbst verbürgt. Eine dieser Verheißungen ist Gottes neue Welt, in der er selbst mitten unter seinen Menschen leben wird (Offb. 21). Gott verspricht, dass seine Träume wahr werden.

> Gott hat Träume für jeden einzelnen Menschen, auch für Sie und mich.

Zu Gottes Traum mit jedem einzelnen Menschen gehört auch die Entfaltung seines Potenzials. »Seines« ist hier absichtlich doppeldeutig zu verstehen, denn es meint das Potenzial, das Gott in uns gelegt hat und gleichzeitig unser Potenzial, für das wir auch selbst Verantwortung tragen. Unsere Berufung im Leben sehe ich weniger als einen festgelegten Plan, den wir zu »erfüllen« haben. Für mich ist es vielmehr die gigantische Perspektive, wofür Gott uns gebrauchen könnte, wenn wir das Potenzial nutzen, das er uns geschenkt hat, und tatsächlich immer mehr die Menschen werden, die er braucht in dieser Welt. Dabei kommen mir wieder meine Tulpenzwiebeln in den Sinn und ihre unsichtbare, schlummernde Lebenskraft. Sie ist schon geschenkt. Sie braucht nur das richtige Umfeld, dann beginnt sie, einen Trieb auszubilden.

Was könnte Gott alles bewegen in dieser Welt zum Wohl der Menschen und zum Wohl seiner Gemeinde! Was so wunderbar klingt, kann beginnen mit Menschen, die möglichst viel von ihrem Potenzial nutzen. Das ist nicht als Leistungsanspruch und Druck gemeint, sondern als Einladung. Als Würdigung und Auszeichnung. Wir dürfen Gottes Träume mitträumen. Uns von ihm beeinflussen lassen, mehr als von der Werbeindustrie. Ihm und unserm Potenzial vertrauen. Denn in jeder von uns steckt etwas. Etwas Kreatives, Verrücktes, Mitfühlendes, Leidenschaftliches, Philosophisches. Etwas Individuelles. In keiner alles gleichzeitig, aber in jeder etwas.

Vielleicht sind unsere Träume ein Zugang zu unseren Herzenswünschen, unserer Begabung und Leidenschaft.

Was wäre, wenn unsere Träume, die oft schon in der Kindheit angelegt sind, eine Art Zündschnur wären? Ein Zugang zu unseren Herzenswünschen, unserer Begabung, unserer Leidenschaft? Ich glaube, dass Gott sie benutzen möchte, um unsere Entfaltung zu fördern. Damit wir selbst froh und dankbar bleiben oder werden. Damit wir auf positive Weise in Kontakt mit anderen Menschen kommen. Und damit wir in der Welt etwas Kleines oder Großes bewirken.

Ich glaube, dass Gott uns wohlwollend betrachtet. Und dass er sich freut, wenn in einer Frau ein Lebenstraum am Erwachen ist. Ich stelle mir vor, wie er dann z. B. sagt: »Prima, Marianne. Wie schön, dass du das bemerkt hast. Fang an!« oder: »Genial, Nadine, du bist genau die Richtige dafür, zieh das durch!« oder: »Karin, klasse – gib nicht auf!«. Und sicher hat er so manches Mal auch gesehen, wie wir anschließend einen Traum doch wieder haben abtauchen lassen …

Träume sind der Rand für die Puzzleteile deines Lebens

Mir begegnete ein interessantes Bild, mit einem Spruch verknüpft: eine nach oben geöffnete Frauenhand vor strahlend blauem Himmel. Aus der Hand fliegen verschiedene Puzzleteile und verteilen sich in alle Richtungen. Daneben stand der Spruch: »Träume sind der Rand für die Puzzleteile deines Lebens!«[26]

Dieses Bild sprach mich an, denn schon als Kind liebte ich es zu puzzeln. So dachte ich weiter darüber nach. Ja, der Rand ist enorm wichtig. Vermutlich fangen die meisten Puzzler damit an. Zum einen, weil die Randteile leichter zu erkennen sind. Aber auch weil der Rand für die weitere Fleißarbeit den Rahmen gibt. Neben der Abbildung auf dem Karton ist er die wichtigste Orientierung, damit die lose herumliegenden Teile an die passende Stelle angelegt werden können. Eine ähnliche Bedeutung haben unsere Träume für die kleinen Puzzleteilchen, aus denen sich unser Leben zusammensetzt. Sie geben den Rahmen vor. Sie wecken in uns eine Ahnung von dem fertigen Bild, von Farbe, Größe und Motiv. Und sie spornen uns an weiterzusuchen, nach dem nächsten Teil Ausschau zu halten und es anzufügen. Wenn der Rand komplett ist, will man weitermachen. Wie bei jedem angefangenen Puzzle.

Vielleicht erscheint es Ihnen verwunderlich, Ihren Träumen diese hohe Bedeutung beizumessen. Doch irgendeinen Rahmen für die »Puzzleteile unseres Lebens« schaffen wir sowieso, auch wenn es unbewusst geschieht. Es können auch unsere Ängste sein, unsere negative Sicht auf das Leben, unsere Befürchtungen. Und wir suchen Teil um Teil, legen es an und wundern uns, wenn dabei ein düsteres Bild entsteht. Durch gewisse innere Mechanismen werden wir immer die passenden Teile finden! Dann möchte ich doch lieber einen motivierenden, positiven Rahmen für mein Leben setzen und ihn auch füllen.

Ihre Träume warten darauf, ernst genommen zu werden

Was können Sie tun, um mit dem Thema Lebensträume noch einmal neu anzusetzen? Oder vielleicht auch weiterzukommen, wenn Sie stecken geblieben sind? Zuerst fängt es mit dem Denken an. Damit meine ich, innerlich den Horizont zu öffnen. Mich heranzutasten und heranzuwagen an Träume. Sie nicht von vornherein als unmöglich abtun. Dazu braucht es eine Portion Neugier und innere Aufmerksamkeit. Und natürlich eine wohlwollende Einstellung gegenüber mir selbst. Ja, Sie sind einmalig in Ihrem Wesen und Ihrer persönlichen Geschichte. Niemand hat erfahren, gefühlt und gedacht, was Sie erfahren, gefühlt und gedacht haben. Diese Prägung ist von großem Wert. Lassen Sie daraus einen Trieb keimen! Vertrauen Sie Gottes Wirken und vertrauen Sie sich selbst!

Stacy Eldredge ist davon überzeugt, dass Klarheit und schriftliche Formulierungen wesentlich dazu beitragen, dass Träume Realität werden. »Die Menschen, die zu träumen wagen, die ihre Träume aufschreiben und hin und wieder nachlesen, was sie geschrieben haben, sind diejenigen, deren Lebensträume wahr werden. Es ist gut zu träumen ... Erlauben Sie sich selbst, große Träume zu haben! Tiefe Träume! Weitreichende Träume!«[27]

Auch ich habe meine Gedanken und Träume aufgeschrieben. Das liegt mittlerweile fünf Jahre zurück. Damals leiteten wir zu dritt ein Wochenende für Frauen unter der Überschrift: »Beflügelt – lass deinen Träumen Flügel wachsen«. Im Rahmen dieses Seminars luden wir die Frauen ein, ihre persönliche »Beflügelt-Liste« zu formulieren. Der Titel gefiel uns wesentlich besser als der gebräuchlichere Begriff »Bucket-List« (im Deutschen auch: »Löffelliste«). Der Begriff wurde durch den anrührenden Film »Das Beste kommt zum Schluss« (The Bucket List) mit Morgan Freeman und Jack Nicholson weltbekannt. Mittlerweile gibt es sogar eine Facebook-Community, in die man sich einklinken kann. Die Bezeichnung »Löffel-Liste« spielt mit dem Begriff »den Löffel abgeben« – welche Dinge möchte ich tun, bevor ich sterbe? Die »Beflügelt-Liste« aber spielt mit anderen Assoziationen. Zum Beispiel: die Flügel ausbreiten, die Thermik nutzen, sich über den Nestrand wagen und das Fliegen ausprobieren. In diesem Zusammenhang haben mich einige Fragen angerührt, die ich bei dem bekannten Theologen Jörg Zink fand: »Sehnst du dich noch nach etwas? Gehst du noch Träumen nach, Hoffnungen? Brennt etwas in dir? Hat deine Seele Flügel?«[28]

So schrieb ich also 2014 zum ersten Mal meine Lebensträume auf. Einfach mutig drauflos. Am schwierigsten schien es am Anfang, danach flossen neue Ideen einfach nur so aus mir heraus. Es war ja viel Platz auf dem A4-Blatt. Irgendwann machte es mir richtig Freude, zaghafte Ideen in Worte zu kleiden, sie als Wünsche und Ziele zu formulieren. *Ich möchte Mittsommer in Skandinavien erleben. Ich möchte als Referentin für Frauen deutschlandweit unterwegs sein und Frauen zum Leben und Glauben ermutigen. Ich möchte eine gute und wertschätzende Mentorin sein für die nächste Generation. Ich möchte einmal mit orthodoxen Christen die beeindruckende Liturgie der Osternacht feiern. Ich möchte ein Buch von Clive Staples Lewis in der Originalsprache lesen. Ich möchte in Afrika wilde Tiere beobachten. Ich möchte die beste Schwiegermutter werden, die mir möglich ist. Ich möchte einige Tage ruhig am See Genezareth sitzen und vor dieser Kulisse alle Texte im Neuen Testament lesen, die über Jesus berichten. Ich möchte ein Buch schreiben, in dem anderen Frauen zugutekommt, was mir bisher an Erfahrungen und Einsichten geschenkt wurde (…).* Damit will ich es genügen lassen, obwohl auf meiner Liste noch weit mehr persönliche Dinge stehen.

> Sehnst du dich noch nach etwas? Gehst du noch Träumen nach? Hat deine Seele Flügel? (Jörg Zink)

Das Ergebnis des letztgenannten Traums halten Sie gerade in Händen. Tatsächlich fallen Entscheidungen eindeutiger und klarer, wenn der Rahmen der Träume bereits zusammengepuzzelt ist. Natürlich kenne auch ich das Gefühl, vor meiner eigenen Courage zu erschrecken und zu bezweifeln, dass das je möglich sein wird. Dabei hilft mir ein Zitat: »Wenn deine Träume dir keinen Schrecken einjagen, sind sie nicht groß genug.«[29] Also dann: Willkommen, kleiner oder größerer Schrecken! Du zeigst mir, dass ich auf der richtigen Fährte bin.

Für die Ausgewogenheit auf meiner »Beflügelt-Liste« ist es mir wichtig, darauf eine gesunde Mischung zwischen *Träumen für mich* und *Träumen für andere* zu finden. Denn wir brauchen beides. Träume und Ziele, die uns selbst tief im Herzen erfüllen, beglücken, motivieren und erden. Und Träume und Ziele, von denen andere Menschen profitieren können.

Manches korrigierte ich auch im Laufe der Jahre. Damals schrieb ich noch: »Ich möchte eine längere Zeit als Krankenschwester in Afrika in einem sozialen Projekt arbeiten«. Heute steht da: »Ich möchte eine größere angelegte Geldsumme wachsen sehen und sie in einem Projekt für Mädchen oder Frauen in Afrika einsetzen.« Die Intention ist aber die gleiche geblieben: Ich möchte etwas beitragen zum Gesundwerden einzelner Menschen auf dem afrikanischen Kontinent. Nur die Form und die Art der Umsetzung dieses Traumes haben sich geändert.

Umsonst geträumt?

Immer wieder begegne ich Frauen, die aufgrund von geplatzten Lebensträumen sehr niedergeschlagen sind. Ja, auch zerbrochene Träume gehören zum Thema. Sie können für den Bereich Partnerschaft und Familie gelten. Oder aber durch Erkrankungen und ungünstige Lebensumstände eintreten. Gescheiterte Träume dürfen und müssen betrauert werden. Tatsächlich tut es sehr weh, wenn offene Türen sich plötzlich wieder schließen. Oder wenn aus persönlichen Gründen die Weiterverfolgung eines Traumes nicht mehr möglich ist. Wenn beispielsweise ein soziales Jahr im Ausland aus gesundheitlichen Gründen frühzeitig beendet werden musste, die Firma in Insolvenz ging oder der Partner frühzeitig verstorben ist.

Durch die Tiefe dieses Schmerzes hindurchzugehen, kann uns darauf vorbereiten, anschließend für neue Träume offen zu sein. Oder aber die Essenz des ursprünglichen Traumes hinüberzuretten in die neuen Lebensumstände. Gerade heute topfte ich Orchideen um. Von Zeit zu Zeit ist es notwendig, die alten, vertrockneten oder verfaulten Wurzeln zu entfernen. Gleichzeitig werden neu gewachsene Luftwurzeln mit in den Pflanztopf eingefügt und ins Substrat gesteckt. Nun wird die Pflanze über sie Kraft und Nährstoffe bekommen. Das, so finde ich, lässt sich gut auf Lebensträume und ihre Wurzeln übertragen.

Samuel Koch ist dafür ein deutschlandweit bekanntes und bewegendes Beispiel.[30] Als junger Mann träumte er davon, Theaterschauspieler zu werden. Nach seinem Unfall 2010 in der »Wetten, dass...?«-Sendung stand er vor dem Scherbenhaufen seiner Träume. Genauer gesagt stand er nicht, sondern lag, denn mit seiner Querschnittslähmung war die Kontrolle der Körperfunktionen für ihn weitestgehend unmöglich. Mit einem unglaublichen inneren Antrieb und unterstützt von Familie und Freunden kämpfte er sich zurück in ein neues, erfülltes Leben.[31] Er beschreibt, dass sein Traum von Schauspiel direkt nach dem Unfall größer gewesen sei als je zuvor. Seine Schauspielausbildung schloss er erfolgreich ab und er beeindruckte inzwischen am Nationaltheater Mannheim in ausgefallenen Rollen wie »Faust« oder »Judas« ungezählte Zuschauer. In einem Beitrag der Landesschau Baden-Württemberg sagte Koch: »Alle meine Träume und Wünsche waren irgendwie an Bewegung gekoppelt.« Er überwand zahlreiche Hindernisse und kann heute von der Bühne aus Menschen zum Lachen und Nachdenken bringen. Der ehemalige Kunstturner hat sich trotz der neuen Situation den Traum bewahrt, aktiv und abenteuerlustig zu bleiben.

Während ich das recherchiere und schreibe, wächst ein neuer Wunsch für meine »Beflügelt-Liste«: Ich möchte Samuel Koch auf der Bühne erleben und mich von seiner Leidenschaft und seinem Lebensmut anstecken lassen. *Einen Moment bitte, das schreibe ich jetzt direkt auf. Erledigt.* Schon die Vorfreude weckt bei mir Lebensenergie! Das wird ein Traum und Höhepunkt für mich selbst. Und daraus werde ich wieder Kraft und Motivation ziehen, meine Träume für andere ebenfalls wahr werden zu lassen.

Trainer und Coaches weisen darauf hin, wie wesentlich die lebhafte Vorstellung (Visualisierung) zum Erreichen eines Zieles beiträgt. Das ist kein Hokuspokus, sondern entspricht der Art und Weise, wie unser Gehirn arbeitet.

Immer gibt es natürlich auch Hinderungsgründe. Unsere Angst vor neuen Enttäuschungen kann groß sein. Dann dürfen wir selbst entscheiden: Welches Risiko möchten wir lieber eingehen? Das Risiko, enttäuscht zu werden? Oder das Risiko, unser Leben »im Wartezimmer« zu verbringen? Ich möchte das auf keinen Fall. »Lass deine Träume größer sein als deine Ängste«[32], dieses Zitat eines unbekannten Autors, das in unterschiedlichen grafischen Gestaltungen im Internet im Umlauf ist, ermutigt mich immer wieder.

Fünf-Minuten-Mut gegen Aufschieberitis

Kennen Sie »Aufschieberitis«? Es klingt wie eine Krankheit, ist aber nur eine ungünstige Angewohnheit. Mit ihr werden gute Vorsätze wieder ins Unendliche verschoben. In ihrem schon erwähnten Poetry-Slam spricht auch Julia Engelmann davon: »Einmal bin ich fast einen Marathon gelaufen und hätte fast die Buddenbrocks gelesen …« Weiter sagt sie: »Denn das Leben, das wir führen wollen, das können wir selber wählen. Also lass uns doch Geschichten schreiben, die wir später gern erzähl'n.« Wir haben selbst Einfluss darauf, wie bedeutungsvoll und nachhaltig unser Leben auch für andere sein wird.

Von der Trainerin und Autorin Monika Bylitza lernte ich die Übung »Fünf-Minuten-Mut«. Sie lässt sich für vieles anwenden, auch für unsere Lebensträume. Dafür braucht man sich nur zu entscheiden, erst einmal für 5 Minuten in diese Richtung zu arbeiten oder zu denken. Diese kleine Investition an Zeit und Kraft ist realisierbar. Fünf Minuten zurückgelehnt träumen. Fünf Minuten einen Kindheitstraum wieder ausgraben und in ihn hineingehen. Fünf Minuten an der Beflügelt-Liste schreiben. Fünf Minuten etwas recherchieren zur Umsetzung eines Traumes. Und sich anschließend wieder anderen Aufgaben zuwenden. Und das nicht nur einmal, sondern immer wieder. Das dürfte doch tatsächlich realisierbar sein ...

Wir haben selbst Einfluss darauf, wie bedeutungsvoll unser Leben auch für andere sein wird.

Mein Leben ist ein Wartezimmer? Niemand ruft mich auf? – Nein! Mein Leben ist ein überaus kostbares Geschenk. Jemand ruft mich auf. Gott selbst. Er sagt mir:

»Mach etwas aus deinem Leben!
Denke nicht zu klein von dir.
Und denke nicht zu klein von mir.
Ich brauche dich in dieser Welt!«

Einige Fragen und Anregungen:

- Wovon haben Sie als Kind geträumt? Was hat Sie begeistert? Wofür hat Ihr Herz gebrannt? Was wollten Sie unbedingt mal werden oder eines Tages tun?

- Beginnen Sie wahrzunehmen und zu schätzen, was in Ihnen schlummert.

- Schauen Sie noch einmal zurück. Welche Träume haben Sie eventuell zu schnell aufgegeben? Was können Sie daraus lernen?

- Gewöhnen Sie sich an, über Ihre vielleicht noch zaghaften Träume zu sprechen. Am besten mit Menschen, die Sie schätzen und denen Sie vertrauen. Achten Sie auf die Reaktion der Menschen, von denen Sie sich gut verstanden fühlen und die Ermutiger für Sie sind. Vermeiden Sie, Ihre Träume vor Dauerkritikern und Skeptikern zu formulieren. Für dieses Übungsfeld ist später noch genug Gelegenheit ...

- Prüfen Sie Ihre Träume: Welche Motive stehen dahinter? Wer wird den Preis dafür bezahlen? Alles hat seinen Preis, und das ist nicht nur finanziell gemeint. Im günstigsten Falle bezahlen wir selbst den Preis, und nicht unsere Kinder oder unser Partner.

- Fragen Sie sich auch: Was sagt Gott dazu? Dient der Traum meinem Glauben, meiner Beziehung zu Gott, meinem inneren Wachstum oder anderen Menschen?

- Und dann dürfen Sie vom Träumen ins Handeln kommen. Lebensträume und geplante Projekte nicht auf die lange Bank schieben, sondern die Fährte aufnehmen. Recherchieren und erste Weichen stellen.

- Werfen Sie bei Enttäuschungen und Rückschlägen nicht alles hin. Schauen Sie, was vom Traum zu retten ist, und bewahren Sie die Intention, die darin steckte. Vielleicht findet sich eine andere Möglichkeit, diese zu leben.

3.

Vorbilder –

GEBAHNTE WEGE GEHEN

»Wenn ich groß bin, werde ich wie …« Kennen Sie diesen Satz aus Ihren Kindheitstagen? Werden wie Papa oder wie Tante Liesbeth. Das hatte Reiz – auch wenn wir nicht wussten, warum. Vielleicht war Tante Liesbeth sehr gütig und liebevoll. Und Papa ein unschlagbarer Praktiker bei allem, was irgendwie repariert werden musste im Haushalt oder Kinderzimmer. In Ihrer Erinnerung werden beim Nachdenken über Vorbilder Personen und Eigenschaften auftauchen, die für Sie beeindruckend waren. Fast unbemerkt haben wir alle von den besonderen Haltungen und Fähigkeiten der Personen um uns herum so einiges übernommen. Schon die erlernte Gesprächskultur und typische Ausdrucksweisen machen das deutlich. Natürlich können auch negative Angewohnheiten in unsere Lebensgrundausstattung eingeflossen sein. Oder aber wir haben uns dagegen entschieden und machen manches vollkommen anders – im Kontrast zu unserer Herkunftsfamilie. Die persönliche Vorbildergeschichte geht

über die Familie und Kindheit hinaus bis ins Jetzt. Denn auch als Erwachsene brauchen wir noch Orientierung und Inspiration, die von anderen Menschen ausgehen kann. Wenn Ihnen das bewusst wird, haben Sie die Möglichkeit, neu zu sortieren, Gutes wertzuschätzen und dauerhaft auf der Suche nach guten Vorbildern zu bleiben. Und übrigens: Gott nutzt von jeher Vorbilder, um Menschen zu prägen und zu sich einzuladen.

Jeder braucht Vorbilder

Mein Nachdenken über Vorbilder begann mit der Begeisterung einer Religionspädagogin. Sie schwärmte mir vor Jahren leidenschaftlich vor, wie gern sie in der Jugendgruppe Sophie Scholl vorstellt oder Elisabeth von Thüringen. »Jugendliche brauchen Vorbilder, unbedingt!«, sagte sie. Das blieb mir lebhaft in Erinnerung. Wie wahr. Und das gilt nicht nur für Jugendliche.

Warum ist das so? Lebensprinzipien und Werte bleiben leer, wenn sie nur proklamiert und nicht von Menschen gelebt werden. Erst dadurch bekommen sie Bedeutung und Sinn. Erst dadurch werden sie greifbar. Wir brauchen Vorbilder, um uns gesund zu entwickeln und vorwärtszukommen … Denn – und das gilt nicht nur fürs Autofahren – wo wir hinschauen, dahin bewegen wir uns auch.

Wir brauchen Vorbilder, um vorwärtszukommen. Denn wo wir hinschauen, dahin bewegen wir uns auch.

Gott hat die Menschen so geschaffen, dass sie andere Menschen brauchen. »Es ist nicht gut, dass der Mensch allein sei«, sagt Gott in der Bibel, ganz am Anfang (1. Mose 2,18). Die moderne Psychologie und Soziologie kommt zum gleichen Ergebnis: Der Mensch ist sozial angelegt. Das gilt vom ersten Tag des Lebens an. Ein ausgesetztes Kind ist verloren. Nur im Dschungelbuch kann es durch fürsorgliche Tierfreunde überleben. Zuallererst brauchen wir äußere Versorgung und Unterstützung. Für unsere gesunde Entwicklung ist aber noch mehr notwendig. Zum Beispiel Zuspruch und Trost, Korrektur und Begegnung. Und Menschen, an denen wir uns orientieren können. Gott hat die Fähigkeit in einen kleinen Menschen gelegt zu beobachten und nachzuahmen. Und ich ahne etwas davon, wie er damit unsere Entwicklung und Entfaltung fördert.

Haben Sie schon einmal darüber gestaunt, dass ein Baby nicht einfach im Bett liegen bleibt und sich ein Leben lang windeln lässt? Das wäre doch sehr bequem. Stattdessen will das Kind laufen wie die Großen, essen wie die Großen, sich anziehen wie die Großen. Und das geht so weiter. Jedes Kind imitiert seine Eltern, Geschwister oder andere Personen der Umgebung.

Sicher fallen Ihnen dazu Geschichten und Episoden aus Ihrem Erfahrungsschatz ein. Ich denke an Damian, einen kleinen Jungen aus unserem Haus. Schon als 2-Jähriger, noch bevor er sprechen konnte, gesellte er sich bei der Gartenarbeit zu mir. Er beobachtete, wie ich blühenden Löwenzahn ausstach. Ich durfte meine »Ausbeute« auf seinen großen Kipper laden und er überwachte die Angelegenheit. Beim Abtransportieren des Kippers zur Mülltonne hielt er unterwegs an. Er hatte am Wegrand treffsicher neben allen anderen Pflanzen einen großen, blühenden Löwenzahn entdeckt, den er nun selbständig entfernen wollte. Wie oft kam er dann später mit Eimer, Schaufel und Hacke angerannt und rief: »Frau Ott, darf ich dir helfen?«, und arbeitete eifrig mit.

Übrigens weiß man heute, dass der größte Einfluss, den wir in der Erziehung auf Kinder nehmen können, unser eigenes Vorbild ist. Stellen Sie sich das ruhig wie eine Pyramide vor. Das Vorbild bildet die breite Basis. Darauf ruht die Atmosphäre, die wir in unserer Familie schaffen. Und alles Reden ist nur die kleine Spitze – und das, wo wir doch so gerne reden, erklären und argumentieren! Das erinnert mich an die Schokolade in der Ernährungspyramide. Auch sie sollen wir nur sehr dosiert zu uns nehmen.

Schon Karl Valentin (1882–1948) soll augenzwinkernd gesagt haben: »Wir brauchen unsere Kinder nicht zu erziehen, sie machen uns sowieso alles nach …«

In dem Statistik-Portal statista[33] werden aktuelle Vorbilder der Deutschen genannt. Es tauchen große Namen auf. Persönlichkeiten wie Nelson Mandela, Michael Gorbatschow, Albert Schweitzer oder Martin Luther King. Die Überraschung ist dabei: Ganz oben steht jemand, der nicht berühmt ist, sondern ganz normal – Mama. Wer hätte das gedacht? Die eigene Mutter ist das Vorbild der Deutschen. Mutter Teresa belegt Platz zwei. Danach folgt Papa.

Ich finde das rührend, denn diese Aussage holt das Thema in unser ganz persönliches Leben. Weg von den großen Vorbildern mit überragenden Leistungen, mitten hinein in unsere nächste Umgebung. Von Friedensnobelpreisträgern in unseren kleinen Alltag.

Vielleicht fragen Sie sich, welchen Unterschied es gibt zwischen Idolen und Vorbildern. Idole stammen aus der Medienwelt, aus Film, Musik und Sport. Sie erfreuen sich großer oder übertriebener Bewunderung und sind oftmals ebenso schnell wieder von der Bildfläche verschwunden, wie sie plötzlich auftauchten. Wie reif die Menschen hinter der Kultfigur tatsächlich sind, lässt sich meist nicht nachprüfen.

Mit Vorbildern verhält es sich anders. Sie sind Menschen, die Werte vermitteln. Deren Lebens- und Handlungsweisen uns als nachahmenswert erscheinen, weil sie echt und glaubwürdig sind. Eltern, Lehrer, Verwandte und Freunde haben dadurch den größten Einfluss auf Heranwachsende. Sie stehen Modell (engl. »model« für Muster, Vorbild) fürs Leben. Lernen am Modell ist immer einprägsamer und besser abrufbar als kognitives Wissen. Denn Wissen gerät wieder in Vergessenheit. Ungenutzte Englischvokabeln rutschen weg. Aber Prägung bleibt tiefengespeichert und lebendig.

Die aktive Suche nach Vorbildern

»Irgendjemanden macht man sowieso immer nach«, so bemerkte unsere damals jugendliche Tochter ganz selbstverständlich. Ich hatte sie nach ihrer Meinung zum Thema Vorbilder gefragt. Der Verfasser der biblischen Lebensweisheiten in den Sprüchen Salomo rät hingegen, nicht einfach »irgendjemandem« zu folgen, es gerade nicht dem Zufall zu überlassen, wem wir nacheifern.

»Suche stattdessen nach guten Vorbildern, die dir zeigen, wie man ein gutes Leben führt!« (Spr 2,20)

Für mich heißt das: Werde aktiv! Halte Ausschau nach ihnen! Mach dir Gedanken! Triff Entscheidungen, wohin du dich entwickeln willst! Nutze deine gottgegebene Fähigkeit, anderen nachzustreben auf sinnvolle Weise. Lassen wir unsere Augen einfach einmal durch die Welt, unsere Biografie und die Bibel schweifen.

Vorbilder sind wie die Nebelschlussleuchte vor uns, die hilft, in der Spur zu bleiben, und uns Orientierung bietet.

Es gibt natürliche Vorbilder und geistliche Vorbilder. Natürliche Vorbilder können alle Menschen sein, die mir nachahmenswert erscheinende Eigenschaften und Haltungen demonstrieren. Ja, sie können sogar jünger sein als ich oder eine andere Lebenseinstellung haben. Vielleicht leben sie mir vor, wie man gut mit Geld umgeht, dem Konsumtrend widersteht und Suchtmitteln nicht verfällt. Oder wie man mit körperlichen Schmerzen leben kann und an seelischen Enttäuschungen nicht zerbricht. Wir alle brauchen Menschen, von denen wir uns abschauen können, wie man mit seinem Ehepartner umgeht, mit seinen Kindern oder den pflegebedürftigen Eltern. Sogar, wie man den Verlust des Partners verkraften kann oder sich selbst auf das Sterben vorbereitet. Lassen Sie uns genau hinschauen und mutig nachmachen, was andere schon vor uns erprobt haben. Vielleicht lebt in Ihrer Nachbarschaft ein älteres Ehepaar, dessen liebevoller Umgang miteinander Sie schon lange beeindruckt. Laden Sie diese doch einfach mal zum Kaffeetrinken ein und fragen Sie sie nach ihrem Rezept für eine lang anhaltende, glückliche Beziehung. Oder Sie können Ihre Kollegin befragen, wie sie es meistert, über Jahre hinweg ihren alten Vater geduldig und liebevoll zu pflegen, ohne dabei missmutig zu werden.

Geistliche Vorbilder sind für mich Menschen, die eine lebendige Gottesbeziehung leben und ihren Glauben selbstverständlich in ihr Leben einfließen lassen. Es sind Menschen, die mich teilhaben lassen an ihren inneren Entwicklungsschritten, an Tragödien und Triumphen. Die ehrlich darüber sprechen, welche Rolle Gott dabei gespielt hat. Und an denen ich sehen kann, wie Gott eine Persönlichkeit reifen lässt. Für mich persönlich ist dabei wichtig, dass der christliche Glaube auch von charakterlicher Reife begleitet wird. Solche Vorbilder fand ich in jeder Gemeinde, zu der ich gehörte. Und dann natürlich auch im öffentlichen Rahmen. Heute ist es so leicht, uns von ihnen inspirieren zu lassen, da es zahlreiche Möglichkeiten gibt, Predigten oder Vorträge per Internet zu hören. Für Generationen vor uns war das unmöglich. Auch der Buchmarkt enthält eine Fülle wertvoller Literatur von oder über Menschen, die geistliche Vorbilder sind. Gleichzeitig sollten sie für uns nicht zu Idolen werden, denn auch sie sind nur Menschen, die uns auch enttäuschen können.

Vorbilder zeigen, was möglich ist. Sie wecken Hoffnung, Sehnsucht und Leidenschaft. Sie sind wie die Nebelschlussleuchte vor uns, die uns hilft, in der Spur zu bleiben, und uns Orientierung bietet.

Gleichzeitig ist eine gewisse Wachsamkeit notwendig. Denn die Fähigkeit, Vorbilder zu imitieren, garantiert noch nicht, dass es gute Vorbilder sind. IS-Kämpfer haben sicher auch Vorbilder. Und sie selbst werden wiederum leider ebenfalls zu Vorbildern

– sogar für Jugendliche aus Deutschland, wie die jüngere Geschichte gezeigt hat. Die Gefahr der Manipulation durch charismatische Machtmenschen besteht auch für uns immer wieder.

Noch bevor wir Vorbilder wählen, steht aber die Entscheidung an, worauf wir unser Leben bauen. Wesentliche Fragen dazu heißen: Woher beziehe ich meine Grundwerte? Wer sagt mir, was richtig ist und nachahmenswert? Wer weckt in mir Visionen? Welchen Sinn hat mein Leben? Wohin soll es führen? Wer darf es bestimmen?

Ich denke an ein Gleichnis, das Jesus erzählt. Er sagt: »Wer nun auf das hört, was ich gesagt habe, und danach handelt, der ist klug. Man kann ihn mit einem Mann vergleichen, der sein Haus auf felsigen Grund baut. Wenn ein Wolkenbruch niedergeht, das Hochwasser steigt und der Sturm am Haus rüttelt, wird es trotzdem nicht einstürzen, weil es auf Felsengrund gebaut ist. Wer sich meine Worte nur anhört, aber nicht danach lebt, der ist so unvernünftig wie einer, der sein Haus auf Sand baut. Denn wenn ein Wolkenbruch kommt, die Flüsse über ihre Ufer treten und der Sturm um das Haus tobt, wird es einstürzen; kein Stein wird auf dem anderen bleiben.« (Mt 7,24-27)

Jesus illustriert mit seinem Vergleich, dass das beste Lebenshaus nur so stabil sein kann, wie die Grundlage, auf der es gebaut wurde. Und die ist entweder Sand oder Stein. Er legt seinen Hörern ans Herz, ihr Lebenshaus an seinen Worten auszurichten. Diese bilden einen soliden Grund. Das gibt mir zu denken. Und ich möchte mich danach richten. Folglich suche ich meine Vorbilder auch unter diesem Vorzeichen: Stehen Ihre Werte und Ziele mit den Worten von Jesus im Einklang?

Was genau macht gute Vorbilder so faszinierend?

Dazu gibt es keine vollständige Analyse. Aber es fallen einige Dinge auf, die sich bei unterschiedlichen Vorbildern wiederholen: Es sind Menschen, die sich weiterentwickeln und dazulernen. Dadurch verbreiten sie eine gewisse Aufbruchsstimmung. Das steckt an und tut gut. Sie treten mit Klarheit auf. Sie haben Täler und persönliche Krisen durchschritten und sind dadurch gereift. Vorbilder kennen nicht nur die Abgründe des Lebens, sondern auch ihre eigenen. Das macht sie echt. Vorbilder machen anderen vor, wie man in einer Welt, die immer komplizierter wird, geradlinig gehen kann. Dadurch setzen sie einen Kontrapunkt zur bequemen Oberflächlichkeit und schärfen den kritischen, wachen Blick.

In dem kurzen Clip »Vorbilder und Helden« von Maximus Invictus[34] auf YouTube ist es sehr prägnant zusammengefasst: Vorbilder leben ihre Werte, folgen ihrem Gewissen, übernehmen Verantwortung und realisieren ihre Träume. Im Internet stieß ich auf das Manuskript einer SWR2-Sendung mit dem Titel »Unsere Sehnsucht nach Vorbildern«. Darin hob die Autorin und Journalistin Doris Weber nicht nur hervor, dass gute Vorbilder Menschen zum Anfassen und berührbar seien, sie sagte außerdem: »Gute Vorbilder sind leise. Sie gehen nicht mit der Schelle durch das Land, sie sind Leitbilder, ohne anleiten zu wollen. Sie wissen nicht um ihre Wirkung und kennen oft diejenigen nicht, in denen sie Wirkung hinterlassen.«[35] Dieser Gedanke hat mich sehr fasziniert und geht mir noch nach. Denn meiner Erfahrung nach hat Frau Weber damit völlig recht: Die wirklich beeindruckenden Vorbilder bemühen sich nicht darum, Vorbilder zu sein, sie sind es einfach. Oft ohne es zu wissen.

Vielleicht sehen wir in Gottes Welt eines Tages die Segensspuren, die von einem Menschen zum nächsten gegangen sind.

Vielleicht haben Sie Freude daran, darüber nachzudenken, welche Personen für Sie »leise Vorbilder« gewesen sind. Ich habe eine Menge davon. Zum Beispiel Schwester Christine, Stationsschwester der Gynäkologischen Station des Diakonissenkrankenhauses Dresden Anfang der 90er-Jahre. Sie verbreitete enorm viel Wertschätzung gegenüber ihrem jungen Schwesternteam und sagte, sobald es irgendwie passte: »Ich habe die besten Schwestern auf meiner Station.« Das spornte uns natürlich an, tatsächlich das Beste zu geben. Von ihr lernte ich, wie man nach außen für seine Mitarbeiterinnen einsteht und gleichzeitig nach innen konsequent Probleme angeht. Und sie lebte uns jungen Schwestern und auch Assistenzärzten vor, mit welchen Worten man an das Bett einer sterbenden Patientin treten kann. Sie ging voller Ruhe, Güte und Sicherheit ins Zimmer und sprach die Patientin mit ihrem Namen an. Als diese nicht reagierte, richtete sie das Kissen der schwerkranken Frau mit einigen geschickten Handgriffen, feuchtete ihr die Lippen an und sprach anschließend eine Strophe von Paul Gerhardts Lied. »Wenn ich einmal soll scheiden, so scheide nicht von mir, wenn ich den Tod soll leiden, so tritt du dann herfür; wenn mir am allerbängsten wird um das Herze sein, so reiß mich aus den Ängsten kraft deiner Angst und Pein.«[36] Der Zuspruch dieser Liedzeilen verströmte Frieden in den kleinen Einzelzimmern. Seitdem gehört dieses Lied auch zu meinem inneren Schatz.

Wer weiß? Vielleicht sehen wir in Gottes Welt, die wir den Himmel nennen, eines Tages die Segensspuren, die von einem Menschen zum nächsten gegangen sind. Über Generationen, Jahrhunderte und Kontinente hinweg, so wie die kreuz und quer verlaufenden Wollfäden in einem Vorstellungsspiel. Vielleicht sehen wir etwas von der Vorbildwirkung, die andere auf uns hatten. Welche Zuflüsse in unser Leben uns weitergebracht haben, welche Gedanken und Inspirationen. Denn was wir heute sind, was wir denken und glauben, ist letztlich eine Mischung aus allem, was wir aufgenommen und verarbeitet haben. Ohne Inspiration und Anregung von außen hätten wir uns längst nicht so entwickelt.

»Man überschätzt leicht das eigene Wirken und Tun in seiner

Wichtigkeit gegenüber dem, was man durch andere geworden ist«[37], wusste schon Dietrich Bonhoeffer.

Wie wahr. Es ist tatsächlich nicht alles auf unserm Mist gewachsen. Dieses Wissen lässt uns bescheiden bleiben und verbunden mit anderen Menschen. Und ich ahne, dass Gott auf dieser Ebene höchstpersönlich wirkt. Er hat uns durch Vorbilder gezeigt, was möglich ist und wie er sich Menschsein gedacht hat. Er will uns aus dem Trott reißen und die Welt zum Guten gestalten. Denn jedes Vorbild hat eine geheimnisvolle positive Wirkung: Es entwickelt eine eigene Kraft und Dynamik bei dem, der sich an ihm orientiert.

Und was ist mit den Schwächen und blinden Flecken unserer Vorbilder? Als junge Frau fragte ich mich empört: Wie kann das sein? Martin Luther, der große Bibelübersetzer und Bekenner seines Glaubens, hat gleichzeitig an Hexen geglaubt und gegen Juden gehetzt. Bernhard von Clairvaux, der bedeutende Abt des Zisterzienserordens, von dem wunderbare Zitate stammen, rief auch zum Kreuzzug auf. Am liebsten hätte ich sie und ihr Lebenswerk daraufhin radikal abgelehnt. Heute kann ich sehen, wie unreif das von mir gewesen ist. Natürlich waren sie Kinder ihrer Zeit. Meine eigenen perfektionistischen Ansprüche an Vorbilder haben nichts mit der Realität zu tun. Das erleben wir auch in der Gegenwart. Die Erschütterung vieler Christen über die Entwicklungen um Bill Hybels, den früheren Seniorpastor der Willow Creek Community Church Chicago, ist tief. Ihm wurde vorgeworfen, Grenzen gegenüber Frauen überschritten zu haben. Die externen, unabhängigen Untersuchungen haben leider die vorgebrachten Anschuldigungen bestätigt. Ich bin betroffen und verwirrt, denn Bill Hybels war eines meiner Hauptvorbilder der vergangenen Jahre. Aber ich bin entschlossen, alles festzuhalten, was ich von ihm an Gutem lernen durfte.

Wenn unsere Vorbilder stürzen und fallen, weisen sie uns darauf hin, dass wir alle nur unvollkommene und fehlerhafte

Menschen sind. Auch die größten Gaben werden weitergetragen von Menschen und nicht von kleinen Göttern. Persönlichkeiten wie die Theologin Margot Käßmann, ehemalige Ratsvorsitzende der EKD, stehen auch dadurch zu ihrer Vorbildfunktion, dass sie zeigen, wie man für Fehler öffentlich einsteht. Jahre nach ihrer Alkoholfahrt und ihrem ehrlichen Schuldeingeständnis ist sie Sympathieträgerin und eine öffentlich wirksame Christin.

Jesus als Vorbild

Bei einem einzigen Vorbild brauchen wir keine Enttäuschung zu befürchten: bei Jesus, der auch der Christus genannt wird. Er ist das Vorbild schlechthin und ohne jede Einschränkung. Auch für viele Atheisten, zumindest auf moralischem und ethischem Gebiet. Das ist doch schon mal viel wert, oder? Es wäre klug, wenn wir diesen Gesprächseinstieg schätzen und vielleicht antworten: »Klasse, dass du Jesus so siehst. Wenn du genauer hinschaust, könnte es sein, dass du noch weit mehr entdeckst ...«

Übrigens hatten einige von denen, die heute als leuchtende Vorbilder gelten, Jesus selbst zum Vorbild. Denken wir an Albert Schweitzer, Mutter Teresa oder Martin Luther King. Gleichzeitig war er für sie aber noch mehr: ihr Kraftgeber, der Motor und Sinnstifter. Vielleicht können Sie das auch von sich sagen: Er ist nicht nur mein Idol, das ich bewundere, sondern mein Vorbild, dem ich nachfolge. Genau dazu werden wir in der Bibel aufgefordert:

»Weil ihr Gottes geliebte Kinder seid, sollt ihr in allem seinem (Jesus') Vorbild folgen.« (Eph 5,1)

»Auch Christus hat ja für euch gelitten und hat euch damit ein Beispiel hinterlassen. Tretet in seine Fußstapfen und folgt ihm auf dem Weg, den er euch vorangegangen ist.« (1. Petr 2,21)

Ich erinnere mich an eine Beobachtung aus dem Skilift. Ich

sah unter uns eine Gruppe Kinder mit ihrem Skilehrer. Sie standen still und hörten seinen Erklärungen zu. Dann begann die Übung und einer nach dem anderen folgte dem Skilehrer langsam und im Slalom, möglichst genau seine Haltung und Bewegungen imitierend. Das können Sie sich sicher vorstellen, auch wenn Sie keine Skifahrerin sind.

Jesus zog nicht zufällig drei Jahre lang mit seinen Jüngern durchs Land. Sie sollten Augen und Ohren aufsperren und im Zusammenleben mit Jesus lernen. Sie sollten beobachten, verinnerlichen und selbst nachmachen. Wohlgemerkt: Jesus drückte ihnen kein Kompendium in die Hand. Sie mussten auch nicht den Numerus clausus erbringen, um sich in seinen Kursen einschreiben zu dürfen. Sie haben kein anspruchsvolles Fernstudium absolviert. Nein, sie waren einfach mit ihm zusammen. Wie die Schüler mit dem Skilehrer.

Dem Vorbild von Jesus zu folgen, das ist ein Trainingsprogramm, wie es besser nicht sein könnte.

Dem Vorbild von Jesus zu folgen, das ist ein Trainingsprogramm, wie es besser nicht sein könnte. Wir lernen dabei, Gott und Menschen mehr zu lieben als bisher. Und auch so zu handeln.

Was war so besonders an seiner Haltung und Beziehung zu Menschen und zu Gott?

Wie er gelebt hat: aufmerksam, bewusst, in Abhängigkeit von Gott und in Beziehung zu ihm. *Wie er geliebt hat*: den geringsten und am meisten verachteten Menschen genauso wie die Prominenz. *Wie er Gottes Willen über alles gestellt hat*: Er betete kurz vor seiner Kreuzigung nicht: »Vater, rette mich aus dieser Stunde!« Sondern: »Deshalb bin ich in diese Stunde gekommen. Vater, verherrliche deinen Namen!« (Joh 12,27)

Jesus sagt zu seinen Jüngern sehr deutlich: »Nicht jeder, der zu mir sagt: Herr! Herr!, wird in das Himmelreich kommen, sondern wer den Willen meines Vaters im Himmel *tut*.« (Mt 7,21)

Und es wird noch praktischer. Nachdem Jesus seinen Jüngern die Füße gewaschen hat, fordert er sie auf: »Ein Beispiel habe ich euch gegeben, damit ihr *tut*, wie ich euch getan habe.« (Joh 13,15)

In der Psychologie weiß man, dass letztlich an dem, was wir *tun*, deutlich wird, wo wir wirklich hinwollen. Und nicht an dem, was wir *sagen* – auch wenn es noch so überzeugend klingt. Wer ewig davon spricht, dass er an die Nordsee reisen will und dann nie die Reise plant, seine Koffer packt und startet, will es wohl doch nicht so dringend. Wer sagt: »Eigentlich will ich mein Leben verändern, aber es geht ja nicht, weil ...«, versteckt sich hinter den zahlreichen Gründen, die er dafür aufführt. Wer im Konflikt behauptet, er will sich gar nicht streiten, und trotzdem vehement auf seinem Recht beharrt, will wahrscheinlich doch streiten. Sonst würde er anders handeln und einen versöhnlichen Ton anschlagen.

Jesus legt mehr Wert auf die Praxis als auf die Theorie. Deshalb fordert er uns auf, dass wir losgehen und seinem Vorbild im Tun folgen. Lassen Sie uns hinsehen und nachahmen, wie er gelebt hat, wie er geliebt hat und wie er Gottes Willen über alles gestellt hat. Die WWJD-Kampagne der 90er-Jahre (What would Jesus do – Was würde Jesus tun) greift diese Frage ganz praktisch auf. Wer das Armbändchen trägt, erinnert sich selbst daran, dass er dem Vorbild von Jesus folgen will.

Wir selbst als Vorbilder

Und wir – taugen wir selbst als Vorbilder? Viele Menschen schrecken vor diesem Anspruch zurück. Sie fragen sich, wie das gehen soll und ob sie sich das tatsächlich zutrauen können. Dahinter verbergen sich Unsicherheit und der Zweifel, was sie mit ihrem kleinen Leben denn schon bewirken können. Vielleicht melden sich auch unangenehme Erinnerungen an die Kindheit. Wie oft wurden ältere Geschwister mit ernster Miene und erhobenem Zeigefinger ermahnt: »Du musst deiner kleinen Schwester doch ein Vorbild sein!« Kein Wunder, wenn das Aversionen und Widerstand geweckt hat. Vorbilddruck lähmt. Ein Muss von außen hilft uns in der Regel nicht, eine Sache gern zu tun.

Auch bei christlich geprägten Menschen schwingt oft unbewusst mit: »Wir müssen Vorbild sein.« Wesentlich hilfreicher wäre die Haltung: »Wir dürfen *seinem* Vorbild folgen.« Damit steht Jesus im Mittelpunkt und nicht wir selbst. Aus der Haltung »Wir müssen Vorbild sein« ergibt sich fast zwangsläufig eine gewisse moralische Überlegenheit. Wir versuchen dann vielleicht zu demonstrieren, dass wir besser sind, ethisch hochstehend und moralisch einwandfrei. Aber Vorsicht – das ist eine Falle, in die wir doch zu gern selbstgefällig laufen.

Manche Texte im Neuen Testament betonen, wie wichtig der Vorbildcharakter ist. Wer der Gemeinde vorsteht, soll vorbildlich sein in allen Bereichen: in der Familie, in der Ehe, im Umgang mit Alkohol und im geistlichen Leben. (z.B. 1. Tim 3,1-12 und Tit 1,5-9) Natürlich soll er das. Aber ich frage mich: Wer kann da noch Verantwortung übernehmen? Kann Gott nur mit vorbildlichen Menschen wirken? Das bezweifle ich. Natürlich wäre es ideal, wenn wir möglichst viele Sünden nicht begehen. Wenn wir unsere Ehe nicht gefährden, nicht süchtig werden, nicht am Geld hängen. Diese Reihe ließe sich beliebig fortsetzen. Aber wenn wir dieses Ideal überbetonen, steigt die Scheu, Problemfelder ehrlich zu benennen und Hilfe zu suchen. Mit diesem Ideal kommen Menschen in christlichen Kreisen in höchste Not, wenn sie es nicht mehr erfüllen. Sie sind versucht, sich aus der Verantwortung zurückzuziehen oder mit schlechtem Gewissen die Realität zu verbergen. Kann das richtig sein? Ich glaube: nein. Jesus nimmt uns an, wie wir sind. Wir müssen die dunkle Seite nicht verstecken. Auch in der Aufrichtigkeit liegt ein Vorbild. Ja, Gott kann mit unserem Leben immer etwas anfangen und bewirken. Wollen Sie wissen, wie ich darauf komme?

Was Gott durch Vorbilder tun kann, sehen wir in den Geschichten des Alten Testamentes. Wer in die sogenannte Sonntagsschule ging oder in den Kindergottesdienst, hat sie mit seinen Kinderohren als Heldengeschichten gehört. Manchmal werden sie auch so erzählt. Aber das sind keine Heldengeschichten. Ganz und gar nicht. Das sind Geschichten von gebrochenen Menschen mit einer Menge Schwächen. Geschichten von Versagen, Lüge, Verrat, Eifersucht, Stolz, Untreue und Misstrauen gegenüber Gottes Wegen. Es wimmelt nur so von dysfunktionalen Familien, Doppelmoral und abschreckenden Beispielen. Darf ich Ihnen ein paar aufzählen?

»Glaubenshelden« sind uns Vorbilder darin, dass sie Gott an sich und ihrer Geschichte wirken lassen.

Abraham ist feige. Erst nimmt er den Rat seiner Frau Sara an, mit ihrer Magd Hagar einen Nachkommen zu zeugen. Als sich dann daraus massive Konflikte ergeben, vertritt er keine klare Position und hält sich raus (1. Mose 16,1-6).

Isaak und Rebekka haben jeweils ihre Lieblingskinder und bevorzugen sie (1. Mose 25,27-28).

Jakob vergöttert seinen Sohn Josef und nährt damit den wachsenden Hass in seiner Familie (1. Mose 37,3-4).

Simson lässt sich mit einer Prostituierten ein und wird zum Selbstmordattentäter (Ri 16).

Bei König David bleibt es nicht bei begehrlichen Blicken auf eine verheiratete Frau. Er lässt Taten folgen und wird gezielt zum Ehebrecher. Anschließend versucht er, die Tat zu vertuschen, und schickt den betrogenen Ehemann auf eine Todesmission (2. Sam 11).

Das wirklich Überwältigende daran ist, dass Gott trotzdem wirkt und seine Ziele erreicht. Dafür braucht er nicht die Vollkommenheit und Perfektion seiner Menschen. David ist für Gott sogar ein »Mann nach seinem Herzen« (1. Sam 13,14).

Gott ist so variabel und souverän in seinem Handeln, dass er trotz aller Irrwege seiner Kinder wirken kann. Auf unglaubliche Weise. Das sprengt unsere begrenzte Vorstellung.

Was können wir von diesen »Glaubenshelden«, die gar nicht so heldenhaft sind, lernen? Sie sind für uns Vorbilder darin, dass sie Gott an sich und ihrer Geschichte wirken lassen. Dass sie ihn immer wieder ansprechen, ihn suchen und sich letztlich nicht auf sich selbst verlassen, sondern auf ihn. Manchmal verwundert es mich, dass im Hebräerbrief nur noch ihre Glanzseite dargestellt wird. Im Kapitel 11 gibt es eine ganze Liste, die mit »Vorbilder des Glaubens« überschrieben ist. Dort lesen wir zum Beispiel in Vers 11: »Sara glaubte unerschütterlich an Gottes Zusage, dass sie noch ein Kind bekommen würde.« Hoppla! Tat sie das wirklich? Oder ist das nur die ideale Kurzfassung, aus der Brüche ausgeblendet wurden? (1. Mose 18,11-14)

Die ganze Geschichte dieser überaus menschlichen Helden berührt mich weit mehr als die etwas verklärte Variante. Denn Gott braucht sogar solche Vorbilder wie sie. Daraus dürfen wir mutig schlussfolgern: Gott braucht auch solche Vorbilder wie uns! »Brauchen« ist dabei nicht so zu verstehen, dass Gott auf uns angewiesen ist, aber er kann und will uns einbeziehen. Gott hat sein Reich in dieser Welt schon immer mit brüchigen Vorbildern gebaut, bei denen Stärke und Schwäche dicht beieinanderliegen. Und er tut es auch heute.

Die Frage an uns lautet: Nehmen wir diese Aufgabe an? Wir wollen vielleicht kneifen und sagen uns: »Mein kleines, unscheinbares Leben hat doch keine Auswirkung ...« Doch, es hat Auswirkung! Jedes Leben hat Bedeutung. Andere schauen auf uns: wie wir reagieren, wenn wir angegriffen werden. Nach welchen Kriterien wir Entscheidungen treffen. Wie wir Krisen meistern. Wie wir mit Erfolg umgehen und mit Versagen. Jede von uns hat das Potenzial, Vorbild zu sein – in unserem kleinen Umfeld. Nicht nur für unsere Kinder, Patenkinder und Enkel. Auch darüber hinaus in der Nachbarschaft und im Berufsalltag.

Sie trauen sich das nicht zu? Seien Sie unbesorgt – wenn wir in Gottes Augen gut genug sind, dürfen wir es auch in unseren eigenen Augen sein. Und ich erinnere Sie daran: Es geht nicht um Perfektion. Es geht um Echtheit. Jeder Mensch ist verwundbar. Jeder kann scheitern. Aber selbst dann können wir noch Vorbilder sein. Nämlich darin, wie wir uns aufhelfen lassen, zu Fehlern stehen und neu anfangen. Mit Brüchen und Schwächen, aber echt und lebendig. Es darf unser Lebenszeugnis werden, wie wir Gott an uns und unserer Geschichte wirken lassen.

Vielleicht ist es das gefragteste Vorbild unserer Tage, Hoffnung zu haben. Menschen suchen Hoffnung und Sinn angesichts der Weltlage. Sie fragen sich auch, was Hoffnung gibt im Blick auf ihre verrinnende Lebenszeit und das unausweichliche Ende. Hoffnungsträger zu sein in unserer Welt – dieses Vorbild wird um uns herum gebraucht. Nicht höhere Moral, nicht besser sein wollen, nicht die Wahrheit gepachtet zu haben. Wir dürfen als Mutmacher im allerbesten Sinne fungieren und neben echter Klarheit auch wertschätzende Umgangsformen einbringen. Wir sollten nicht mit in das »Meckerhorn« blasen oder Menschen ausgrenzen. Wir dürfen Hoffnung authentisch leben. Es entspricht Gottes Absichten, dass Menschen um uns herum die Hoffnung ahnen oder spüren, die in uns pulsiert. Und dass sie danach fragen. Dass sie Sehnsucht bekommen. Dass sie neugierig werden.

Hoffnungsträger zu sein in dieser Welt – dieses Vorbild wird um uns herum gebraucht.

»Ehrt Christus, den Herrn, indem ihr ihm von ganzem Herzen vertraut. Und seid jederzeit bereit, jedem Rede und Antwort zu stehen, der euch auffordert, Auskunft über die Hoffnung zu geben, die euch erfüllt.« (1. Petr 3,15)

Jesus ist die Hoffnung der Welt. Die Hoffnung in Person. Die Hoffnung, die über unser Leben hinausweist. Lassen Sie uns die

Hoffnung hochhalten und festhalten. Denn Auskunft zu geben über die Hoffnung ist Auskunft zu geben über Jesus.

Er ist nicht nur das Vorbild, das vor uns herläuft und dem wir folgen. Er ist gleichzeitig der »Hoffnungsgeber«. Er dreht sich, bildlich gesprochen, um und kommt uns aus einer völlig anderen Welt entgegen: aus Gottes Welt. Und nach seiner Auferstehung auch von dem Ort, den wir am meisten fürchten: aus dem Tod. In der Beziehung zu ihm empfangen wir selbst Hoffnung.

Ich wünsche Ihnen den Mut, Ihre Berufung anzunehmen, Vorbild zu sein. Lassen Sie diese Berufung nicht fallen wie eine heiße Kartoffel! Keine Angst, Sie müssen nicht perfekt sein. Jesus hilft Ihnen dabei, Ihre Vorbildfunktion wahrzunehmen. Er kennt unsere Schwächen und Fehler. Sie bringen ihn nicht aus dem Konzept.

Suchen Sie sich Vorbilder, die Sie locken und ziehen, die Ihnen neue Ideen geben, die Leidenschaft wecken. Aber vor allem: Behalten Sie Jesus im Auge und folgen Sie seiner Spur!

Einige praktische Anregungen:

- Streifen Sie in Gedanken durch Ihr Leben und überlegen Sie, welche Vorbilder Sie beeindruckt und geprägt haben. Dabei darf der Radius weit gespannt sein. Über Ihre Familie, Nachbarschaft, Schule und Gemeinde hinaus bis zu Persönlichkeiten der Geschichte oder des heutigen öffentlichen Lebens.

- Halten Sie innerlich fest, was Sie von diesen Menschen lernen durften und was Sie ihnen verdanken. Wenn Sie mögen, können Sie den Faden sogar noch weiterspinnen und bedenken, inwiefern Ihr Leben bis heute davon beeinflusst wurde.

- Seien Sie mutig darin, das Gelernte in Ihre persönliche Eigenart einfließen zu lassen. Das kommt viel echter und sympathischer an, als andere zu kopieren. Sie sind so, wie Sie sind, ein Unikat und eine wertvolle Ergänzung für andere Menschen.

- Und natürlich macht es Sinn, darüber zu sprechen, was Sie von anderen gelernt haben. Damit schulen Sie Ihren dankbaren Blick und sorgen für ein wertschätzendes Klima. Wir alle dürfen mehr und mehr lernen, wie sehr wir einander brauchen.

- Und wie ist es mit Ihnen und Jesus? Vielleicht sind Sie neugierig auf ihn geworden. Wenn Sie Texte im Matthäus-, Markus-, Lukas- oder Johannesevangelium über Jesus lesen, könnten Sie sich fragen, in welchem Punkt Sie seinem Vorbild konkret folgen möchten. Und es dann in kleinen Schritten tun!

- Tatsächlich dürfen auch Sie selbst Vorbild sein. Mit Ihrer ganz persönlichen Note, Ihrer Geschichte und Ihrem Platz im Leben. Nehmen Sie diese Würde und besondere Verantwortung mit einem Schuss Gelassenheit an. Wir können ganz locker bleiben. Sie und ich – wir bleiben fehlerhafte Menschen. Und trotzdem kann sich für einen anderen Menschen unsere Vorbildwirkung entfalten, ganz ohne unser Wissen. Denn wir sind Teil von Gottes Geschichte mit den Menschen.

4.

Innere Balance – IM GLEICHGEWICHT BLEIBEN

Auf einem Drahtseil die Niagarafälle überqueren? Tausende Zuschauer halten den Atem an, als der 34-jährige Artist Nik Wallenda das dünne Drahtseil betritt, um von der amerikanischen Seite der Niagarafälle auf die kanadische Seite hinüberzubalancieren. Millionen Amerikaner verfolgen am 15. Juni 2012 vor ihren Fernsehgeräten dieses spektakuläre Schauspiel. Fünfundzwanzig Minuten von höchster Konzentration benötigt Wallenda für die Strecke von 549 Metern, denn Wind und Nebel erschweren das Vorhaben. Das unerlässliche Hilfsmittel für den kühnen Familienvater ist sein Balancierstab. Außerdem hatten die Veranstalter Sicherheitsgurte gefordert, die Nik entgegen seiner Gewohnheit hier tatsächlich benutzt. Nik gehört zu einer Artistenfamilie mit langer Tradition. Sein Urgroßvater, auch ein Zirkusakrobat, stammte aus Magdeburg. Nik stand schon im Alter von 4 Jahren auf dem Seil und träumte, seitdem er 8 Jahre alt war, von der Überquerung der Niagarafälle.

Frauen kennen das gut: Alle Bälle in der Luft jonglieren und gleichzeitig per Drahtseilakt unterwegs sein.

Wow, welche enorme Leistung! Eisernes Training, Ausdauer und ein starker Wille verhalfen Nik Wallenda dazu. Mittlerweile balancierte er auch über den Grand Canyon und zwischen den Wolkenkratzern des Times Square in New York. Wohl keine von uns hätte ähnliche Ambitionen. Allerdings ist unser alltägliches Leben auch oft ein Akt der Balance! Unspektakulär, nicht medienwirksam und doch eine echte Herausforderung. Frauen kennen den Zustand sehr gut, den wir in der Symbolsprache so beschreiben könnten: alle Bälle in der Luft jonglieren und gleichzeitig per Drahtseilakt unterwegs sein – Schritt für Schritt. Viele Frauen versuchen, Familie, Beruf, Gesundheit, Gemeinde und Freizeit unter einen Hut zu bekommen, was manchmal schier unmöglich scheint. Das Bundesministerium für Gesundheit veröffentlichte speziell dazu ein Heft mit dem Titel »Leben in Balance – Seelische Gesundheit von Frauen«[38]. Von höchster Ebene wird also der Bedarf gesehen, Frauen in ihren vielfältigen Aufgabenfeldern zu unterstützen. Themen des Heftes sind neben den Freuden, die Beruf, Partnerschaft und Familie bringen können, auch die Belastungen, die sich für Frauen in diesen Bereichen ergeben. Entsprechend dazu finden sich im Netz unzählige Angebote. »Leben in Balance« ist schon fast zum Modeslogan geworden. Für manche klingt er nach Wellness, für andere nach Ernährungsberatung, gesunder Lebensweise oder Esoterik. Außerdem tragen Bücher, Seminare und Beratungspraxen diesen verheißungsvollen Namen.

Aus dem Trend lässt sich die Sehnsucht ahnen, die vor allem Frauen mitbringen. Denn der Markt kann nur derartig boomen, wenn die entsprechende Nachfrage vorhanden ist. Es scheint so, als ob dieses elementare Bedürfnis unserem modernen, hektischen Lebensstil direkt entgegensteht. Natürliche Ruhephasen wie die Nacht und Sonn- oder Feiertage werden nicht mehr selbstverständlich eingehalten. Stattdessen können wir bis spät in die Nacht einkaufen gehen, online bestellen oder um die Welt chatten. Schnell gerät unser Leben aus dem Gleichgewicht und es wird schwierig, dieses zurückzugewinnen. Außerdem haben sich viele Frauen daran gewöhnt, gegen ihre eigene Balance zu arbeiten, auch im christlichen Bereich. Sie haben sich jahrelang aufgeopfert, in ihren Familien und in der Gemeinde alles gegeben, sich um andere gekümmert. Manche Frauen leiden nun an Erschöpfungszuständen. Überforderung, Ängste, Depressionen und Burn-out melden sich. Andere Frauen kippen ins andere Extrem, lassen alles hinter sich und sagen: »Jetzt bin *ich* endlich mal dran ...« Meine Einladung wäre es, lieber zeitig und moderat etwas zur Verbesserung zu tun.

Als Symbol der Balance wird am häufigsten die elegante Errichtung von aufeinanderliegenden Steinen abgebildet, die vor weitem Himmel oder blauem Meer aufragen. Ich mag es, im Urlaub am Meer dieses Experiment selbst durchzuführen. Zuerst versonnen Steine sammeln, sie dann aufeinandertürmen und den exakten Punkt suchen, an dem der oberste Stein eine feste Auflage findet. Unglaublich, dass es diesen Punkt immer zu geben scheint – die statisch ideale Position. Wenn die kleinen Kunstwerke dann stehen, beobachte ich, ob Wind und Wellen nach einer Weile das Bauwerk wieder instabil werden lassen. Oder ob es ausreichend Halt hat, zumindest für ein paar Stunden. Bei dieser erholsamen Spielerei denke ich über die Symbolik nach, denn so scheint auch mein Leben zu sein. Was heute noch passt und sich gut zusammenfügt, kann morgen schon seine Stabilität einbüßen, ins Schwanken kommen oder gar in sich zusammenfallen.

Das Urbild für Balance ist die Schalenwaage. Vielleicht kennen Sie noch diese metallenen Geräte im Tante-Emma-Laden. Die Verkäuferin legte unterschiedlich große Gewichte auf, bis beide Seiten der Waage ausgeglichen waren. Auf der einen Seite lag die zu wiegende Ware, auf der Gegenseite die Summe der Gewichte. In Ländern wie Rumänien kann man diesen Vorgang auf Märkten heute noch genauso beobachten. Das französische Wort »Balance« bezeichnete ursprünglich exakt diese Form von Waage. Es enthält die lateinischen Worte »bi« für zwei und »lanx« für Schale. Ab dem 17. Jahrhundert veränderte sich die Bedeutung, der Aspekt des Gleichgewichtes kam ergänzend hinzu. Später fand der Begriff Balance Eingang in die Sprache der Artisten und Seiltänzer. Auch Kaufleute nutzten ihn im Sinne von »bilanzieren«. In unserem heutigen Sprachgebrauch kommt Balance vermehrt im persönlichen Bereich vor. Wir benutzen es, wenn wir von der Ausgewogenheit oder Unausgewogenheit unseres Lebens sprechen. Darüber hinaus ist körperliches Gleichgewichtstraining Bestandteil jeder regulären Sportgruppe. Im Kurs, den ich besuche wird es regelmäßig in die Übungen eingebunden.

Gleichgewicht als faszinierendes Wunder des Körpers

Lassen Sie uns gemeinsam darüber staunen, wie der menschliche Körper sein Gleichgewicht herstellt. Wir bemerken die zuverlässige und präzise Arbeit des dafür zuständigen Organs nicht, solange diese funktioniert. Ich weiß, wovon ich rede, denn kurz nach meinem 40. Geburtstag büßte ich von einem Moment auf den anderen meinen Gleichgewichtssinn komplett ein. Das bedeutete, ich konnte mich nicht mehr auf den Beinen halten, sank im Wald auf den Boden und es war mir vollkommen unmöglich aufzustehen. Die Bergwacht brachte mich in die nächste Klinik. Selbst das Krankenhausbett schien sich zu drehen und zu schwanken wie ein Schiff auf stürmischer Hochsee. Innerhalb kurzer Zeit wurde die Diagnose gestellt: Vestibularisausfall – Ausfall des Gleichgewichtsorgans im Innenohr.

Es war ein langer Weg zurück zur normalen Belastbarkeit. Auf eine Leiter steigen? Allein die Straße überqueren? Rad fahren? All das, was wir so selbstverständlich tun, benötigt höchste Leistung des Gleichgewichtsorgans. Noch komplizierter wird es z. B., wenn wir uns bücken und anschließend den Kopf verdrehen, weil etwas in einen schmalen Spalt unter den Schrank gerollt ist. Das könnten Sie körperlich gleich mal ausprobieren, zumindest andeutungsweise. Haben Sie sich schon einmal gefragt, woher Ihr Gehirn eigentlich dann noch weiß, wo oben und unten ist?

Für diese Meisterleistung ist hauptsächlich das Gleichgewichtsorgan verantwortlich. Es wird auch Vestibularapparat genannt, gehört zum Innenohr und liegt gut geschützt im Felsenbein. Das beidseitig angelegte Organ ist ein dreidimensionales Gebilde mit Bogengängen. Es reagiert auf Beschleunigung oder die veränderte Richtung der Erdanziehung. In den Bogengängen befinden sich neben einer gallertartigen Flüssigkeit vereinfacht gesagt »Härchen und Steinchen«. Als Härchen werden die Sinneszellen bezeichnet, die Steinchen sind kleine Kristalle aus Kalziumkarbonat. Jede Drehbewegung und lineare Beschleunigung löst Bewegungen der Flüssigkeit und der Kristalle aus, die sofort von den Sinneszellen registriert wird. Nerven leiten diese Signale ans Gehirn weiter.

Das Gleichgewichtsorgan ist im Gehirn mit den Augenmuskeln verschaltet. Dadurch wird es möglich, dass wir während einer Kopfbewegung ein stabiles Bild wahrnehmen können. Welche gigantische Wahrnehmungs- und Rechenleistung! Wenn Ihr Kind vergnügt im Karussell sitzt und lachend seine Runde dreht, kann es Sie tatsächlich als winkende Eltern oder Großeltern erkennen und zurückwinken, trotz der Bewegung. Das Gleichgewichtsorgan vollbringt eine enorme Leistung, denn durch seine Arbeit können wir nicht nur unsere Lage im Raum orten, sondern sind auch fähig, die Balance zu halten.

Ein neugeborenes Baby verfügt noch nicht darüber. Alle jungen Eltern staunen beglückt, wenn ihr kleiner Schatz zum ersten Mal den Kopf selbständig hebt. Jede Bewegung im Raum bietet dem Baby eine neue Lernerfahrung. Aus diesem Grund empfehlen Kinderärzte, Babys nicht immer auf die gleiche Weise hochzuheben oder zu tragen. Ein gut ausgeprägter Gleichgewichtssinn des Kindes ist die Grundlage dafür, dass es motorisch aktiv wird. Heute werden auch gute schulische Lernleistungen mit der Ausprägung des Gleichgewichtes in Verbindung gebracht.

Baby in Balance

Ich erinnere mich an den ersten Familienurlaub mit zwei kleinen Kindern. Fünf Monate zuvor war unsere kleine Tochter geboren worden. Unser Sohn war damals knapp zwei Jahre alt und erforschte mit Leidenschaft den Bauernhof in Österreich, auf dem wir zu Gast waren. Mein damals noch jugendlicher Mann und stolzer Papa des süßen Mädchens liebte es, ein wenig mit ihr herumzualbern. Dabei fiel ihm wieder ein, dass er von einer besonderen Übung mit Babys gehört hatte. Noch während er mir davon erzählte und meine Skepsis immer größer wurde, hatte er es schon in die Tat umgesetzt: Die Kleine auf seine rechte Handfläche gestellt, sie mit der linken Hand erst gestützt und dann unsere kleine Tochter frei stehend gehalten. Natürlich immer mit der fangbereiten Hand in Reichweite. Für mich war es unglaublich zu sehen, wie unsere Kleine ihre Beinchen durchstreckte und aufrecht stand, obwohl sie das sonst noch gar nicht konnte. Sie hatte sogar viel Freude daran und strahlte mit einem bezaubernden Lächeln unter ihrer weiß-grün gestreiften Sommermütze hervor.

Ich finde es interessant, wie in diesem Zusammenspiel die Balance hergestellt wird. Beide arbeiten zusammen: Das Baby folgt lediglich seinem Impuls, die Beine durchzustrecken. Der Erwachsene ist für den Balanceausgleich zuständig, indem er in seiner Handbewegung mit dem Kind mitgeht und auf es reagiert. Außerdem ist er immer bereit, das Baby aufzufangen. Dieses Symbol möchte ich übertragen.

Ein Leben in Balance zu leben, könnte bedeuten: Ich weiß mich sicher in der Hand Gottes, den Jesus uns werbend als den Vater vorstellte. In manchen Lebenssituationen kann ich einfach »die Beine durchstrecken« und dem Vater im Himmel vertrauen. Er hat mindestens die gleichen Fähigkeiten wie ein menschlicher Papa und gleicht meine zunächst eher bescheidenen Versuche, die Balance zu finden, aus. Er trägt die Verantwortung und hält mich, wenn es wacklig und gefährlich wird.

In weiß mich sicher in Gottes Hand. Er hält mich, wenn es wacklig und gefährlich wird.

Ein Kind lernt nach und nach, auf eigenen Beinen zu stehen, zu hüpfen und zu rennen. Es lernt auch, sich bei Unsicherheiten selbst abzufangen, oder, falls das nicht gelingt, wieder aufzustehen. Außerdem lieben Kinder es, auf Mauern zu balancieren. Erst an der Hand der Eltern, bald auch ohne fremde Hilfe. Bei dem Versuch, unsere Lebensbalance zu finden, dürfen wir ebenfalls immer selbständiger und eigenverantwortlicher werden. Was hilft uns nun dazu, ausgewogen zu leben und die richtigen Schwerpunkte im Leben zu setzen?

Das wichtigste Kriterium

Es gibt eine biblische Antwort, die Jahrhunderte alt ist. Jesus wurde die Frage gestellt, welches Gebot das wichtigste sei. Darauf antwortete er: »Du sollst den Herrn, deinen Gott, lieben von ganzem Herzen, von ganzer Seele und von ganzem Gemüt. Dies ist das höchste und erste Gebot. Das andere aber ist dem gleich: Du sollst deinen Nächsten lieben wie dich selbst.« (Mt 22, 37-39). Jesus zitiert damit aus den Schriften des Alten Testamentes (5. Mose 6,5 und 3. Mose 19,18). Von einer Theologin erfuhr ich, dass diese gleichwertige Gegenüberstellung von Liebe zu Gott und Liebe zum Nächsten im damaligen Judentum als die Zusammenfassung eines gottgefälligen Lebens galt.

Wir sollten aufhorchen, denn die meisten der 10 Gebote, die wir kennen und versuchen zu befolgen, sind für uns mit der Aufforderung verbunden, etwas *nicht* zu tun. Nicht töten, nicht ehebrechen, nicht stehlen, nicht falsch Zeugnis reden, nicht begehren. Ausnahmen bilden lediglich die beiden Gebote, in denen wir ermahnt werden, den Feiertag zu heiligen und Vater und Mutter zu ehren. Jesus beschreibt neu, was das Wichtigste ist. Er formuliert konkret, was es zu tun gilt: lieben – Gott, den Herrn, unseren Nächsten und uns selbst. Wow, was so konkret und »wenig« klingt, ist umfassend viel. Es ist elementar für alle unsere Lebensbereiche.

Das Organ für die innere Balance ist – symbolisch gesprochen – unser Herz.

Und damit sind wir nicht mehr nur bei uns selbst. Angebote unter der Überschrift »Leben in Balance« vermitteln gelegentlich den Eindruck, als würde es nur um mich, meine Bedürfnisse und mein Wohlbefinden gehen. Balance ist, wie ich finde, mehr. Wir nähern uns ihr, wenn wir auf diese drei Beziehungen achten und sie pflegen: Gott, den Herrn, lieben und ihn ernst nehmen mit allen mir zur Verfügung stehenden Kräften. Den Menschen neben mir lieben und achten. Mich selbst lieben und annehmen. Jetzt wäre es wunderbar, wenn wir uns darüber unterhalten könnten: *Wie gelingt das bei Ihnen und bei mir? Welche Aufgabe davon fällt uns am schwersten? Wo haben wir schon Fortschritte gemacht?* Wenn es uns tatsächlich möglich wäre, in jedem Moment danach zu leben, hätten wir sie – die innere Balance.

Ich bin der Überzeugung, dass ausgewogene Ernährung, regelmäßiger Sport, sinnvolle Entspannungsübungen und selbst ein luxuriöses Wellnesswochenende nur punktuelle Beiträge sind. Denn Balance fängt ganz innen an. Was im Körper das Gleichgewichtsorgan automatisch regelt, muss die Seele auf andere Weise bewerkstelligen. Es ist in unsere eigene Verantwortung gestellt, Balance zu finden und Balance zu halten. Das Organ für die innere Balance ist – symbolisch gesprochen – unser Herz. Denn es ist der Sitz der Beziehungen und des Liebens. Ohne gute Beziehungen zu den Menschen, zu uns selbst und zu Gott ist Balance kaum zu finden. Lassen Sie uns schauen, was wir selbst beisteuern können, um sinnvolle Weichen für ein ausgeglichenes Leben zu stellen.

Lebensaufgaben

Verschiedene Herangehensweisen und Modelle sind möglich. Die sogenannte Work-Life-Balance[39] ist ein gängiger Begriff. Er thematisiert das Gleichgewicht zwischen Beruf und Privatleben und verspricht damit mehr Lebensqualität. Andere suchen die Balance zwischen Ruhe und Bewegung oder zwischen eigenen Bedürfnissen und Bedürfnissen anderer Menschen. Je nachdem, wo der betreffende Mensch gerade ein Ungleichgewicht verspürt, legt er seinen Schwerpunkt. Ich möchte Ihnen ein anderes Modell vorstellen. Es beschreibt die zentralen Lebensbereiche, in denen sich jeder und jede zu bewähren hat. Angestoßen wurde das Modell von Alfred Adler, dem Begründer der Individualpsychologie. Rudolf Dreikurs[40] und Dr. Harold Mosak[41] ergänzten es später. Ich empfinde es als überaus hilfreich und auch in meiner Beratungstätigkeit hat es sich bewährt. Adler nannte anfangs drei soziale Lebensaufgaben. Er sah in *Liebe, Arbeit und Gemeinschaft* die grundlegenden Bereiche für das Leben jedes Einzelnen und das gute soziale Zusammenleben.

Liebe

Die Lebensaufgabe Liebe rückt neben der Partnerschaft die engen familiären Beziehungen in den Fokus, also das Verhältnis zu den eigenen Eltern und Kindern. Auf das Thema Partnerschaft werde ich in einem separaten Kapitel eingehen. Hier sei nur so viel gesagt: Die Liebe ist nicht die Lösung aller Probleme, sondern eine lebenslange Aufgabe. Die gute Beziehung zu den eigenen Eltern hat einen nicht zu unterschätzenden Einfluss auf unsere Lebenszufriedenheit, denn sie macht einen großen Teil unserer biografischen Wurzel aus. Dabei ändert sich ab einem gewissen Zeitpunkt die Rollenverteilung. Wir als Kinder bekommen eine neue Art der Verantwortung für die Menschen, denen wir unser Leben verdanken. Für den familiären Frieden und das wohlwollende Miteinander können wir in jeder Lebensphase mitwirken, z. B. durch Verständnis, Großzügigkeit und die innere Bereitschaft zum Miteinander, das dann individuell ganz unterschiedlich aussehen kann. Bei langjährigen und anhaltenden Konflikten kann manchmal tatsächlich auch Abstand ratsam sein. Allerdings ist es gut, in unserem Inneren eine Tür offen zu halten, denn es können auch wieder andere Phasen in der Beziehung kommen und Neuanfänge möglich sein. Der Frieden in der Beziehung zu den Eltern kann sogar noch über den Tod der betreffenden Personen hinaus gesucht und gefunden werden. Als ein Akt der Psychohygiene wird das ausstrahlen auf unsere innere Landkarte.

Meine Freundin schilderte mir sehr eindrücklich, was sie am Sterbebett ihrer Mutter erlebte. Ihre Beziehung zu dieser starken und auch eigenwilligen Frau war nicht immer störungsfrei. Ich weiß, dass meine Freundin jahrelang unter manchen Eigenheiten ihrer Mutter litt. In den letzten gemeinsamen Tagen suchte und fand meine Freundin eine Gelegenheit, alte Verletzungen zu bereinigen. Sie sprach aus, dass sie ihrer Mutter alles verzeiht, was zwischen ihnen steht. Und dass sie ebenfalls von ihrer Mutter Verzeihen erbittet. Mehr als ein schwaches »Ja« konnte die Mutter nicht mehr antworten. Aber dieser tiefe Dialog erleichterte es meiner Freundin, innerlich Frieden zu schließen. Meine Freundin spricht heute mit viel Wärme und Verbundenheit von ihr. Vielleicht fiel es nicht nur mir auf, als meine Freundin begann, statt »Mutter« eine innigere Bezeichnung für sie zu verwenden. Auch dies ist ein Zeichen der inneren Annäherung.

Die Beziehung zu unseren Kindern verändert sich ebenfalls in den unterschiedlichen Lebensphasen. Was in der direkten Familienzeit unser Leben noch zentral bestimmt, darf später mehr in den Hintergrund treten. Natürlich immer mit der Bereitschaft, für unsere Kinder da zu sein, wenn sie uns brauchen. In die Lebensaufgabe Liebe gehört eventuell auch die Trauerarbeit. Über den Partner, den wir nicht gefunden oder zu früh verloren haben, über früh verstorbene Eltern oder nie bekommene Kinder und Enkel.

Arbeit

Die Lebensaufgabe Arbeit beschäftigt sich über das Berufsleben hinaus mit jeder Form der praktischen oder kreativen Tätigkeit. Das Engagement im Ehrenamt wird genauso dazugezählt wie Hobbys oder die Tätigkeit in Haus und Hof. Die Arbeit dient nicht nur der Sicherung der Existenz. Sie hat auch den Sinn, einen Beitrag zum Zusammenleben aller zu leisten. So hat jeder Beruf seinen Wert, auch wenn die soziale Bewertung in der Regel unterschiedlich ausfällt. Eine Ärztin oder eine Erzieherin werden von fast allen anerkannt. Aber auch Berufe, die schlicht und unbedeutend klingen, werden dringend in der gesamten Gesellschaft gebraucht. Bei meiner Tätigkeit in der Arztpraxis dankte ich gelegentlich Patienten für ihre treue Arbeit, die in der Produktion am Fließband standen, in der Wäscherei schwitzten oder irgendwo putzten. Das jeweils dankbare Lächeln zeigt mir, dass diese Tätigkeiten viel zu wenig geschätzt werden, obwohl wir letztlich alle davon profitieren. In der Lebensaufgabe Arbeit können wir das wohltuende Gefühl erleben, mit den uns zur Verfügung stehenden Fähigkeiten und Qualifikationen etwas zustande zu bringen oder geschafft zu haben. Das gilt natürlich ebenso für das Ehrenamt. Seit ungefähr zehn Jahren wird in unserem jetzigen Wohnort Schmalkalden jährlich eine Ehrung für besonderes Engagement vorgenommen. Sie heißt »Schmalkader Rose« und wird am »Tag der heiligen Elisabeth von Thüringen« verliehen. Bürger und Bürgerinnen, die sich unentgeltlich und treu in den Bereichen Soziales, Sport, Kultur und Nachbarschaft einsetzen, erhalten eine blaue Rose. Im Laufe der folgenden Wochen wird jeder und jede von ihnen in der Lokalpresse vorgestellt. Durch solche Initiativen wächst das Bewusstsein, dass wir alle positiv Einfluss nehmen können. Vermutlich gibt es in Ihrer Region etwas Ähnliches.

Gemeinschaft

Die Lebensaufgabe Gemeinschaft schaut auf das Zusammenleben mit anderen Menschen. Wir brauchen es unbedingt, mit anderen verbunden zu sein – seien es Freunde, Nachbarn, Kollegen oder die Großfamilie. Auch die Erfahrung, mit Menschen anderer Generationen zusammenzuleben, bereichert uns enorm – trotz aller Herausforderungen, die das mit sich bringt. Soziale Kompetenzen können eben nicht theoretisch erworben werden, sondern nur in der Praxis. Die Gemeinschaft mit anderen Menschen ist ein wesentlicher Halt und die Grundlage für ein zufriedenes Leben. Wenn alles andere wegbricht, aber jemand noch Freunde hat, kann derjenige eine Krise besser überstehen.

Die Lebensaufgaben Liebe und Arbeit können erschüttert werden. Mit zunehmendem Alter wird es rein biologisch Einschnitte geben, auch Verluste können jederzeit eintreten. Sei es der Verlust der Eltern, des Partners oder der Erwerbsfähigkeit. Wer ist dann an Ihrer und an meiner Seite? Es werden die Menschen sein, zu denen wir heute schon eine Vertrauensbeziehung haben.

Ein befreundetes Ehepaar betont regelmäßig, dass sie jetzt, in den besten Jahren, ihre Freundschaften besonders pflegen, damit sie im Alter nicht allein sind. Deshalb sind alle zu beglückwünschen, die langfristig in ein tragfähiges soziales Netzwerk investiert haben. Darunter verstehe ich, Freundschaften aufzubauen und zu pflegen sowie Gelegenheiten für Begegnungen mit Familienangehörigen gezielt zu schaffen und die Geselligkeit zu genießen. Die Ärztin unserer Praxis lud überraschenderweise alle Schwestern samt ihren Partnern ein. Sie beabsichtigt, ein privates Grillfest zu veranstalten. Das wird uns noch näher zusammenbringen.

Gemeinschaft mit anderen Menschen ist ein wesentlicher Halt und die Grundlage eines zufriedenen Lebens.

Was in Beziehungen geschieht, ist vielschichtig. Wir können uns gleichzeitig im Geben und Nehmen üben. Wir dürfen für andere da sein und ebenso üben, uns selbst den anderen »zuzumuten« bzw. anzuvertrauen. Beziehungen zu Menschen formen und prägen uns. Wir können Ermutigung und Korrektur erfahren. Aber am wichtigsten ist die Gewissheit: Ich bin nicht allein. Wer diese Verbindung zu Menschen nicht hat, dessen emotionale Gesundheit ist tatsächlich gefährdet. Ein glückliches Leben ohne soziale Kontakte scheint unmöglich zu sein. Die Glücksexpertin und Autorin Maike van den Boom berichtete in einem Zeitungsinterview[42] über ihre Beobachtungen in den dreizehn glücklichsten Ländern der Erde, die sie besuchte. In zahlreichen Gesprächen mit Menschen fand sie heraus, dass der eigentliche Reichtum des Lebens das Zwischenmenschliche ist. Sie betont, dass Beziehungen Menschen glücklich machen würden. Und dass Armut nicht bedeutet, kein Geld zu haben, sondern keine guten Beziehungen zu führen.

Zu einer christlichen Gemeinschaft zu gehören, das erlebte ich als einen besonderen Schatz. Nach jedem unserer Umzüge tat es unbeschreiblich gut, einen Anlaufpunkt zu haben und mit hineingenommen zu werden in das Leben der Gemeinde vor Ort. Jede christliche Gemeinschaft bietet ein hervorragendes Lernfeld für Beziehungen, denn in ihr finden sich immer auch Menschen, die wir uns nicht als Freunde wählen würden. Im gemeinsamen Glauben finden wir einen verbindenden Nenner und können lernen, miteinander zu leben und zu glauben. Wir dürfen üben, unseren Platz in Gottes großer Geschichte mit der Welt einzunehmen. Es ist heute leichter als je zuvor, über den Tellerrand zu schauen und mit Christen weltweit verbunden zu sein. Über das Internet stehen uns zahlreiche Möglichkeiten zur Verfügung. Missionsgesellschaften und humanitäre Organisationen bieten vielfältige Informationen und Unterstützungsmöglichkeiten an. Meinem 4-jährigen Patenkind in Haiti kann ich neuerdings sogar über das Internet Briefe und Fotos schicken. Die christliche Hilfsorganisation »Compassion« stellte diese Möglichkeit ihren Paten vor einiger Zeit zur Verfügung. Ich habe sie bereits genutzt, um dem kleinen Mädchen einen Gruß zu schicken. Unser Beziehungsnetz kann tatsächlich bis auf andere Kontinente ausgedehnt werden und ist damit eine große Bereicherung.

Alfred Adler ließ es mit diesen drei sozialen Lebensaufgaben bewenden. Seine Schüler fanden zwei Ergänzungen hilfreich. Sie stellten zwei Lebensaufgaben daneben, die sich mit mir selbst beschäftigen: Der gute Umgang mit mir selbst und die Frage nach Sinn und Glauben.

Selbst

Der gute Umgang mit mir selbst umfasst mehr, als nur auf meine Gesundheit zu achten, auf ausgewogene Ernährung, Bewegung und ausreichend Schlaf. Diese Bereiche lassen sich ja irgendwie einrichten. Auch mich selbst mit meinen Bedürfnissen ernst zu nehmen und zu wissen, was mir Freude macht, ist erlernbar. Das grundlegendste Lernfeld liegt darin, wie wir über uns selbst denken. Denn unsere Neigung ist oft sehr groß, ständig auf uns selbst herumzuhacken und uns kleinzumachen. Wir gehen dann mit uns selbst so um, wie wir es niemals mit einer Freundin tun würden. Das ist natürlich alles andere als lebensfördernd. Zu diesem Thema können Sie im Kapitel »Selbstzweifel« detaillierter nachlesen.

Sinn/Glaube

Die Lebensaufgabe Sinn/Glaube stellt sich ebenfalls jedem Menschen. Und ich meine, in gewisser Weise sucht auch jeder danach, vielleicht eher unbewusst. Selbst der, der den Glauben bisher nicht kennengelernt hat oder sich dagegen entschied, braucht eine Antwort auf die Fragen: *Was ist der Sinn meines Lebens? Wofür stehe ich morgens auf? Aus welchem Grund lohnt es sich für mich zu leben?* Ohne plausible Antworten stellt sich eine existenzielle Leere ein, die auch auf die anderen Lebensaufgaben einen Schatten wirft. Die Lebensaufgabe Sinn/Glauben ist für mich unauflöslich mit dem Gott der Bibel verbunden. Ich sehne mich danach, mit Jesus im Alltag zu leben und Gottes Geist in mir wirken zu lassen. Auf diesen Halt möchte ich an keinem einzigen Tag verzichten. Die Lebenserfahrung hat mich

Die Lebensaufgabe Sinn/Glauben ist für mich unauflöslich mit dem Gott der Bibel verbunden.

gelehrt, dass Menschen heute diesen Sinn nicht einfach von mir übernehmen. In Glaubensdingen sind viele Zeitgenossen, zumindest im Osten Deutschlands, eher skeptisch. Sie lassen sich wesentlich leichter zu einer Thermomix-Veranstaltung einladen als dazu, sich mit Glaubensfragen auseinanderzusetzen. Trotzdem bin ich überzeugt davon, dass das Vertrauen auf Gott langfristig ansteckende und einladende Auswirkungen haben wird. Glauben ist kein Thermomix-Rezept mit Geling-Garantie, sondern eine Lebensbeziehung, in gewisser Weise eine abenteuerliche Reise an Gottes Hand.

Jesus stellt die drei wichtigsten Gebote nebeneinander. Gleichzeitig nennt er Gott lieben als Erstes und Wichtigstes. Deshalb möchte ich meine Lebensaufgaben auch so gewichten. Weder die Liebe zum Partner, zu Kindern und Eltern gehört ins Zentrum noch die Arbeit. Auch nicht die Beziehung zu anderen Menschen und nicht die Beziehung zu mir selbst, obwohl jeder dieser Bereiche von höchstem Wert und großer Wichtigkeit ist. Im Zentrum soll der Glaube an Gott stehen. Ich stelle mir das vor wie ein Mobile, ein Windspiel mit 5 Elementen, die umeinanderkreisen. In der Mitte hängt am Hauptfaden die Lebensaufgabe Sinn/Glaube. Wenn ich sie beschriften könnte, würde ich darauf schreiben: Gott vertrauen, Stille, Zeit mit Gott verbringen, beten und ihm mein Herz ausschütten. Vergebung suchen. Gottes Weg in meinem Leben gehen wollen. An dem Mittelfaden hängt mein Glaube, alles andere bewegt sich um ihn herum. Er ist mein Lebensfaden, so wie das Mobile nur Halt hat, wenn der Hauptfaden stabil ist. Vielleicht interessiert es Sie, warum ich das für mich so entschieden habe? Nun, die anderen Lebensaufgaben sind immer gefährdet, das ist mir bewusst. Sie bleiben Baustellen und ich werde sie eines Tages loslassen müssen. Selbst wenn mir viele Jahre einer erfüllten Partnerschaft geschenkt werden, steht eines Tages, früher oder später, die Trennung durch das Sterben an. Und manche steht vor den Scherben der großen Liebe, obwohl sie so dauerhaft schien. Ich kann meine Arbeit verlieren, berufsunfähig werden und auch alle praktischen und intellektuellen Fähigkeiten werden irgendwann nachlassen. Auch mich selbst kann ich verlieren durch eine psychische Krankheit. Was mir bleibt, ist der Faden nach oben. Sogar wenn ich durch Glaubenskrisen und Zweifel gehe, verbürgt sich Gott, dass er sich für seine Beziehung zu mir einsetzt. Das hat er in Jesus Christus gezeigt. Und er verspricht, dass sein Faden zu mir hält – über den Tod hinaus.

Mit den Worten von Jesus im Ohr werden aus den Lebensaufgaben Liebesaufgaben. Erinnern Sie sich? Das Organ für die innere Balance ist das Herz ...

Die Balancierstange nutzen

Wie bereits erwähnt, ist unsere innere Balance nicht dauerhaft stabil. Wenn wir uns heute noch freuen und sagen »Mein Leben ist gut in Balance«, kann schon morgen etwas Unvorhergesehenes geschehen und uns ins Schleudern bringen. Dafür reicht bereits ein auffälliger Befund, der ärztlich abgeklärt werden muss. Falls er sich bestätigt, folgt eine langwierige Behandlung. Das Schwanken zwischen Hoffnungen und Befürchtungen verunsichert extrem. Vielleicht spüren wir fast körperlich die Verzweiflung in uns aufsteigen. Das kann auch in anderen Bereichen geschehen, wenn zum Beispiel ein Kind uns ernsthafte Sorgen macht. Wie viele Eltern und Großeltern erleben heute hilflos mit, dass ein junger Mensch aus ihrer Familie Drogen konsumiert und jedes Hilfsangebot ablehnt. Auch Verluste im eigenen Unternehmen können existenzielle Auswirkungen haben. Genauso wie die Erkenntnis, dass die eigene Partnerschaft auf dünnem Eis steht. Ähnlich einem, der balancieren will und dabei das Gleichgewicht verliert, kommen wir dann ins Rudern, suchen mit unseren Armen Halt und bemerken: Unsere Balance ist uns nicht ein für alle Mal sicher.

Diese Gefährdung hat etwas damit zu tun, dass unser Leben aus der großen, ursprünglichen Balance herausgefallen ist. Gott hatte ursprünglich eine Welt in perfekter Balance geschaffen. Natur und Mensch, ja der gesamte Kosmos sollten in Beziehung und im harmonischen Miteinander mit ihm, dem Schöpfer, leben. Die Instabilität und Zerbrechlichkeit unseres Lebens ist ein Preis für die Autonomie, die der Mensch sich von Gott erkämpft hat. So bleibt es eine sich wiederholende Lebenserfahrung: Wir sind anfällig für Entmutigung und Versuchung. Wir stolpern immer wieder und fallen auf die Nase. Jede von uns wird gelegentlich das Gleichgewicht verlieren und fallen. Die Frage ist: *Was hilft uns? Was hilft Ihnen, das Gleichgewicht zu halten oder die Balance wiederzugewinnen?*

Gott hatte eine Welt in perfekter Balance geschaffen. Doch unser Leben ist aus der ursprünglichen Balance herausgefallen.

Schauen wir noch einmal auf Nik Wallenda, den eingangs erwähnten Artisten. Ich war erstaunt, als ich entdeckte, dass er ebenfalls Christ ist. In einem Fernsehinterview[43] wurde ihm die Frage gestellt, wieso er solch waghalsige Seilüberquerungen unternimmt. Darauf antwortete er, dass er Menschen Mut machen möchte. Er will demonstrieren, dass wir zu Unglaublichem in der Lage sind, wenn wir uns nicht von unserer Furcht lähmen lassen. Für ihn fordert der Alltag einer alleinstehenden Mutter oder der Gang durch eine Chemotherapie nicht weniger Mut als die Überquerung eines Seiles in schwindelnden Höhen. Er will Menschen inspirieren, ihre größte Furcht zu überwinden.

Wallenda benutzte eine überdimensionale Balancierstange bei seinem Drahtseilakt über die Niagarafälle. Auf den Sicherheitsgurt verzichtet der Extremartist gelegentlich, die Balancierstange hingegen ist für ihn unerlässlich. Ohne sie wäre die Überquerung des Seils schlichtweg unmöglich. Es ist ein Gerät von imposanten Ausmaßen. Ich las, sein Balancierstab hätte etwa das Gewicht eines 8-jährigen Jungen.

Lassen Sie uns das auf unser Leben übertragen. Es wäre ausgesprochen hilfreich, wenn wir etwas Ähnliches zur Verfügung hätten wie den Balancierstab eines Hochseilartisten ... Etwas, womit wir uns ausbalancieren könnten. Eine Verlängerung unserer natürlichen Möglichkeiten. Es könnte helfen, Irritationen abzufangen. Es würde uns zur Vergrößerung unserer eigenen Armlänge und Reichweite dienen. Was bietet sich dafür an? Für mich ist es das Gebet. Ich kann meine schwindelerregenden inneren Abgründe und Zustände Gott anvertrauen. In manchen bedrohlichen und verunsichernden Lebenssituationen war das mein erster Impuls und die entscheidende Rettung, um nicht »abzustürzen«. Dabei ist das Gebet an sich nicht ein magisches Zaubermittel, sondern es verbindet mich mit Gott, mit seinem Willen und seiner Kraft.

Das Gebet hilft, im Vertrauen auf ihn einen klaren Kopf zu behalten, nicht übereilt zu agieren und innerlich wieder ruhig zu werden. Dazu können auch Gespräche des Vertrauens mit Personen helfen, die mich und mein Leben gut kennen. Manchmal braucht es jemanden, der Klartext redet und gleichzeitig ermutigt, nach Gottes Prinzipien zu leben.

Und natürlich kann ich auch alles als Balancierstange nutzen, das mir hilft, innerlich ruhiger zu werden. Für die einen ist das ihre Lieblingsmusik, für die anderen Gartenarbeit oder Bewegung an der frischen Luft. Manche Frauen lieben es, durch das Lesen guter Gedanken ihren Geist neu zu orientieren oder durch das Tagebuchschreiben innerlich Dinge für sich zu klären. Ich möchte Sie dazu ermutigen herauszufinden, was Ihre Balancierstange sein könnte. Denn im besten Fall fangen wir nicht erst im kritischen Augenblick an, darüber nachzudenken. Sonst können wir auch nicht sicher darauf zugreifen. Viel sinnvoller wäre es, mit der Balancierstange im Leben unterwegs zu

> Das Gebet ist mein Balancierstab. Es verbindet mich mit Gott, mit seinem Willen und seiner Kraft.

sein. Uns nicht von ihrem Gewicht stören zu lassen, sondern es zur guten Gewohnheit machen, sie zu nutzen. Dann wissen wir intuitiv, was zu tun ist, wenn eine Windbö uns ins Schwanken bringt.

Aufgefangen werden

Trotz aller guten Vorbereitung kann es immer noch passieren, dass wir aus dem Gleichgewicht kommen und abstürzen. Doch tief in mir trage ich die Gewissheit: Dann ist das Netz der Liebe Gottes unter uns aufgespannt.

In einem Liedvers von Arno Pötzsch (1900-1956) heißt es: »Du kannst nicht tiefer fallen als nur in Gottes Hand.« Margot Käßmann machte diesen Satz wieder neu bekannt, als sie bei ihrem Rücktritt von allen kirchlichen Ämtern öffentlich erklärte, dass dieses Wissen ihr Trost gibt.[44] Im Februar 2010 setzten zahlreiche große Zeitungen diese Aussage von Frau Käßmann über ihre Berichte von deren Rücktritt. Der Satz wurde garantiert von vielen Menschen wahrgenommen. Wie schön wäre es, wenn er sich in Krisensituationen aus dem tiefsten Unterbewusstsein wieder melden würde und die Gewissheit schenkt: Gott fängt mich auf!

Einige Fragen und Anregungen:

- Stellen Sie sich Ihre Balancierstange im Leben vor. Wie heißt sie und wo liegt sie? Denken Sie darüber nach, wie Sie diese noch mehr in Ihren Alltag einbinden und nutzen können.

- Stellen Sie sich die Lebensaufgaben *Liebe, Arbeit, Gemeinschaft, Sinn/Glaube* und *Selbst* als farbige Kreise vor, die

Sie vor sich ausbreiten. Welche Lebensaufgabe hätte welche Farbe und Größe?

- Was ist Ihre stabilste Lebensaufgabe? Der Bereich, der ziemlich gut und befriedigend läuft? Freuen Sie sich herzlich darüber. Dieser Bereich kann auch eine Kraftquelle für Sie sein.

- Jeder Mensch hat mindestens eine Lebensaufgabe, die er als angeschlagen oder defizitär erlebt. Manchmal sind es sogar mehrere gleichzeitig. Welcher Bereich, welche Lebensaufgabe wäre das im Moment bei Ihnen? Es macht Sinn, in diese besonders zu investieren, damit sie stabiler werden kann.

- Wenn Ihnen im Moment mehr als zwei Lebensaufgaben zu schaffen machen, ist es ratsam, externe Hilfe zu suchen.

5.

Selbstzweifel –

MAG ICH MICH SELBST?

Heute wäre es unvorstellbar, aber in früheren Zeiten lebten Frauen tatsächlich ohne Spiegel. Ich frage mich, wie sich für sie das Leben wohl anfühlte und was für sie wichtig war. Sie wussten nicht, ob sie einen Leberfleck im Gesicht haben, ob die Nase vergleichsweise groß ist und ob ihre Haare langsam ergrauen. Ja, natürlich konnten sie ihr Spiegelbild gelegentlich unscharf in einer ruhigen Wasseroberfläche oder in einem Spiegel aus poliertem Metall erkennen. Aber das kam wohl eher selten vor. Und anschließend wendeten sie sich vermutlich wieder ihrer Alltagstätigkeit zu. Oder sie widmeten sich dem Kontakt zu einem Menschen. Ob Frauen ohne Spiegel wohl freier waren von der kritischen Selbstbeurteilung?

Ich will gut aussehen

Natürlich bin ich dankbar für die Zeit, in der wir leben. Zu ihr gehören auch alle Varianten von Spiegeln. Wie viele werden es in Ihrer Wohnung und an Ihrem Arbeitsplatz sein? In unserer Wohnung gibt es drei große Spiegel. Der im Flur ist besonders wichtig. Ich gehe wohl nie aus dem Haus, ohne noch einmal kritisch zu prüfen, ob meine Haare richtig sitzen. Und ob meine Kleidung farblich zueinanderpasst und auch vorteilhaft aussieht. Mit Erschrecken stellte ich vor einiger Zeit fest, dass ich mindestens 15-mal pro Tag in den Spiegel schaue. Dabei habe ich die Spiegelflächen an Schaufenstern oder auf dem Laptopdisplay noch gar nicht mitgezählt. Das weckt die Fragen in mir: Wofür ist mir das so wichtig? Und: Ist das gesund, dass ich irritiert bin, wenn es in einer Tankstellentoilette keinen Spiegel gibt? Für mein momentan dringendstes Bedürfnis war das Örtchen doch völlig ausreichend. Irgendwie scheine ich mich immer selbst beruhigen zu wollen, dass ich schon ganz gut aussehe, so wie ich bin ... Bei der Selbstbeobachtung fiel mir noch eine weitere Seltsamkeit auf: Seit über 30 Jahren gehe ich nur im Notfall aus dem Haus, ohne meine Augen mit Kajalstift betont zu haben. Kann das wahr sein? Ja, es ist wahr. Bei einem Wochenendausflug Kamm oder Kajal zu vergessen, ist für mich genauso schlimm, wie ohne Zahnbürste dazustehen. Zielstrebig steuere ich dann eine Drogerie an, um diesem Mangel abzuhelfen. Solche Angewohnheiten habe ich bis in meine Alltagsroutine hinein verinnerlicht. Vielleicht kennen Sie etwas Ähnliches von sich.

Mir fällt ein weiteres Phänomen auf: Manche Frauen ändern ihre Körperhaltung und ihren Gesichtsausdruck, sobald sie wissen, dass sie abgelichtet werden. Das machen 3-jährige Mädchen schon nach und stellen sich in Pose. So erlebte ich einmal mit, wie eine Frau amüsiert anderen Frauen die kurze Aufnahme ihrer Enkeltochter zeigte. Das kleine Mädchen spielte anfangs ganz unbefangen und änderte schlagartig die Körperhaltung, als sie bemerkte, dass sie gefilmt wird. Aus dem natürlichen Mädchen wurde sofort ein kleines Model. Das finde ich nicht nur süß, sondern auch ein wenig Furcht einflößend.

Wie wird sich das Selbstbild eines solchen Mädchens in Zukunft entwickeln? Wie kann man ihm zu gesundem Selbstvertrauen helfen?

Die Angewohnheit, selbstkritisch auf unser Aussehen zu schauen, hat sich durch Smartphone-Fotos noch wesentlich verschärft. Wir können jederzeit nachprüfen, ohne auf die Entwicklung der Bilder warten zu müssen, ob wir gut getroffen sind und was uns vorteilhaft erscheinen lässt. Als Profilbilder verwenden wir natürlich nur die allerbesten Fotos, gerne auch ein wenig bearbeitet. Frauen sind enorm kreativ, wenn es darum geht, sich günstig in Szene zu setzen. Einmal wollten wir als Teilnehmerinnen am Treffen eines christlichen Frauennetzwerkes ein Gruppenfoto machen. Sofort regte eine Frau an, wir sollten uns doch lieber alle halb seitlich stellen, damit wir schlanker wirken würden. Diese Idee wurde natürlich sofort umgesetzt. In einem anderen Rahmen erlebte ich, dass Frauen sogar die »Mach-mich-dünn-App« auf ihrem Smartphone installierten. Dadurch werden die fotografierten Menschen automatisch wesentlich verschlankt abgebildet. Das finde ich nicht wirklich klug. Ein origineller Frauenspruch lautet hingegen augenzwinkernd: »Ich verzichte auf alles, was dick macht: Spiegel, Fotos, Waage.«

Niemand macht sich so viele Gedanken um unser Aussehen wie wir selbst.

Vielleicht werden wir die Sorge ums Aussehen ja eines Tages im Alter los. Oder auch nicht. Auf unserer Schiffsreise zum Nordkap lernten wir eine markante Seniorin kennen. Nicht nur ihr Name war außergewöhnlich, sondern auch ihre Optik. Sie hieß Victoria und ihre Lieblingsfarbe war Pink. Mit ihrer eleganten und fröhlichen Erscheinung war sie immer ein erfrischender Anblick. Bei einem Landausflug bat sie uns darum, ein Foto von ihr vor der norwegischen Landschaft zu machen. Mein Mann suchte den idealen Bildausschnitt und schaute irritiert, als Victoria ihn mit einer Handbewegung weiter von sich wegscheuchte. Ihre Erklärung war für sie selbst sehr einleuchtend – man sollte die Falten nicht sehen. Obwohl die Dame schon 78 Jahre alt war, meinte sie: »Man kann schon ein wenig lügen, wenn es um die Schönheit geht.« Dabei war Victoria so wunderschön mit ihrem pinkfarbenen Lippenstift und all den Falten und Fältchen in ihrem fröhlichen Gesicht!

Unser Aussehen ist uns schon ziemlich wichtig. Dabei hat es für die meisten Menschen um uns herum sicher weniger Bedeutung als für uns. Zwei japanische Autoren eines Buches, in dem es um das Verständnis der eigenen Persönlichkeit geht, berichten eine nette Episode: Ein junger Mann verbrachte als Teenager sehr viel Zeit vor dem Spiegel, um seine Haare zu arrangieren. Eines Tages sagte seine Großmutter zu ihm: »Du bist der Einzige, der sich darum Sorgen macht, wie du aussiehst.« Von da an wurde es für ihn ein wenig leichter, mit dem Leben umzugehen.[45] Tatsächlich, niemand macht sich so viele Gedanken über unser Aussehen wie wir selbst! Wir dürfen entscheiden, ob das auch in Zukunft so weitergehen soll …

Hohe Messlatte

Was tun wir Frauen da? Wir setzen uns selbst unter Druck durch Vergleiche und durch unser Streben nach Schönheitsidealen. Das ist wahrhaft tückisch: Erst hängen wir selbst die Messlatte enorm hoch und anschließend wundern wir uns, dass wir sie nicht erreichen. Dabei wissen wir alle, dass die Schönheitsideale nicht der Realität entsprechen und einem großen Wandel unterworfen sind. Eine Freundin meiner Jugendzeit sagte regelmäßig: »Ich bin nur zur falschen Zeit geboren. Ich wäre das ideale Rubensmodell gewesen.« Ja, damals waren rundere Formen das Ideal. Nur wenigen Frauen ist heute diese Gelassenheit geschenkt. Eine große Unsicherheit und Unzufriedenheit mit ihrem Äußeren zieht sich bei Evas Töchtern durch alle Lebensphasen. Dabei haben Sie es sicher auch schon erlebt, wie schön ein Mensch wird, wenn wir ihm näher begegnen. Der direkte Blickkontakt, das gemeinsame Lachen oder das tiefe Gespräch schaffen eine Basis, auf der auch der durchschnittlichste Mensch einmalig schön wird. Und die schönste Frau wird plötzlich ein ganz normaler Mensch. Starke Selbstzweifel ziehen sich durch erschreckend viele Frauenköpfe und Herzen. Dabei trägt jede von uns so viel Klugheit in sich und einen Schatz an Lebens- und Glaubenserfahrung. Jede Frau ist Gott seinen unvergleichlich kostbaren Segen wert.

Eine große Unzufriedenheit mit ihrem Äußeren zieht sich bei Evas Töchtern durch alle Lebensphasen.

Mir begegnen die Selbstzweifel in Gesprächen, die ich als Referentin mit einzelnen Frauen irgendwo in Deutschland führe. Ost oder West, Nord oder Süd, Stadt oder Land – es gibt da kaum einen Unterschied. Und natürlich sind Selbstzweifel ein Dauerbrenner im Beratungszimmer. Und dabei geht es nicht nur um das Aussehen, sondern um jegliche Art von Fähigkeiten. Fragen kommen auf wie: Bin ich meinen jüngeren und dynamischen Kolleginnen nicht unterlegen? Wird sich nach dieser Trennung je wieder ein Mann in mich verlieben? Bin ich fähig für eine Partnerschaft? Was kann ich noch, nachdem ich mich seit einem Jahr fast ausschließlich auf unser Baby fokussiert habe? Kann das normal sein, dass ich immer wieder Fehler mache, obwohl ich mir so viel Mühe gebe?

Selbst Frauen, die es nicht zum Thema machen und nach außen ganz abgeklärt und selbstsicher wirken, kennen in der Regel diese Unsicherheiten. Und ich kenne sie auch. *Bin ich gut genug? Schätzen mich die Menschen in meinem Umfeld? Reicht das, was ich zu geben habe? Kann ich wirklich bewältigen, was ich mir mit dem großen Projekt vorgenommen habe?* Bestätigung von außen tut natürlich gut. Manchmal rieselt sie aber durch die betreffende

Person auch nur hindurch, als gäbe es da in ihrem Inneren ein löchriges Sieb. Je schwächer das Selbstvertrauen ausgebildet ist, desto schwerer wird es leider, Bestätigung und Ermutigung tatsächlich anzunehmen.

Je schwächer das Selbstvertrauen ausgebildet ist, desto schwerer fällt es uns, Bestätigung anzunehmen.

Die meisten Christinnen kennen den dankbar jubelnden Ausspruch: »Ich danke dir dafür, dass ich wunderbar gemacht bin; wunderbar sind deine Werke; das erkennt meine Seele.« (Ps 139,14) Manche Frauen können ihn trotzdem nicht aus tiefstem Herzen mitsprechen, obwohl sie es sich wünschen würden. Sie buchstabieren den Satz mit Skepsis und Befremden. Wie sollen sie dahin kommen? Ihr schwaches Selbstvertrauen gleicht einem hauchzarten Gewebe, durch das es schnell empfindlich kalt zieht, oder einem Hemd, das immer irgendwo zu kurz ist.

Selbstzweifel als Lebensthema

Das nagende Gefühl der Unzufriedenheit und Selbstabwertung kennen auch ausgesprochen hübsche Frauen mit Topfigur oder einer beeindruckenden Lebensleistung. Das frühere Model Tabitha Bühne ist heute eine attraktive und leistungsfähige Sportlerin. Sie schrieb kürzlich ein Buch mit dem Titel: »Ab morgen bin ich schön! Mein wilder Weg vom Selbstzweifel zur Selbstannahme«. Dieser Titel spricht Bände. Wer Tabitha auf dem Cover betrachtet, könnte meinen: Was, diese schöne Frau …? Wer hätte das gedacht! Auch die bildhübsche Sängerin Déborah Rosenkranz berichtete in einer Ausgabe des christlichen Frauenmagazins Joyce[46] darüber, wie massiv ihre Selbstzweifel sind. In schwierigen Lebensphasen kommen sie immer wieder hoch, obwohl Deborah meinte, sie hätte das längst hinter sich gelassen.

Gestandene Frauen stellen ihrer Freundin oder Schwester in unsicheren Momenten die Frage: »Bin ich schön?« Oft versteht die Angesprochene diese Frage gar nicht, weil es für sie völlig selbstverständlich ist: *Ja klar – du bist schön!* Die Antwort scheint jedoch das Herz der Fragenden nicht zu erreichen oder nur sehr kurzzeitig Zufriedenheit zu schaffen. Wie irrational diese Frage ist, können wir bei anderen Frauen sehen, nicht aber bei uns selbst. Viel zu sehr stecken wir in unserem eigenen Film, in dem wir die Regie führen und auch aus der Ichperspektive unsere Rolle spielen. Unsere Selbstzweifel und Selbstabwertungen haben oft eine lange Geschichte und sind zur zweiten Haut geworden. Manche Frauen haben diese Thematik schon bei Vorgängerinnen in ihrer Familiengeschichte beobachtet und sind in dieselbe Spur gerutscht.

Eine junge Frau, 27 Jahre alt, war bereit, etwas von ihrem eigenen Erleben mit mir und Ihnen zu teilen. Geben wir ihr hier den Namen »Ida«. Ich kenne sie seit ihrer frühesten Kindheit und weiß, dass Selbstzweifel immer ein Thema für sie waren. Heute ist Ida glücklich verheiratet und Mutter von zwei kleinen Kindern. In ihrem turbulenten Alltag widmete sie mir eine ausführliche Sprachnachricht, deren zusammengefassten Inhalt ich hier wiedergebe.

Ida spricht sehr ehrlich und klar über ihre wunden Punkte. Sie kann präzise beobachten und in Worte fassen, welche Gedanken ihr immer wieder durch den Kopf gehen. Sie weiß auch längst, wie irrational diese sind. Zwischendurch fließen ein paar Tränen und Ida stellt fest, dass sich mit den Tränen etwas in ihr öffnet. Am Ende höre ich Mut und Zuversicht in ihrer Stimme. Ida ist entschlossen zu lernen, sich selbst zu schätzen und aus all diesen Vergleichsfallen auszusteigen. Sie sagt: »Ja, die Selbstzweifel stecken ganz tief in mir. Man sagt ja, was man lange geübt hat, das kann man gut … Ich habe viel zu lange geübt, mich selbst schlechtzumachen. Ich habe Erfahrung darin, an mir selbst zu zweifeln und an dem, was ich kann oder wer ich bin. Das fing schon beim Singen an, wenn früher irgendwelche Kommentare von anderen kamen. Oder beim Tanzen. Die anderen standen vorne und erhielten einen Soloauftritt, ich nicht. Die anderen hatten tollere Sachen an, waren schlanker. Jetzt sind es die ruhigeren, ausgeglichenen Mamas neben mir. Diese Themen sind mein tägliches Brot. Ich bin so schnell dabei, mich klein zu fühlen, auch in meiner Schwiegerfamilie. Und dann nervt mich alles. Ich weiß, ich hatte eine tolle Kindheit, trotzdem komme ich an meine Grenzen. Aber ich bin auf dem Weg weiterzukommen.«

Wie aber kann es Ida gelingen, diese Gefühle hinter sich zu lassen? Und wie kann es uns gelingen, wenn wir ähnliche Erfahrungen gemacht haben? Das wollen wir im Folgenden bedenken.

Wie fing es an?

Vielleicht versuchen Sie einmal, mit mir zurückzuverfolgen, in welchem Alter das Thema bei Ihnen aktuell wurde. Bei mir begann es wohl in der Vorpubertät. Ich beobachtete damals genau, wie sich die anderen Mädchen meiner Klasse körperlich entwickelten. Im Vergleich dazu war ich ziemlich hinterher und fand das ganz schrecklich. Ich träumte davon, nach zwei Wochen Ferien von meiner Oma zurückzukommen und endlich auch deutlich weiblicher auszusehen … Diese Hoffnung erfüllte sich natürlich nicht und ich musste mitsamt meinen Minderwertigkeitsgefühlen zurück in meine Schule gehen und hätte mich am liebsten verkrochen. Kinder und Jugendliche können gemein und gehässig sein. Das erlebte vor einiger Zeit auch die Tochter einer Bekannten. Sie begann erwartungsvoll die 5. Klasse in einer neuen Schule. Schon nach wenigen Tagen erzählte sie ihrer Mama traurig und verunsichert, dass sie dort als fett beschimpft wird, nicht nur mündlich und direkt, sondern auch im Gruppenchat der Klasse. Sie ist ein hübsches, kerniges Mädchen und völlig normal gebaut. Ihr Kummer ist gut zu verstehen. Welche Worte könnten einem verunsicherten Mädchen Mut machen? Was hätte *uns* damals geholfen? Zuerst vermutlich eine liebevolle Umarmung. Jemand, der es aushält, dass wir weinen und unglücklich sind. Und dann das Gefühl, dass unsere Not und unser Schmerz ernst genommen werden. Vielleicht Worte wie: »Ja, das fühlt sich schlimm an, wenn andere dich lächerlich machen und beschimpfen. Auch wenn es dir jetzt sehr wehtut – im Grunde sagt das eigentlich mehr über die anderen aus als über dich. Du bist ein wertvolles Mädchen mit deiner ganz individuellen Schönheit.« Für uns als Mütter, Großmütter und Patentanten kann das eine wesentliche Aufgabe sein, Mädchen auf diese Weise zu bestärkten. Oder es wenigstens zu versuchen. Sie werden die Frauen der nächsten Generation sein und haben es tatsächlich nicht leichter als wir damals. Die Sängerin der Band Silbermond, Stefanie Kloß (Jahrgang 1984), äußerte vor einiger Zeit, dass sie sich um junge Menschen sorgt, weil Instagram und andere soziale Netzwerke so massiv Einfluss nehmen. »Wenn die Welt schon so gewesen wäre, als ich 14 war, weiß ich nicht, ob ich daran nicht zerbrochen wäre.«[47] Sie begründet diesen Gedanken damit, dass über das Handy permanent ein Schönheitsideal vermittelt wird. Diese Entwicklung können wir leider nicht wirklich beeinflussen. Aber wir können sensibilisiert sein für die innere Not, die daraus erwächst. Im Austausch über diese Entwicklungen stellte mein kluger Mann sehr treffend fest, dass es heute mehr soziale Angriffe gibt. Aus diesem Grund wird in Zukunft mehr soziale Reife nötig sein, um dagegen standzuhalten. Dem kann ich nur zustimmen. Die Basis von sozialer Reife aber ist das Selbstvertrauen. Vielleicht benötigen unsere Töchter, Pa-

Vielleicht benötigen unsere Töchter dringender die Stärkung ihres Selbstwertgefühls als die Förderung ihrer Begabungen.

tentöchter und Enkelinnen in Zukunft sogar noch dringender die gesunde Stärkung ihres Selbstwertgefühls als die Förderung aller möglichen Begabungen. Mag sein, dass die Generation unserer Mütter darin noch sehr unbeholfen war. Wir dürfen das jetzt einfach besser machen, ohne es zu übertreiben. Je natürlicher und selbstverständlicher unsere Ermutigung ist, desto authentischer kann sie ankommen. Dies ist auf alle Fälle eine lohnende Investition.

Vertrautes Gefühl

Die Individualpsychologie nach Alfred Adler vertritt die Ansicht, dass das Gefühl der Minderwertigkeit von Anfang an zu unserer Existenz gehört. Jeder Mensch kennt dieses Gefühl und versucht, es zu überwinden. Er will aus einer gefühlten Minusposition in ein Plus kommen. Dieses Bestreben ist ein starker Antrieb dazu, uns verbessern und entwickeln zu wollen. Im günstigsten Falle wächst unser Selbstvertrauen parallel zu unseren Fähigkeiten. Mit dem erworbenen Wissen und allen erlernten Kompetenzen können wir zum konstruktiven und wohlwollenden Miteinander der Menschen in unserem Umfeld beitragen. Diese Erfahrung bestärkt unser Selbstvertrauen, das uns dann den Antrieb gibt, uns noch weiter zu entwickeln. Wie schön wäre es, wenn dieser Kreislauf immer funktionieren würde!

Die Urgeschichten der Bibel zeigen, dass der Mensch, indem er sich immer mehr von Gott entfernt, am Ende nackt und schutzlos dasteht – beschämt, schuldig und existenziell verunsichert (z. B. 1. Mose 3). Das ist der Preis dafür, dass Menschen autonom, unabhängig von ihrem Schöpfer leben wollen. Dieses Urgefühl steckt uns allen in den Knochen. Der Geschichte vom »Sündenfall« erzählt darüber, wie der Versucher den Zweifel am Schöpfer und seiner Güte in die Menschen hineinsät. Die-

Wenn ich den abgerissenen Beziehungsfaden zu Gott wieder aufnehme, kommt etwas Grundlegendes in Ordnung.

ser Zweifel ist unser wunder Punkt, der die Beziehung zu Gott nachhaltig beeinträchtigt. Aber auch der Zweifel an uns selbst hat zerstörerisches Potenzial. Dieses Problem lässt sich nach meiner Erfahrung nicht nur geistlich lösen. Seelsorge und psychologische Beratung könnten an diesem Punkt sehr gut ineinandergreifen. Wenn ich mich als Mensch Gott zuwende und den abgerissenen Beziehungsfaden zu ihm wieder aufnehme, kommt auf alle Fälle etwas Grundlegendes in Ordnung. Ich kann mich seiner Güte anvertrauen und brauche vor ihm meine »Nacktheit« (symbolisch gesprochen) nicht mehr zu verbergen.

Welche Rolle spielt Gott?

Unser Wert und unsere Würde müssen wir uns nicht erst erarbeiten oder verdienen. Sie wurden uns von Anfang an geschenkt, schon bei unserer Geburt. Ohne dass wir etwas dafür tun mussten. Davon spricht z. B. das Buch des Propheten Jeremia. In der Übersetzung nach Luther heißt es dort: »Ich habe dich je und je geliebt, deshalb habe ich dich zu mir gezogen aus lauter Güte.« (31,3) In der Übersetzung »Hoffnung für alle« heißt es »... schon immer geliebt ...«. Und die Elberfelder Bibel übersetzt: »Ja, mit ewiger Liebe habe ich dich geliebt ...« Wählen Sie sich davon aus, was Sie am meisten anspricht. Die Musikerin und Wortakrobatin Valerie Lill, deren Freundschaft ich als ein besonders kostbares Geschenk erlebe, kleidete diesen Zuspruch in einen wundervollen Liedtext.[48] Ich wünschte, Sie könnten das Lied jetzt genussvoll hören. Darin lässt Valerie Gott zu jedem persönlich sagen:

»Nichts, was du kannst, macht dich wertvoller oder besser in meinen Augen. Nichts, was du tust oder lässt, beeinflusst mein Denken, ich werd' an dich glauben! Meine Liebe ist unwandelbar. Vertraue ihrer Kraft! Ich liebe dich voller Leidenschaft!

Mein Segen befriedet alle Not! Und Gnade spricht dich frei von dem, was dich bedroht. Mein Segen ist die Kraft, die wirklich retten kann. Meine Hand begleitet dich. Nimm meinen Segen an!«

Weiter singt Valerie, dass nichts, was wir sagen, uns glorreicher oder weiser in Gottes Augen macht. Und dass nichts, was wir denken oder fragen, uns von ihm trennen kann. Denn seine Liebe ist unwandelbar. Mich berührt an diesem Lied, dass es mit solch gewinnenden Worten von der beständigen Liebe und Gnade Gottes spricht. Die ganze Bibel ist voll davon. Hier spricht Valerie es dem Einzelnen direkt zu. Wir können Gott weder beeindrucken noch enttäuschen. Seine Liebe ist eine Größe jenseits unserer Selbstwahrnehmung. Sie strahlt in uns hinein wie ein warmer Lichtstrahl in eine Waldlichtung. Egal, wie geordnet oder verwildert unser Wald ist, sein warmer Lichtstrahl taucht alles in ein hoffnungsvolles Licht. Auch wenn wir unseren Wald vor lauter Bäumen nicht mehr sehen können – Gottes Licht erhellt ihn und füllt ihn mit Lebenshoffnung.

Gottes Liebe strahlt in uns hinein wie ein warmer Lichtstrahl in eine Waldlichtung und taucht alles in ein hoffnungvolles Licht.

Negative und überkritische Gedanken sind niemals im Sinne des Erfinders. Und mit dem Erfinder meine ich natürlich den Schöpfer. Was wir brauchen, ist eine realistische Sicht auf uns selbst. Und eine realistische Sicht auf Gott und sein Wirken in unserem Leben. Zu oft werden Selbstzweifel mit Bescheidenheit verwechselt. Aus meiner Sicht sind das völlig verschiedene Dinge. Bescheidenheit bedeutet für mich, dass ich sehr wohl weiß, wer ich bin, was mich ausmacht, welche

Stärken und Schwächen ich habe. Und mit diesem Wissen füge ich mich dann bescheiden in das gesamte Gefüge meines Lebens ein, ohne mich selbst als Maßstab zu nehmen und in den Mittelpunkt zu stellen.

Ein bedeutender Schriftsteller der alten Kirche, der Bischof Cyprian von Karthago (ca. 200-258 n. Chr.), stellte einmal die herausfordernde Frage: »Wie kannst du von Gott verlangen, dass er dich hört, wenn du dich selbst nicht hörst? Du willst, dass Gott an dich denkt, und du selbst denkst nicht an dich.« Ernst zu nehmende Worte eines Weisen aus der frühen Kirchengeschichte. Die Beziehung zu Gott und die Beziehung zu uns selbst gehören zusammen und brauchen beide genug Raum. Ich darf mich fragen, wer ich in Gottes Augen bin. Was meine Identität ist und wie ich meinem unverstellten Wesen und Sein näherkommen kann. Weitaus wichtiger als der Spiegel für Äußeres wäre doch eine Art Seelenspiegel. In ihm könnte ich sehen, was sich in mir findet. Und wie es innen aussieht. Jede Art von Schuld und Versagen, das sich in diesem Spiegel abbildet, können wir zu Gott bringen und um Vergebung bitten.

Wie kannst du von Gott verlangen, dass er dich hört, wenn du dich selbst nicht hörst?
(Bischof Cyprian)

Anders verhält es sich mit dem inneren Kampf, der in manchen Frauen wütet. Aus ihm können wir nur selbst aussteigen, das ist nicht die Aufgabe von Jesus oder unserem himmlischen Vater. Natürlich können wir ihn um Mut bitten und um seine Hilfe, damit wir kleine Fortschritte machen. Die Bitte um Geduld wäre auch sehr sinnvoll, denn in der Regel ist das eher ein längerer Weg der Gesundwerdung als eine schnelle Intensivkur. Nehmen Sie doch bitte den Gedanken auf:

Wenn ich Gott gut genug bin,
könnte ich doch auch mir selbst gut genug sein!

Vielleicht gönnen Sie sich an dieser Stelle eine Lesepause, lehnen sich zurück und versuchen, diesen Satz mit der für Sie passenden Betonung zu sprechen. Stellen Sie sich vor, Sie kauen diesen Satz und schlucken ihn in kleinen Portionen hinunter, bis er in Ihren Bauch rutscht. Sie können Ihre Hände auf den Bauch legen und darauf warten, dass der Satz dort ankommt. Wundern Sie sich nicht, wenn der Satz innerlich stecken zu bleiben scheint. Das ist zu erwarten, denn diese Kost ist Ihnen nicht so vertraut wie Ihre bisherige Lebensüberzeugung. Da kann sich innerlich schon mal etwas sperren gegen diese neue Nahrung. Erinnern Sie sich? Ida meinte, die Selbstzweifel wären ihr tägliches Brot. Der oben genannte Satz wäre eine wirklich heilsame Alternative. Ein Anfang auf einem neuen Weg der Selbstannahme!

Welche Rolle spiele ich selbst?

Lassen Sie uns einmal näher betrachten, zu welchem Umgang mit Selbstzweifeln Menschen neigen. Ich schreibe zwar hier für Frauen, aber das ist kein weibliches Phänomen, sondern ein menschliches. Jeder und jede von uns hat sich im Laufe des Lebens Schutzstrategien angeeignet, die als Mechanismen unbewusst ablaufen.

Eine Strategie ist es, sich ständig zu vergleichen. Ein gutes Gefühl ergibt sich, wenn ich feststellen kann, dass ich besser bin als die Vergleichspersonen. Schlanker als die Kolleginnen, jünger aussehend als die meisten Frauen in meinem Alter, gelenkiger oder ausdauernder als die Frauen meiner Sportgruppe. Oder auch klüger, erfahrener, kreativer, sprachbegabter, strukturierter. Sogar die Glaubenspraxis lässt sich vergleichen. Passende Worte dafür wären: frömmer, bibeltreuer, demütiger. Das letzte Wort schreibe ich schmunzelnd. Denn »demütiger« gibt es im wirklichen Wortsinn nicht … Es zeigt die Absurdität dieses Vergleichsdenkens und in welche seltsamen Sackgassen es uns führen kann. Entweder wir finden Vergleichspersonen, die uns dazu verhelfen, mit vermeintlichem Recht ein »*-er*« zu formulieren. Wenn das gelingt, dann fühlen wir uns nicht nur gut, sondern sogar bess*er*. Nicht selten im Leben kippt die Geschichte und mit unserer Vergleichsbrille stellen wir fest, dass andere »*-er*« sind als wir. Wohlhabend*er*, erfolgreich*er*, belastbar*er* usw. Davon lassen wir uns runterziehen und machen uns selbst klein.

Der übliche Mechanismus setzt sich dann fort, indem wir versuchen, uns aus diesem Tief wieder hochzuarbeiten. Das kann durch übergroße Anstrengung zumindest zeitweise gelingen. Oder aber wir versuchen es mit der Abwertung anderer. Irgendwie lässt sich schon jemand finden, auf dem wir herumhacken oder auf den wir herabblicken können, um uns damit besser zu fühlen. Manche steigen auch direkt in einen Machtkampf ein, um die Selbstzweifel mit einem gefühlten Sieg zu beruhigen. Nach Perfektionismus zu streben wäre eine weitere Möglichkeit. Nicht wenige Frauen haben diese Variante für sich gewählt. Je perfektionistischer ein Mensch ist, desto mehr Unsicherheit versucht er wahrscheinlich zu verbergen. Ähnlich verhält es sich mit dem Selbstoptimierungszwang.

Mir behutsam auf die Schliche kommen

Manche Personen versuchen, ihr instabiles Selbstvertrauen hinter einem betont selbstsicheren Auftreten zu verbergen, ähnlich wie dünne Haare unter einer flotten Perücke. Das fällt nur auf, wenn man näher herantritt. Also wenn man den Menschen aufmerksam wahrnimmt. Eine verunsichernde, konfliktgeladene Situation kann dann wirken wie ein plötzlicher Windstoß, bei dem jemand seine Perücke intuitiv festhalten muss. Sichtbar wird das beispielsweise daran, dass jemand nach seinem emotionalen Ausbruch das Angebot zum klärenden Gespräch strikt ablehnt. Oder immer wieder versucht, eigene Fehler zu vertuschen. Am Umgang mit eigenen und fremden Fehlern lässt sich tatsächlich eine Menge darüber erkennen, wie gut ein Mensch mit sich selbst im Lot ist.

In der Beratung überrascht es mich immer wieder, welche grundlegenden Selbstzweifel sich hinter gepflegtem Aussehen und sicherem Auftreten verbergen können. Gelegentlich frage ich Klientinnen, wie sie mit sich selbst sprechen und welche Gedanken sie über sich selbst haben. Dann kommen meist Sätze wie: »Es war ja klar, dass ich das nicht hinkriege!«; »So was kann auch nur mir passieren!«; »Wenn die anderen wüssten, wie es wirklich in mir aussieht ...!«; »Hoffentlich merkt keiner, dass ich das gar nicht kann ...«; »Wofür bin ich eigentlich gut auf dieser Welt?«; »Wenn das und das passiert, bin ich völlig hilflos!«; »Ich muss das doch endlich in den Griff bekommen!?«.

Das ließe sich endlos fortsetzen. Wenn Sie möchten, beobachten Sie doch selbst Ihre Gedanken. Ein Kind nannte es einmal: »... was mein Kopfvögelchen sagt.« Notieren Sie sich im Laufe eines Tages oder einer Woche, was Ihr Kopfvögelchen so in Ihrem Inneren plappert. Stellen Sie sich vor, Sie könnten den Aufnahmeknopf zu ihrem akustischen Kopfkino drücken. Also, was denken Sie selbst über sich? Falls es vorwiegend negative Dinge sind, tun Sie sich damit nichts Gutes. Denn diese Gedanken sind wie Kerben in einem Baum, die Sie selbst immer tiefer eingraben. Kein Wunder, wenn Sie diese Sätze schon jetzt für die Wahrheit halten. Dass solche Gedanken Auswirkungen haben, braucht Sie nicht zu wundern. Denn je negativer wir über uns selbst denken, desto fatalere Auswirkungen hat das. Stefanie Stahl stellt in ihrem Buch fest, dass die kindlich und unreif gebliebenen Glaubenssätze in uns die Gefühlszentrale unseres

> Negative Gedanken über sich selbst sind wie Kerben in einem Baum, die sich immer tiefer eingraben.

Selbstwertes bilden.[49] In diesen Fragen sind wir leider meist gar nicht so reif wie in anderen Lebensbereichen. Dabei ist unser gesunder Selbstwert von enormer Bedeutung für das Gelingen unseres gesamten Lebens. Der Psychologe und Pädagoge Rudolf Dreikurs stellte sehr pointiert fest, dass unsere Einstellung dem Leben und anderen Menschen gegenüber abhängig ist von dem, was wir von uns selbst denken. Im Selbstzweifel beschäftigen wir uns viel zu sehr mit uns selbst. Immer sind wir mit unseren Mängeln im Fokus unserer Selbstbeobachtungen, Gedankenabläufe und Gefühle. Je mehr wir – aus welchem Grund auch immer – gedanklich um uns selbst kreisen, desto mehr stagniert unsere gesunde Persönlichkeitsentwicklung.

In Selbstvertrauen investieren – ein Langzeitprogramm

Wenn Sie gegen Selbstzweifel ankämpfen, indem Sie diese zu unterdrücken versuchen, wird Ihnen das kaum weiterhelfen. Gefühle, die man bekämpft, werden eher stärker. Viel sinnvoller ist es, klar zu wissen, wo man sich hinbewegen will, und dieses Ziel dann ausdauernd anzusteuern. Das Gegenteil von Selbstzweifeln ist für mich Selbstvertrauen. Damit ist das *Vertrauen in Ihre eigene Fähigkeit gemeint, Ihr Leben zu meistern.* Das möchte ich Ihnen so gerne ganz verlockend vor Augen führen. Stellen Sie sich plastisch vor, wie sich Ihr Leben mit mehr gesundem Selbstvertrauen anfühlen würde!

Das wird sich natürlich nicht über Nacht einstellen. Ich erinnere an Ida, die einräumte, sie hätte schon so lange geübt, sich selbst schlechtzumachen. Es braucht uns nicht zu wundern, dass sie das jetzt richtig »gut« beherrscht. Auch bei uns kann es ähnlich lange dauern, bis eine neue Sichtweise die alten Denkgewohnheiten abgelöst hat.

Wie schön wäre es, wenn wir einfach ein neues Programm aufspielen könnten, wie das beim Laptop möglich ist. In unserem

Menschsein geht das leider nicht. Allerdings kann die Veränderung auch eine großartige Lernerfahrung sein, die ebenfalls das Selbstvertrauen bestärkt. Die Gewissheit tut gut: »Ich kann mich entscheiden, so nicht weiterzumachen«; »Ich kann Einfluss auf meine Denkweise über mich selbst nehmen«; »Obwohl es Rückschläge geben wird, lohnt sich der Weg. Denn mit der Zeit komme ich schneller aus einem Selbstzweifeltief heraus«. Schon allein dieser Ansatz bringt die wohltuende Ahnung der »Selbstwirksamkeit« – ich vertraue darauf, aufgrund meiner eigenen Fähigkeiten bestimmte Ziele erreichen zu können.

Vertrauen Sie auf Ihre eigene Fähigkeit, Ihr Leben zu meistern.

Stellen Sie sich vor, Ihre Selbstzweifel befänden sich in einem Topf, den Sie dauernd am Köcheln halten: die Flamme hochdrehen, umrühren, kosten, verdünnen, nachwürzen und so weiter. Egal was Sie tun, diese Mahlzeit schmeckt Ihnen nicht und ist auch nicht nahrhaft, sondern gefährdet Ihre Gesundheit. In der Küche wüssten wir, was zu tun wäre: Den Topf endlich von der Flamme nehmen. Ihn zumindest erst einmal abkühlen lassen, wenn er noch zu heiß zum Entsorgen ist. Die Küche ordentlich durchlüften, einen anderen, sauberen Topf nehmen und ein neues Gericht ansetzen. Lassen Sie uns den Topf des Selbstvertrauens auf die Herdplatte stellen. Er soll ordentlich durchziehen und braucht mäßige, aber beständige Hitze und eine Menge Zeit. Wenn die Grundzutaten in den Topf gegeben wurden, wird das Gericht sein eigenes, gutes Aroma entwickeln. Die Grundzutaten sind: sich verbunden, befähigt, bedeutsam und beherzt fühlen.[50]

Diese Stichworte lassen sich noch näher beschreiben.

- Mich *verbunden fühlen* meint: Ich weiß, ich gehöre dazu. Ich kann eine Verbindung aufnehmen zu meinem Gegenüber oder zu einer Gruppe von Menschen und habe dort einen sicheren Platz.

- Mich *befähigt fühlen* meint: Ich weiß, ich kann es schaffen. Ich fühle mich kompetent, kann mitgestalten, etwas beitragen und Verantwortung übernehmen.

- Mich *bedeutsam fühlen* meint: Ich weiß, auf mich kommt es an. Ich fühle mich durch meine Einzigartigkeit bedeutend und nicht austauschbar. Ich kann mit meiner Art Positives bewirken.

- Mich *beherzt fühlen* meint: Ich weiß, ich kann mit dem umgehen, was auf mich zukommt. Ich fühle mich fähig, Herausforderungen auf positive Art anzugehen, mit Hoffnung nach guten Lösungen zu suchen und sie umzusetzen.

Jede Person hat irgendwo in ihrer Lebensgeschichte Erfahrungen mit diesen Fähigkeiten gemacht. Ich möchte Sie einladen zurückzuschauen. Mit Sicherheit lassen sich Situationen finden, in denen Sie eines dieser Gefühle deutlich in sich spüren konnten. Wenn Sie in Ruhe darüber nachdenken, werden Sie für jeden Bereich Beispiele finden. Denn selbstverständlich haben Sie das alles schon erlebt. Es rutscht nur so schnell wieder weg. Wozu dient diese Übung? Natürlich zur Stärkung Ihres Selbstvertrauens. Denn wenn diese Fähigkeiten schon einmal da gewesen sind, haben Sie keinen leeren Topf vor sich. Diese Fähigkeiten können weiter genutzt und ausgebaut werden. Und jede weitere positive Erfahrung lässt Ihr Selbstvertrauen ein wenig stabiler werden. Ich erzähle Ihnen ein paar Beispiele. Vielleicht hilft Ihnen das, Ihre eigenen Geschichten zu aktivieren.

Bei *verbunden fühlen* denke ich an die Erfahrung, mit meinen Kolleginnen am Firmenlauf teilzunehmen. In fröhlicher Stimmung fuhren wir zum Austragungsort im Thüringer Wald. Wir trugen das gleiche Shirt mit dem flotten Logo, das wir gemeinsam für diesen Anlass kreiert hatten. Mit ein wenig Aufregung befestigten wir unsere Startnummern am Bauch. So ausgestattet machte das gemeinsame Foto mit Nordic-Walking-Stöcken besonders viel Spaß. Beim Lauf dann aufzupassen, dass keine vom Team zurückbleibt, gemeinsam verschwitzt im Ziel einzulaufen und vom Chef mit einem Hugo-Cocktail begrüßt zu werden – das war ein echtes Gemeinschaftserlebnis.

Fähig fühlen: Ich kenne mehrere Frauen, die sich als Stadtführerinnen ausbilden ließen. Sie besuchten zahlreiche Unterrichtseinheiten, beschäftigten sich mit geschichtlichen Themen, lernten fleißig für die Prüfung und können nun Touristen durch unser Städtchen führen und kompetent Auskunft geben.

Bedeutsam fühlen: Das kann z. B. dadurch geschehen, dass man Haare für eine Echthaarperücke spendet. Meine Bekannte Jana stieß in der Schule ihrer Tochter eine Initiative an, nachdem die Tochter sich zu diesem Schritt entschlossen hatte. Die Lokalzeitung berichtete davon. Ein halbes Jahr später fanden sich Nachahmer. Diesmal wurden die Haare sogar öffentlich zur Marktzeit gekürzt. »Haare abschneiden für krebskranke Kinder« lautete diesmal die Überschrift der Zeitung. Jana erzählte beim Elternstammtisch strahlend und gerührt davon und hofft, dass die Initiative sich weiter ausbreitet.

Beherzt das Notwendige tun: Die junge Studentin stürzt sich mutig in alle ihre Aufgaben: Konsultationen, Klausuren, Praktika, Präsentationen, Dozentengespräche, praktische Prüfungen. Mit Ausdauer und Zielstrebigkeit geht sie kontinuierlich auf alle Hürden des Studiums zu und arbeitet sich Schritt für Schritt durch.

Aus jeder gemeisterten Herausforderung dürfen Sie lernen und in der Zukunft darauf aufbauen.

Vermutlich ist es nicht schwer für Sie, Ihre eigenen Beispiele zu finden. Fühlen Sie sich noch einmal in die betreffenden Situationen hinein. Freuen Sie sich darüber, dass die Bausteine des Selbstvertrauens bei Ihnen vorhanden sind. Diese guten Gefühle noch einmal zu spüren und wieder zu beleben, das ist keine Mogelei. Lieblingslieder hören wir uns auch immer wieder an. Und Ihren Lieblingsfilm haben Sie sicher nicht nur ein Mal gesehen. Warum sollten Sie dann nicht die positiven, Mut machenden Szenen aus Ihrem Leben immer mal wieder vor dem inneren Auge vorbeiziehen lassen? Diese Übung wird genau das stärken, was Sie und ich brauchen: Selbstvertrauen. Das Vertrauen, dem Leben und den damit verbundenen Herausforderungen gewachsen zu sein. Ihre eigenen Lösungen zu finden. Vielleicht keine idealen Lösungen, aber immerhin. Und aus jeder guten Erfahrung, aus jeder gemeisterten Herausforderung dürfen Sie lernen und in Zukunft darauf aufbauen. Alles, was anfangs schieflief, ist kein Grund aufzugeben, sondern erneut Anlauf zu nehmen.

Mit welcher Grundüberzeugung gehen wir durch das Leben?

Welche Grundüberzeugungen Sie in Ihrem Herzen tragen, wird sich auf jeden Fall auswirken. Auf Ihre Eigensicht und auf Ihre gesamte Wahrnehmung des Lebens. Aus Grundüberzeugungen ergeben sich immer die scheinbar passenden Lebensstrategien. Also – je zuversichtlicher Ihre Grundüberzeugungen sind, desto hoffnungsvoller werden auch Ihre Schlussfolgerungen sein.

Ich möchte Ihnen einige meiner inneren Sätze anvertrauen. Wenn Sie mögen, können Sie sich diese auch zu eigen machen.

Das Leben ist ein kostbares Geschenk.
Jeder Tag bringt Schönes und Schweres mit sich.
Belastungen sind eine Herausforderung, als Mensch zu reifen.
In mir sind Kräfte, Schwierigkeiten zu meistern.
Menschen sind an meiner Seite.
Ich kann mit Gottes Hilfe rechnen.

Wenn diese Sätze und Überzeugungen Ihr »täglich Brot« werden, stärkt dies gleichzeitig Ihr Selbstvertrauen. Und mit jeder guten Erfahrung wird es ein wenig mehr wachsen. Valerie Lill versetzt sich in die Perspektive des himmlischen Vaters und ahnt seine Worte. Sie lässt ihn sagen: »Wenn du dich mit meinen Augen sehen könntest, dann würdest du dich auf der Stelle lieben!« Vielleicht hängen Sie sich diesen Satz an den Spiegel.

Einige Fragen und Anregungen:

- Beginnen Sie, Ihr »Kopfvögelchen« zu beobachten. Welche Sätze und Gedanken gehen Ihnen im Laufe eines Tages durch den Sinn in Bezug auf Sie selbst? Am besten, Sie notieren diese Sätze in der linken Spalte einer Tabelle.

- Wenn Sie das einige Tage getan haben, wird Ihnen auffallen, welche Gedanken sich besonders häufig wiederholen. Nun dürfen Sie daneben in der rechten Spalte der Tabelle diese Sätze verbessern. Es sollten angemessenere und sinnvollere Aussagen sein. Statt: »Das kann ja auch nur mir passieren!« könnte stehen: »Jedem Menschen passieren von Zeit zu Zeit unangenehme Dinge«. Statt: »Das bekomme ich nie hin!« könnte stehen: »Es wird zwar nicht einfach, aber ich werde es versuchen«.

- Wenn sich dann die alten stereotypen Sätze in Ihrem Kopf melden wollen, ersetzen Sie diese mit den realistischeren Gedanken.
- Wie wäre es, wenn Sie beginnen würden, sich wie Ihre beste Freundin zu behandeln? Denken Sie darüber nach, was das für Sie konkret bedeuten könnte.

6.

Tränenzeiten –

DA IST ETWAS IM FLUSS

Krokodilstränen – mit diesem Geheimnis beschäftigten sich verschiedene Personen der Geschichte, zum Beispiel auch Martin Luther. Zum ersten Mal beschrieb der französische Mönch Bartholomaeus Anglicus im 13. Jahrhundert das Phänomen. Er meinte damals, Krokodile würden aus Mitgefühl mit ihrer Beute weinen. Der Mönch berichtete in seiner naturwissenschaftlichen Enzyklopädie, dass Krokodile zwar Menschen umbrächten, aber deren Tod bitterlich beweinen würden. Martin Luther griff diese Vorstellung auf und betonte den heuchlerischen Charakter der Krokodilstränen. Die Vorstellung vom erbarmungslosen Krokodil, das falsche Tränen vergießt, war ein solch starkes Sinnbild, dass es die Literatur eroberte. Bis heute wird der Begriff »Krokodilstränen vergießen« gelegentlich in unserem Sprachgebrauch verwendet. Doch was steckt tatsächlich dahinter? In einem Zoo filmten Biologen vier Kaimane und drei Alligatoren beim Fressen. Dabei vergossen fünf der sieben Tiere tatsächlich Tränen und die Biologen äußerten ihre Vermutungen, wa-

rum das so ist: Während die Tiere beim Fressen heftig zischen und schnaufen, wird Luft so stark durch die Nasenhöhlen gepresst, dass sie in die Tränendrüsen dringt und diese zum Entleeren bringt. Eine einfache Erklärung. Also pure Physiologie und weder Mitgefühl mit der Beute noch Begeisterung über besonders fette Happen ...

Tränen sind nicht gleich Tränen

Manchmal steigen sie vor Wut und Zorn in die Augen, wenn irgendetwas nicht so läuft, wie wir es uns vorgestellt hatten. Oder aus Verzweiflung und Enttäuschung. Dann fühlen wir uns allein gelassen und missverstanden. Manchmal fließen sie vor Schmerz, weil wir körperlich leiden, an einer Verletzung beispielsweise oder einer Kolik. Tränen sind also nicht gleich Tränen. Jede von uns hat schon Tränen gelacht bei einem unschlagbaren Witz in ansteckend fröhlicher Runde. Freudentränen kullern, wenn jemand einen Herzenswunsch erahnte und ihn erfüllte oder wenn man einen geliebten Menschen endlich wieder im Arm halten darf. Tränen sind nicht gleich Tränen. Sie laufen angesichts von unheilbarer Krankheit, Tod und Trauer. Sie laufen aus Mitgefühl mit dem Kummer lieber Menschen. Sie stehen in den Augen, wenn wir uns gekränkt oder beschämt fühlen. Bittere Tränen fließen auch aus Reue, wenn man das eigene Versagen deutlich erkennt, Verletzungen gegenüber Menschen oder Gott. Tränen werden ebenfalls vergossen aus Rührung – wenn jemand uns etwas sehr Liebes, Persönliches schreibt oder wenn das eigene Kind heiratet. Und natürlich nach der Entbindung, wenn eine frischgebackene Mama ihr Baby zum ersten Mal fühlt und riecht. Hier weinen oft auch Papas mit. Anhand dieser kurz genannten Beispiele können Sie feststellen, wie breit das Tränenspektrum ist. Sie sind nicht nur schmerzlichen Erfahrungen vorbehalten, obwohl wir sie am ehesten damit assoziieren.

Irgendwas ist immer

Niemand wünscht sich in seinem Leben Tränenzeiten und Enttäuschungen. Wenn wir wählen könnten, hätten wir am liebsten immer heitere, zufriedene und glückliche Phasen. Das wären paradiesische Zustände. Die sind leider auf der Erde nicht zu erreichen. Unser Leben besteht aus Höhen und Tiefen, so wie der Wechsel von Ebbe und Flut die Gezeiten ausmacht. Auch manche Schwierigkeiten und Herausforderungen können wir nicht abwenden. Das Leben fordert *uns*, und nicht *wir* können etwas vom Leben fordern. Wer das verstanden hat, stellt sich schon von vornherein auf Hindernisse ein. Ein Tag besteht etwa zu 80 Prozent aus Herausforderungen, nur ca. 20 Prozent sind Routine. Letztlich trifft das wohl auch für das gesamte Leben zu. »Irgendwas ist immer«, sagen viele Menschen, wenn sie von ihren aktuellen Baustellen berichten. Denn kaum ist eine Sache zur Ruhe gekommen, eine Herausforderung abgeschlossen, kündigt sich die Krise im nächsten Lebensbereich an. Oder ein schon bekanntes Thema flackert wieder auf. Tränenzeiten erleben Menschen als besonders massive Einschnitte in ihr Leben, als Verluste und schwere Krisen. Manche haben in kurzer Zeit mehrere Trauerfälle zu bewältigen. Oder die Existenz ist plötzlich bedroht durch Kündigung am Arbeitsplatz, durch den Vermieter, durch Feuer oder Hochwasser. »Wie viel Schmerz kann ein Mensch ertragen?«, schrieb mir kürzlich eine Frau, die gerade durch eine massive Lebenskrise geht. Hinter dieser Frage steht unausgesprochen auch: »Wie kann ich den Schmerz nicht nur ertragen, sondern die Krise mit Gottvertrauen und ohne zu verzweifeln bewältigen? Woher erhalte ich Kraft? Wer steht mir zur Seite?«

Unser Leben besteht aus Höhen und Tiefen, so wie der Wechsel von Ebbe und Flut die Gezeiten ausmacht.

Das Meer des Schmerzes

Die Nonne und Autorin Kyrilla Spiecker stellte fest, dass manche Menschen in einem Meer von Schmerz ertrinken. Die anderen lernen, darin zu schwimmen. Wie gelingt das den »Schwimmern«? Dass sie im Rückblick auf bestimmte Lebensabschnitte Tränenzeiten oft als Reifungszeiten erkennen können, hängt sicher auch damit zusammen, dass »Schwimmer« eine bestimmte Haltung einnehmen. Ich möchte Sie dazu einladen, möglichst schon vor dem Eintreten von Lebenskrisen einen anderen Blickwinkel auf diese Lebensphasen zu gewinnen.

> Manche Menschen ertrinken in einem Meer von Schmerz. Andere lernen, darin zu schwimmen.

Emotionale Belastungen fordern uns besonders heraus. Oft wiegen sie schwerer als Probleme, die eine praktische Lösung erfordern. In den meisten Fällen ist beides miteinander verwoben. Welche Tränenzeiten aus Ihrem Leben fallen Ihnen ein? Mir steht die Phase nach meiner Entlobung vor Augen. Damals, als blutjunge Frau, meinte ich, die Welt würde sich nicht mehr weiterdrehen. Mein Verlobter hatte mir einfach meinen Ring zurückgeben und ich tat mich sehr schwer damit, das zu realisieren. Ebenfalls viele Tränen vergoss ich in der Zeit, als eine gute Freundin an Brustkrebs erkrankte. Je mehr mir bewusst wurde, wie verschwindend gering ihre Heilungschancen sind, desto intensiver bereitete ich mich innerlich auf den Abschied vor. Manchmal schossen die Tränen einfach aus mir heraus. Die schon erwähnte Kyrilla Spiecker prägte den Ausspruch: »Wirf dein Herz voraus. Gott fängt es behutsam auf und wartet auf deine Füße.« Das versuchte ich in dieser Zeit. Mit meinen Gebeten hängte ich mich an Gott, trotzdem bäumte sich innerlich vor Kummer alles in mir auf.

Frauen tragen weltweit Schmerz

Es gibt unzählige berechtigte Gründe, Tränen zu vergießen. Sie sind in jeder Biografie zu finden. Frauen sind vom Wesen her beziehungsorientiert, deshalb empfinden sie wohl zwischenmenschliche Belastungen besonders tief. Ein jüdischer Weisheitsspruch behauptet, Frauen würden öfter weinen, weil sie die Welt besser verstehen. Verstehen ist hier nicht als intellektuelle Fähigkeit gemeint, sondern als zwischenmenschliche Wahrnehmung. Welchen Schmerz tragen Frauen weltweit! Sie leiden mit ihren Kindern. Sie kämpfen um Partnerschaften und Familien. Sie sehen Not von Bedürftigen und lassen sich erschüttern. Was nicht heißen soll, dass Männer nicht auch empfindsam sind und Lasten tragen. Sie tun es allerdings auf eine andere Weise.

> Im Weinen liegt die Chance, seelische Spannungen abzubauen.

Gönnen Sie sich einen Augenblick und lassen Sie vor Ihrem inneren Auge verschiedene Frauen vorbeiziehen, die Sie kennen. Stellen Sie sich die Geschichten vor, die diese Frauen aktuell beschäftigen. Seit unserer Urmutter Eva tragen wir Frauen große Lasten und Sorgen auf unserem Herzen. Die biblische Geschichte erzählt, dass Kain seinen Bruder Abel ermordete. Welcher schier unvorstellbare Schlag muss das für die Frau gewesen sein, die beide Söhne zur Welt brachte und großzog! Auch heute erleben Frauen Unsägliches. Ich mag mir gar nicht vorstellen, welche Tragödien sich auf unsicheren Flüchtlingsbooten abspielen. Welcher Kummer! Welche Not! Wie viele Tränen, geweint oder ungeweint! Die Tränen der gesamten Menschheit würden wohl ein riesiges Meer ergeben … Dass unsere Augen überfließen können, ist eine überaus gnädige Einrichtung, meine ich. Im Weinen liegt die Chance, seelische Spannungen abzubauen. Lassen Sie uns anschauen, was da genau passiert.

Wie Tränen entstehen

Am oberen Rand der Augenhöhle sitzt die mandelförmige Tränendrüse. Sie produziert unablässig Flüssigkeit, pro Tag etwa einen Fingerhut voll. Im Laufe eines Lebens kommen damit ungefähr 75 Liter Tränen zusammen. Das entspricht nahezu einer halben Badewanne. Die Tränenflüssigkeit ist notwendig, um die Hornhaut und Bindehaut, welche die Oberfläche der Augen bilden, feucht zu halten. Unsere Augenlieder funktionieren dabei wie Scheibenwischer und befeuchten den Augapfel 5–15-mal pro Minute. Tränen beinhalten Fett, Salz, Wasser und bakterienzersetzende Stoffe. Dadurch werden die Augen vor Infektionen geschützt. Die Träne fließt von uns unbemerkt vom oberen Rand der Augenhöhle zum inneren Augenwinkel und anschließend über den Tränensack in den Tränennasengang. Von dort gelangt sie in die Nasenhöhle. Wenn die Tränenbildung gestört ist, leiden Menschen unter trockenen, gereizten und geröteten Augen. Das kann durch hormonelle Veränderungen der Fall sein, als Nebenwirkung bestimmter Medikamente oder durch eine Drüsenfehlfunktion. Der Termin beim Augenarzt ist dann der erste Schritt zur Abhilfe.

Tiere besitzen ebenfalls einen Tränenapparat, der das Austrocknen des Auges verhindert. Emotionale Tränen dagegen finden wir nur bei Menschen. Die Tränen, die durch emotionale Betroffenheit entstehen, werden durch einen separaten Nervenreiz ausgelöst. Unser Gehirn gibt den Drüsen das Signal, mehr Tränen zu produzieren. Diese Tränen haben eine andere Zusammensetzung als der übliche Tränenfilm. Sie enthalten Stoffe, die Schmerzen lindern und die beruhigen können, ähnlich wie Morphium das tut. Außerdem werden beim emotionalen Weinen Eiweißstoffe aus dem Körper herausgeschwemmt. Denn bei Traurigkeit, Eifersucht und Wut bilden sich bestimmte Eiweißstoffe, deren Überschuss im Körper Störungen auslösen kann. Das ist ausgesprochen hilfreich:

Tränen lösen unsere Gefühlsspannungen und schützen vor schädlichen Reizen.

Die besondere Mixtur

Der amerikanische Psychologe Henry Cloud beschreibt faszinierende Forschungsergebnisse. Er veröffentlichte auf Twitter Aufnahmen von Tränen, die unter dem Mikroskop untersucht wurden.[51] Dort zu sehen sind Tränen aus Kummer und Trauer, Tränen des Wandels, von Zwiebeln ausgelöste Tränen und Lachtränen. Tatsächlich weisen unterschiedliche Tränenarten eine unterschiedliche molekulare Struktur auf. Versuchen Sie zu ermessen, was das bedeutet: Der Körper mischt die Zutaten der Tränenflüssigkeit je nach aktuellem Bedarf so, dass die Tränenmixtur bestmöglich wirkt. Ähnlich wundersam wäre ein Medikamentenschrank, der selbständig handelt. Der sich automatisch öffnet und Ihnen einen hochwirksamen Medikamentencocktail reicht, noch bevor Sie genau wissen, welche konkreten Beschwerden Sie heute haben. Ist das nicht umwerfend, was beim Weinen im Körper geschieht? Die Vorgänge sind sehr komplex. Viele Hirnregionen, Nervenbahnen und Hormone werden aktiv, wenn uns Gefühle das Wasser in die Augen treiben; ebenso bei physikalischen und chemischen Reizen. Mediziner weisen auf die heilsame Wirkung von Tränen hin. Sie vermuten sogar, dass manches Medikament überflüssig werden könnte, wenn wir unseren Tränen freien Lauf lassen würden! Denn unsere Tränen entlasten Blutdruck, Herz und Nieren.

Zu unseren Lebensgewohnheiten passt das nicht unbedingt. Tränen werden eher verschämt weggewischt. Und Menschen entschuldigen sich, wenn sie in der Öffentlichkeit ihre Tränen nicht unterdrücken. Das erlebte ich vor einiger Zeit mit einem 80-jährigen Herren aus unserer Nachbarschaft, dessen Frau gerade verstorben war. Als er mir davon berichtete, holte er immer wieder das große Taschentuch hervor und trocknete seine Tränen. Allerdings nicht, ohne sich zu entschuldigen und verstohlen zu schauen, wer uns alles beobachten könnte.

Tränen in verschiedenen Lebensphasen

Wenn ein Baby geboren wird, sind die Tränenkanälchen noch nicht vollständig ausgereift. Die ersten Tränen fließen nach etwa drei Wochen. Weinen ist damit die erste Ausdrucksform des Unwohlseins. Bei Hunger, Bauchweh, einer vollen Windel oder Langeweile zeigen sie an, dass etwas nicht in Ordnung ist. Unangenehme Gefühle werden damit abgebaut und gleichzeitig Beziehungs- und Kommunikationssignale ausgesendet. Das Weinen und Schreien unseres Kindes animiert uns sehr bald, etwas zu unternehmen, das der Veränderung der Situation dient. Bei einem Kleinkind ist dann zu beobachten, dass es sich schnell wieder beruhigt. Dasselbe kann auch umgekehrt ablaufen. Plötzlich kann nach ausgelassenem Lachen ein verzweifeltes oder trotziges Weinen beginnen. Dafür reicht schon ein so winziger Auslöser wie ein anderes Kind, das Sandspielzeug wegnimmt. Oder Papa, der beim Einkauf kein »Überraschungsei« aufs Band legt. Profis im lautstarken Weinen sind viele jüngere Geschwister. Sie können regelrecht ihre »Sirene« anstellen und beobachten dann deren Wirkung. Am liebsten wollen sie sich die Unterstützung ihrer Eltern abholen, die hoffentlich klug genug sind, sich nicht auf diese Weise in die Geschwisterstreitigkeiten hineinziehen zu lassen.

Ich kann es immer noch körperlich spüren, wie es sich anfühlte, als Kind zu schluchzen und zu weinen. Es kostete enorm viel Kraft, gleichzeitig erleichterte es mich aber auch. Irgendwann war es dann so weit und die Tränen versiegten. Nur noch ein heftiges Schluchzen durchzuckte mich. Das könnte ich Ihnen sofort vormachen. Vermutlich kennen Sie es auch, das kurze Schniefen durch Nase und Mund, welches an die Bewegung des Brustraumes und der Schultern gekoppelt war. An diesem Punkt war das Schlimmste schon vorbei. Nach und nach verebbte das Ganze und Ruhe und Frieden kehrten ein. So macht jedes Kind seine eigenen, prägenden Erfahrungen.

Wenn ein Teenager weint, ist das ein deutliches Signal. Meist steht mehr dahinter als nur eine Kleinigkeit. Liebeskummer könnte ein Auslöser sein oder Überforderung in der Schule. Erfahrungsgemäß vermeiden Mädchen das Weinen, sobald sie Wimperntusche auftragen. Und Jungen vermeiden es oft aus Scham. Sie haben vielleicht gehört, dass sie als »kleine Männer« nicht weinen sollten, denn »ein Indianer kennt keinen Schmerz«. Und wer will schon gerne als »Weichei« dastehen ... Glücklicherweise gab es in den letzten Jahrzehnten Veränderungen in der Erziehung von Jungen. Solche Sprüche werden seltener, aber sie sind noch nicht ausgestorben. Unsere Partner, Freunde und Kollegen sind oft noch mit ihnen groß geworden. Es verlangt ein bewusstes inneres Umschalten, solche Sätze nicht an die nächste Generation weiterzugeben. Vor allem braucht es ein anderes Denken.

Viele Männer meinen immer noch, es sei ein Zeichen von Männlichkeit, hart zu sein. Natürlich ist es auch ihnen manchmal »zum Heulen zumute«, sie lernten es aber, ihre Tränen zu unterdrücken. Wenn Männer im Rahmen einer Therapie befragt werden, wann sie zum letzten Mal geweint haben, liegt das in der Regel weit zurück. Sie können sich nicht daran erinnern oder erzählen von einem Fahrradunfall als kleiner Junge mit aufgeschlagenen Knien.

Frauen zeigen schon eher ihre Tränen. Das ist bei der besten Freundin möglich oder vor dem Partner. In der Partnerschaft kann es allerdings durch Tränen auch zu Spannungen kommen. Nicht jeder Mann weiß, wie er darauf reagieren soll. Diese ohnmächtige Hilflosigkeit kann Frauen noch verzweifelter werden lassen. Oder auch wütender. Gelegentlich setzen wir Frauen

Aus unserem Weinen fließt uns mitunter eine Kraft zu, die wir gerade zu brauchen scheinen..

unsere Tränen auch als Druckmittel ein. Das darf der Aufrichtigkeit halber hier nicht verschwiegen werden. Wir verfolgen dann mit ihnen ein Ziel, das uns selbst meist nicht bewusst ist. Ein Ziel könnte zum Beispiel sein, dass das Gegenüber endlich nachgibt, Mitleid mit mir als der weinenden Person hat, dass ich geschont werde oder meine Absichten durchsetzen kann. Von Alfred Adler stammt die doppeldeutige Beobachtung: »Tränen sind Wasserkraft.« Wie im Wasserkraftwerk aus Wasser Energie gewonnen wird, fließt uns aus unserem Weinen mitunter eine Kraft zu, die wir in dem betreffenden Moment zu brauchen scheinen.

Kulturelle Besonderheiten

Lassen Sie uns einen kleinen Exkurs in eine andere Kultur unternehmen: Japan gilt als Land des Lächelns. Die wahren Gefühle werden dort meist nicht gezeigt, das stetige Lächeln gehört zur Etikette. In der Vergangenheit boten japanische Unternehmen Lächelkurse an. Neuerdings entdeckten die Japaner aber auch Tränen als Therapie für ihre Seele. Die Wissenssendung Galileo berichtete im März 2019 darüber[52] und zeigte ein Seminar mit zahlreichen Teilnehmern, in dem das Weinen geübt wird. Schauspieler lesen besonders anrührende Geschichten vor, in denen es um Haustiere, Eltern, Krankheiten oder das Sterben geht. Und natürlich weinen die Seminargäste daraufhin. Was im anonymen Rahmen von Großveranstaltungen noch relativ leicht funktioniert, soll zukünftig auch ein Angebot für Firmenteams sein. Doch das Weinen mit Leuten, die sich untereinander kennen, ist noch weitaus schambesetzter. Eine kleine Werbeagentur bucht dafür den überzeugenden Seminarleiter. Ein Kamerateam filmt, mit welchen Mitteln »auf die Tränendrüsen gedrückt« wird. Es sind ebenfalls emotionale Texte, von Schauspielern gefühlsbetont vorgetragen, sowie Filmszenen. Kitschig, aber wirkungsvoll. Wie geplant fließen Tränen bei allen Teammitgliedern, sogar bei der Teilnehmerin aus dem Journalistenteam, welche die japanische Sprache gar nicht verstand. Die Gesamtstimmung über Bild und Ton reichte aus. Anschließend fühlten sich die Teilnehmerinnen erleichtert und erholt. Im Seminar wurde geschäftstüchtig angepriesen, dass eine Träne den Stress einer gesamten Woche abbauen könnte!

Vielleicht schmunzeln Sie darüber. Doch jedes Land hat seine Kultur, die gewisse Lebensvorstellungen vermittelt und tief verinnerlicht ist – auch wir. In Japan ist es die freundliche Etikette, bei uns in Deutschland die Funktionalität und Sachlichkeit, zu der Tränen scheinbar nicht passen. Deswegen werden Tränen auch bei uns eher heruntergeschluckt oder verschämt weggewischt.

Tränen in der Bibel

Die orientalische Erzählkultur der Bibel berichtet sehr ehrlich und selbstverständlich über Tränenzeiten. Weinende Personen sind dort auch Männer. Von König David können wir in einem Psalm lesen: »Nachts weine ich wie ein Kind, bis die Kissen durchnässt und meine Augen ganz verquollen sind.« (Ps 6,7) Schlimme Anfeindungen trieben ihn in diese Lage, wie man in den folgenden Versen lesen kann.

Und Petrus, der tollkühne Freund von Jesus, weinte bitterlich, als ihm sein Versagen bewusst wurde (Mt 26,75). In der Nacht, in der Jesus verraten wurde, hatte er nicht den Schneid, sich zu ihm zu bekennen. Und das, obwohl er vorher noch große Töne gespuckt hatte. Ja, er meinte es ernst und vertraute Jesus. Aber in dieser heiklen Situation kniff Petrus vor einer Magd. Wir könnten zugespitzt sagen, vor einer Putzfrau. Niemals hätte Petrus das von sich selbst gedacht, so entschlossen, wie er in anderen Zusammenhängen auftrat.

Sogar Jesus weinte, z. B. über Jerusalem und die Uneinsichtigkeit seiner Bewohner (Lk 19,41). Er weinte auch über den Tod seines Freundes Lazarus (Joh 11,35). Es lohnt sich zu lesen, was im Anschluss daran geschah ...

Mich berührt immer wieder, wie nahe die Bibel dem menschlichen Erleben ist. Ungeschminkt und ungeschönt wird von Höhen und Tiefen berichtet. Zum intensiven Leben gehört natürlich auch die Gefühlsebene. Wie wir heute hatten die Menschen damals Gefühle und erlebten Erschütterungen. Reue, Enttäuschung, Trauer und Schmerz gehörten auch zu ihrem Leben. Allerdings gingen sie davon aus, dass ihre Tränenzeiten an Gott nicht vorübergehen. Und so zeigten sie Gott ihre Tränen und glaubten, dass es sein Herz erschüttert, wenn seine Menschen leiden. Dieses Vertrauen wünsche ich mir heute wieder neu. Wir sind nicht allein in allen Krisen und scheinbaren Ausweglosigkeiten. In einem Psalm wird Gott angerufen: »Sammle meine Tränen in deinen Krug! Ohne Zweifel, du zählst sie.« (Ps 56,9) Versuchen Sie doch, dem einmal nachzuspüren. Natürlich ist es bildhaft gesprochen. Gott läuft nicht mit einem Krug über die Erde und sammelt Tränen ein. Aber dieses Bild spricht über die Kostbarkeit der Tränen. Der Psalmbeter ist von Gottes Mitfühlen und Fürsorge überzeugt. Wie tröstlich. Gott schaut nicht weg, wenn wir weinen. Er sagt nicht: »Ist schon nicht so schlimm!« oder: »Reiß dich zusammen!«. Nein, er versteht unseren Schmerz und Kummer.

Weinen bringt etwas in uns in Bewegung

In Gottes Augen sind Weinende keine »Heulsusen« oder Weicheier. Er selbst hat sich die heilsame Wirkung unserer Tränen erdacht und sieht den Grund unseres Kummers. Vielleicht ist

Gott sogar den Weinenden und Verzweifelten näher als den Stolzen und Selbstsicheren. Wieso? Weil Weinen löst. Weinen bringt nicht nur Tränen zum Fließen, es bringt uns auch insgesamt in Bewegung, es rührt unsere Seele an. Im Weinen sind wir ganz bei uns selbst. Alle Fassaden fallen ab. Kein anderer kann für uns den Weg in den Schmerz hineingehen, in unsere Tiefen und Untiefen. Vielleicht sind wir sogar in solchen Phasen wesentlich echter, besser erreichbar und formbar. Der bekannte englische Autor Clive S. Lewis geht so weit zu behaupten, Gott würde mehr auf unsere Tiefpunkte zählen als auf unsere Höhepunkte. Denn sie dienen seinem Ziel für unser Leben besser. Sein Ziel aber ist es, dass wir uns Gott ganz überlassen. Eine bedenkenswerte Einsicht. Auch mein amerikanischer Lieblingspastor Bruce Wersen betont, im Glauben käme es nicht darauf an, dass Gott unsere Wünsche erfüllt. Stattdessen ginge es darum, dass wir zu den Personen würden, die Gott braucht. Diese Aussage ist nicht ganz leicht zu verdauen. Doch sie räumt Missverständnisse und falsche Erwartungen aus und verhilft zu einer anderen Perspektive. Mag sein, dass Sie manchmal schon von Gott enttäuscht gewesen sind, wenn Sie um etwas gebetet haben, und dann kam alles doch ganz anders. Auch ich kenne solche Irritationen. Dann tröstet mich der Gedanke, dass Gott immer das Wohl aller im Blick hat. Also wird es in seinem Gesamtkonzept Sinn machen, auch wenn ich es nicht verstehe.

> Gott selbst hat sich die heilsame Wirkung unserer Tränen erdacht und sieht den Grund unseres Kummers.

Enttäuschungen

Enttäuschungen sind schmerzlich und lassen uns mit einem deprimierten oder gar bitteren Gefühl zurück. Sie entstehen aus Hoffnungen und Erwartungen, die nicht erfüllt wurden. Unsere deutsche Sprache erklärt im Wort selbst, was dabei geschieht. Die Vorsilbe ent- in Kombination mit Substantiven zeigt an, dass etwas weggenommen wird, »ent-fernt«. In unserem Fall also die Täuschung. Insofern ist Enttäuschung nur dort möglich, wo es zuvor eine Täuschung gab. Wir könnten sie als eine Befreiung von Illusion und Irrtum erleben. Nach einer Enttäuschung sieht man deutlicher, worauf man zurückgreifen kann und worauf nicht. Damit hilft sie zur Klarheit. Ich schreibe dies gerade in der Vorweihnachtszeit und muss daran denken, wie emotional aufgeladen die Weihnachtsfeiertage Jahr für Jahr sind. Und erfahrungsgemäß programmieren überfrachtete Erwartungen die Enttäuschung schon vor. Eine konfliktbeladene Familie wird in den Festtagen nicht von selbst plötzlich harmonisch und friedlich werden. Die ersehnte weiße Weihnacht wird wohl auch in diesem Jahr wieder ausbleiben. Die größten und teuersten Geschenke können nicht darüber hinweghelfen, wenn ein Leben sich sonst leer anfühlt. Dies sind nur kleine Beispiele. Viel gravierender sind Enttäuschungen im zwischenmenschlichen Bereich. In Familien, Freundschaften und im Berufsleben. Manche Menschen werden nach jeder Enttäuschung ein Stück kälter, härter und distanzierter. In der Folge ziehen sie sich immer weiter von anderen zurück. Das ist langfristig keine weise Entscheidung. Viel nützlicher wäre es, sich der Realität zu stellen, ihr ins Auge zu sehen und anschließend darüber nachzudenken, wie es jetzt weitergehen kann. So können Enttäuschungen letztlich ihren Gewinn entfalten. Sie machen den Weg frei zu mehr Klarheit – so, wie sich nach aufgezogenem Nebel wieder eine deutliche Sicht bietet. Es gibt natürlich wesentlich schwerwiegendere Enttäuschungen als ein nur mittelmäßiges Weihnachtsfest. Nicht eingehaltene Versprechen gehören dazu, geplatzte Träume, zerschlagene Hoffnungen.

Enttäuschungen machen den Weg zu mehr Klarheit frei — so, wie sich nach dem Nebel wieder eine deutliche Sicht bietet.

Hannas Tränengeschichte

Eine tief enttäuschte Frau war zum Beispiel Hanna, von der ich im Folgenden erzählen werde. Dabei nehme ich mir die Freiheit, ein wenig zu assoziieren. Den Originaltext finden Sie in der Bibel, im ersten Kapitel des ersten Buches Samuel. Hanna lebte zu einer Zeit, in der es schlichtweg die Erfüllung für eine Frau war, Kinder zu haben. Es wird berichtet, wie sie mit ihrem Mann ein religiöses Fest besucht. Alle anderen sind fröhlich und ausgelassen. Hanna hingegen zieht sich an einen einsamen und heiligen Ort zurück. Dort weint sie bitterlich. Vermutlich liefen ihr auch schon unterwegs auf dem Pilgerweg nach Silo die Tränen, aber jetzt bricht alles aus ihr heraus. Ihre Tränen wollen nicht versiegen und sie spricht in ihrem Herzen zu Gott, während sie mit den Lippen lautlos die Worte formt. Ein Priester, der das beobachtet, hat nur eine Erklärung parat: Sie muss betrunken sein! Denn das stumme Beten war damals unüblich. Der Priester rügt Hanna streng. Ihre Antwort aber zeigt, dass sie vollkommen nüchtern ist. Ihre innere Not lässt sich nicht mehr verdrängen, denn sie wird einfach nicht schwanger! Zyklus um Zyklus vergeht. Sie hat schon alles versucht. Ihr Mann Elkana natürlich auch. An ihm kann es nicht liegen, denn seine Nebenfrau hat Kinder. Doch Elkana verachtet Hanna nicht. Er liebt sie und ist ihr von Herzen zugetan. Aber das tröstet Hanna nicht über ihr Leid hinweg. Zumindest nicht mehr. Elkana scheint ihren tiefen Schmerz nicht zu verstehen, denn er hat ja bereits viele Kinder. Mit Peninna, seiner anderen Frau. Die ist laufend schwanger oder stillt. Hanna kann deren Verachtung einfach nicht mehr ertragen. Den ganzen Weg über fühlte sich Hanna schon von ihr gepeinigt. Aus irgendeinem Grund bricht nun der gesamte angestaute Kummer, ihre Enttäuschung und Verzweiflung aus Hanna heraus. Vielleicht verdichtet sich an diesem Ort, dem Heiligtum in Silo, was Hanna in all den Jahren zuvor gehofft und erwartet hatte? Wer weiß, wie oft sie in der

Vergangenheit schon dort stand und betete und die Hoffnung hegte, im nächsten Jahr beim Opferfest könnte auch sie ein Kind im Arm halten. Vielleicht hat auch nur gerade ihre Menstruation eingesetzt und sie muss erneut die Hoffnung auf eine Schwangerschaft begraben.

Diese schmerzliche Erfahrung gibt es auch heute, sogar viel öfter, als wir meinen. Frauen und ihre Männer warten vergeblich auf die ersehnte Schwangerschaft. Das ist in jedem Fall seelisch belastend. Damals war es noch dazu ein gesellschaftlicher Makel, ein Stigma, sogar religiös verdächtig. Wenn Gott Hanna nicht mit einem Kind segnet, muss doch etwas faul sein ... Hanna litt sicher nicht nur unter ihrem persönlichen Verlust, sondern auch darunter, die ihr zugedachte Rolle nicht zu erfüllen und aus dem Raster herauszufallen. Schnell wird damit auch der eigene Wert in Verbindung gebracht und das Gefühl, nicht gut genug zu sein, findet reichlich Nahrung. Obwohl heute gesellschaftlich gesehen der Wert einer Frau längst nicht mehr an Mutterschaft gekoppelt ist, haben Sie oder Frauen in Ihrer Umgebung vielleicht Ähnliches durchgemacht.

Meine Tränengeschichte

Ich möchte Ihnen etwas von mir erzählen, etwas sehr Persönliches. Hanna ist meine Leidensgenossin. Ich konnte ebenfalls nicht schwanger werden und weiß, wie sich das anfühlt, tapfer sein zu wollen in der Begegnung mit Schwangeren. Damals arbeitete ich als Schwester auf einer Frauenstation und zu meinen Aufgaben gehörte es, regelmäßig CTG-Gurte um schwangere Bäuche zu schlingen. Eine echte Herausforderung. Ich kenne diese ständig wachsende Hoffnung, dass es diesmal endlich »geklappt hat«, Monat um Monat, Jahr um Jahr. Und dann die ernüchternde Tatsache, dass nichts geschehen ist. Der Körper weigert sich, seine Bestimmung zu erfüllen. Zukunftspläne platzen. Niemand kann den Weg für uns in den Schmerz gehen, schrieb ich bereits weiter oben. Selbst der Ehepartner, der genauso Betroffene und uns am nächsten stehende Mensch, hat seinen eigenen Schmerz und die eigene Art, damit umzugehen. Ich fühlte mich wie in einer großen Blase, abgetrennt von allen anderen, bei denen das Leben reibungslos zu funktionieren schien. Doch im Laufe mehrerer Jahre begann sich etwas zu ändern. So, wie das Schluchzen eines Kindes langsam verebbt, stellte sich bei mir eine Art Versöhnung ein – ein Ja zur Kinderlosigkeit und zum schmerzlichen Verlust. Mein Mann und ich bekamen eine Ahnung, dass diese Lebensführung keine Panne ist, sondern dass Gott uns das zumutet und uns darin formen und begleiten möchte. Nach der angenommenen »Ent-Täuschung« klärten wir für uns, welche Konsequenzen die unerwartete Situation für uns haben könnte. Zu zweit bleiben? Uns einer anderen Lebensaufgabe widmen, wie z. B. in die Entwicklungsarbeit nach Afrika zu gehen? Alle medizinischen Möglichkeiten ausreizen? Über Adoption nachdenken?

Relativ überraschend kam dann ein neugeborenes Baby zu uns. Tränen der Rührung und Dankbarkeit flossen. Wir konnten es kaum fassen. Unter die Adoptionsanzeige schrieben wir einen Satz aus dem 126. Psalm: »Die mit Tränen säen, werden mit Freuden ernten.« Unsere zahlreichen Tränen aufgrund der Kinderlosigkeit hatte Gott tatsächlich in Freudentränen verwandelt. Siebzehn Monate später konnten wir auch noch die neugeborene Schwester des kleinen Jungen adoptieren. Auf ihre Geburtsanzeige setzten wir einen weiteren Vers aus demselben Psalm: »Der Herr hat Großes an uns getan, darüber sind wir fröhlich.« Bis heute sind die beiden ein unbeschreibliches Geschenk für uns. Diese Lebenserfahrung hat mich tiefer geprägt, als eine unkomplizierte Zeugung und Schwangerschaft es je vermocht hätten.

Von Hanna lernen

Wie ging es bei Hanna weiter? Sie antwortet dem Priester, der sie so schroff angefahren hatte: *Nein, ich bin nicht betrunken. Ich habe nur Gott mein Herz ausgeschüttet. Ich musste ihm meinen Kummer sagen.* Der Priester ist wie ausgewechselt, als er sieht, wie ernst es Hanna mit ihrem Gebet meint. »Geh in Frieden«, spricht er ihr zu. »Der Gott Israels wird dir gewähren, worum du gebeten hast.«

Ich frage mich, woher das der Priester Eli so genau wissen konnte. Weil er die Intensität des Gebetes erahnte? Weil er Gott kannte? Ich weiß es nicht, es bleibt Gottes Geheimnis. Jedenfalls ist dieser Zuspruch der Wendepunkt in Hannas Tief. Sie geht zu ihrer Familie, meidet die Mahlzeiten nicht mehr und sieht wieder fröhlich aus. Vielleicht sogar ermutigt und hoffnungsvoll. Innerhalb der kommenden Monate wird Hanna schwanger. Sie bringt einen Sohn zur Welt, dem sie einen bedeutungsvollen Namen gibt. Er heißt *Samuel*, was so viel wie »von Gott erbeten« bedeutet. Hanna erzählt ihrem Mann, was sie mit diesem Sohn vorhat: Sie will ihn Gott zurückgeben, wenn er groß genug ist. Er soll zum Priesterdienst ausgebildet werden. Hanna will den Sohn gar nicht für sich haben und behalten. Daran sehe ich, dass die ganze Leidensgeschichte etwas mit ihr gemacht hat. Sie fühlt sich beschenkt von Gott und schenkt zurück. Das Mutterwerden, das andere Frauen fast selbstverständlich erleben, bleibt für sie ein kostbares Geschenk. Und aus Samuel wird ein Großer und Gesegneter für sein Volk.

In dieser Tränengeschichte entdecke ich zwei bedeutsame Wegmarken. Zuerst die innere Wende, das Loslassen, nachdem alles ausgeweint und ausgebetet war. Der absolute Tiefpunkt war notwendig. Hanna musste erst bis zur tiefsten Tiefe hinuntersteigen, bevor es besser werden konnte. Von da an vertraute sie dem Zuspruch und ließ die Hoffnung erneut in sich keimen. Eine zweite Wegmarke ist das beeindruckende Verhalten von Hanna, nachdem ihr Herzenswunsch erfüllt wurde. Sie blieb tief mit Gott verbunden. Er war nicht nur Mittel zum Zweck, ein »Gebetserfüllungsautomat« gewesen. Hanna will Gott den ersehnten Sohn zurückgeben. Sie fühlt sich überreich beschenkt. Ihr übersprudelndes Danklied wurde überliefert und ist nachzulesen in 1. Samuel Kapitel 2.

Ganz individuell wird Gott Wege finden, uns zu bestärken, zu trösten und vielleicht auch Unmögliches möglich zu machen.

Nicht jede Geschichte einer kinderlosen Frau wird so ausgehen … ich weiß. Aber jede Geschichte eines Menschen, der sich mit seiner Situation und seinen Tränen an Gott wendet, kann so ähnlich ausgehen – nämlich völlig überraschend. Ganz individuell wird Gott Wege finden zu ermutigen, zu bestärken, zu trösten und vielleicht auch Unmögliches möglich zu machen. Die Theologin und Therapeutin Sabine Naegeli drückt es in einem Gebet so aus:

> *»Geweint oder ungeweint, alle deine Tränen sind gezählt. Von Anbeginn sind alle deine Leiden mitgelitten, deine Einsamkeiten geteilt. Aufgehoben ist dein Verwundetes am Herzen des Herrn.«* [53]

Mein Verwundetes ist am Herzen des Herrn aufgehoben, mit und ohne Tränen. Wie oft tröstete mich schon dieser Satz! Oder ich konnte ihn anderen Frauen, auf ein Kärtchen geschrieben, zusprechen.

Hoffnung oder Erwartung?

Erwartungen sind sehr festgelegt. Sie setzen voraus, dass etwas in einer bestimmten Weise zu erfolgen hat. Jedes »Es müsste doch« oder »Es darf nicht« kann zur Sackgasse werden. Je mehr wir davon in unseren Vorstellungen vom Leben, von anderen und von uns selbst mit uns herumtragen, desto eher sind Enttäuschungen vorprogrammiert. Und diese hängen dann mehr mit uns selbst zusammen als mit den anderen. Darüber hinaus kann es sehr wohl vorkommen, dass andere uns tatsächlich enttäuschen. Das hängt wohl schlicht und ergreifend mit ihrem Menschsein zusammen. Mit ihren Grenzen und ihrer Unvollkommenheit. Und Ähnliches werden Menschen auch mit uns erleben. Aus diesem Grund ist eine Haltung der Großzügigkeit die beste Ausstattung für das Zusammenleben.

Hoffnungen folgen anderen Regeln. Sie sind wie ein lebendiger Keim, der sich entwickeln kann. Wer hofft, weiß, dass er keinen Anspruch auf etwas hat. Wer hofft, lässt etwas offen, ohne dass es ihm gleichgültig ist. Wer hofft, richtet den Blick sehnsüchtig in die Zukunft. Erwartungen sind starr. Hoffnung dagegen rechnet mit Überraschungen. Wenn wir der Hoffnung Raum geben, kann sie ihre Dynamik entfalten. Auf den letzten Seiten der Bibel geht es um Gottes neue Welt. Dort lesen wir von hoffnungsvollen Zukunftsaussichten: »Und Gott wird abwischen alle Tränen von ihren Augen, und der Tod wird nicht mehr sein, noch Leid noch Geschrei noch Schmerz wird mehr sein.« (Offb 21,4)

Welcher Ausblick! Ein Gott, der mir sanft die Tränen abwischen wird, mich in den Arm schließen und trösten wird über allen Kummer meines Lebens – diese Hoffnung finde ich schon jetzt gigantisch! Das Tränenmeer der gesamten Menschheit ist da eingeschlossen, auch Ihre Tränen. Die Auslöser der Tränen – Tod, Leid, Geschrei und Schmerz – werden Vergangenheit sein. Gott wird eine neue Welt schaffen, die erlöst und heil ist, nicht mehr so elend und verworren wie heute. Diesem Versprechen glaube ich mit allen Fasern meines Herzens. Sie auch? Nicht als Jenseitstrost, sondern als reale Hoffnung, die tröstend in den Alltag hineinwirkt.

Auf dem Weg dahin gilt: Tränenzeiten und Enttäuschungen können sehr intensive Lebenszeiten sein. Sie haben das Potenzial, uns aus dem Trott zu reißen und zum Innehalten zu bewegen. Interessanterweise können wir tiefe Einschnitte im Leben oft mit Monat und Jahreszahl benennen. Hingegen rauschen reibungsarme Jahre fast unbemerkt vorbei. In Tränenzeiten lassen wir uns nicht so leicht von Oberflächlichkeiten ablenken. Unsere Werte, Vorstellungen und Erwartungen werden infrage gestellt. Wir dürfen anschließend neu sortieren und gewichten. *Woran hänge ich mich? Was ist mir wirklich wichtig? Wo will ich hin mit meinem Leben?*

> In Krisenzeiten suchen wir aufrichtiger nach Gott. Wir fragen uns, was wirklich Sinn macht und trägt.

Viele Menschen suchen in Krisenzeiten aufrichtiger nach Gott. Sie fragen sich, was wirklich Sinn macht und trägt. Und auch im zwischenmenschlichen Bereich ereignet sich in Tränenzeiten oft Wichtiges. Nachbarn, Freunde, Kollegen und Mitchristen zeigen sich von einer ganz neuen Seite. Menschliche Nähe und Vertrautheit wachsen. Vielleicht haben Sie schon etwas Ähnliches erlebt. In diesen Zeiten können wir erfahren, dass wir nicht allein sind. Was wir selbst als tröstend und stärkend erlebt haben, dürfen wir wiederum in anderen Lebensphasen an Nachbarn, Freunde, Kollegen oder Mitchristen weitergeben. Denn wir leben – so hörte ich es einmal in einer Predigt – immer als mehr oder weniger Verwundete und Angeschlagene in der menschlichen Gemeinschaft. Als Verwundete dürfen wir uns tragen lassen. In weniger kräftezehrenden Lebensphasen dürfen wir die Angeschlagenen, Weinenden und Enttäuschten unterstützen. Ihnen ein Taschentuch reichen und für sie da sein.

Einige Fragen und Anregungen:

- Gönnen Sie sich die ehrliche Frage, wie Sie persönlich es mit dem Weinen halten. Vielleicht sind Sie »nahe am Wasser gebaut«? Oder Sie wünschen sich manchmal vergeblich, weinen zu können?

- Vielleicht können Sie sich an eine Situation oder Phase in Ihrem Leben erinnern, bei der Tränen eine wesentliche Rolle spielten. Das kann eine Art Schlüsselerfahrung sein.

- Was hat Ihnen in dieser Phase geholfen und was hat Sie eher frustriert? Was haben Sie in Tränensituationen mit anderen Menschen erlebt?

- Haben Sie Gott erfahren? Und wenn ja, wie? Falls Sie noch darauf warten, könnten Sie es Gott in einem Gebet sagen.

- Gibt es Enttäuschungen, die Sie heute noch mit sich herumtragen? Wie werden Sie in Zukunft mit ihnen umgehen?

- Können Sie Ihre Hoffnungen benennen? Welche Hoffnung könnte Sie durchs Leben tragen? Denn, wie es Valerie Lill mit Überzeugung sagt: »Die Hoffnung lebt zuletzt!«

7.

Trotzdem –

MUTIG LEBEN IN UNSICHEREN ZEITEN

Eine Frau sitzt auf unserem blauen Küchensofa. Nach einiger Zeit wird es persönlicher. Ich frage sie: »Wie kommst du eigentlich zurecht im Moment? Wie geht es dir?« Ihr schlankes Gesicht wird nachdenklich, sie schüttelt ein wenig den Kopf und zieht die Augenbrauen zusammen. »Nicht so gut«, antwortet sie. »Manchmal fühle ich mich, als ob sich vor mir dunkle Vorhänge zuziehen – einer nach dem anderen.« An ihrer sorgenvollen Mimik sehe ich, wie ernst es ihr damit ist. Wie gut, dass sie es ausgesprochen hat. Nie macht sie große Worte über sich selbst, doch ihr »Paket« ist gerade groß. Als chronisch kranke Frau muss sie sich davor schützen, sich bei anderen anzustecken, der Krieg in der Ukraine treibt sie um und Existenzsorgen verdunkeln ihr die Sicht. Als Alleinlebende kann sie weder auf ein Finanzpolster zurückgreifen noch ihre Sorgen mit einem nahen Familienmitglied teilen. Wie vielen Menschen wird es ähnlich gehen in diesen Tagen?

Unser Leben ist nicht mehr das gleiche wie vor der Corona Pandemie. Denken wir noch einmal zurück: Das Jahr 2020 hatte mit Vollgas begonnen. Tatendrang, Terminfülle, private und dienstliche Vorhaben. Und dann? Wie ein Zug, der quietschend bremst und anschließend quälend lange stillsteht, wurde das öffentliche Leben gestoppt. Die berechtigte Sorge vor der ungehinderten Ausbreitung des Corona-Virus machte staatlich verordnete, massive Einschränkungen nötig. Ob uns das gefiel oder nicht, spielte keine Rolle, die Einsicht eines jeden wurde erwartet. Inzwischen hat das Leben wieder Tempo aufgenommen, doch die Unsicherheit ist geblieben. Auch im Miteinander gibt es Wunden, die bis heute nachwirken. Wenn ich als Referentin zu christlichen Frauenveranstaltungen eingeladen bin, kommen regelmäßig diese schwierigen Zeiten zur Sprache, die erst der Anfang gewesen sind von einer Reihe bedrückender Veränderungen. Und es scheint kein Ende in Sicht zu sein. Die Menschen sind müde und verzagt. Wie kann man da mutig und vertrauensvoll leben?

Fragiles Lebensgefüge

Sobald wir versuchen, die unsichere Lage in Europa mit mehr Abstand zu betrachten, dämmert uns vielleicht eine Ahnung. Nämlich, dass diese Situation, so fremd und ungewohnt sie uns scheint, eigentlich ein natürliches Lebensgefühl ist. Geschichtsbücher, Romane und Erzählungen unserer Vorfahren berichten davon. Allerdings kennen *wir* dieses Lebensgefühl nicht mehr. Mir persönlich geht es zumindest so, die ich bisher, nun schon seit mehr als fünf Jahrzehnten, in Deutschland in großer Sicherheit gelebt habe. Jahrelang waren die gefühlte Sicherheit und der Luxus kontinuierlich gestiegen. Mit Volldampf voraus zur eigenen Lebensplanung – gepaart mit Versicherungen gegen alles und für jeden. Was sollte da noch schiefgehen? Außer persönlichen Härten oder Tragödien konnte uns doch kaum etwas passieren …

Und plötzlich stehen wir anhaltend mit derselben Unsicherheit da, die Generationen vor uns schon kannten: Menschen, die teilweise mehrere Missernten nacheinander erleben mussten. Oder die Einwohner von Lübeck und Regensburg, die im 12. und 13. Jahrhundert trotz aller Bemühungen ihre verheerenden Stadtbrände nicht zu löschen vermochten. Und wie Menschen in Ostafrika[54], denen nach jahrelanger Dürre in den letzten Jahren Schwärme von Wüstenheuschrecken erbarmungslos die letzte Lebensgrundlage vor den Augen wegfraßen. Das alles erschien bisher weit weg von unserer Realität. Doch jetzt rückt die Erfahrung uns auf die Pelle, dass auch unser Lebensgefüge fragil ist. Mit einem winzigen Virus hat dieser Erkenntnisprozess angefangen. Das Erschrecken von damals sitzt uns noch in den Gliedern. Weitere Schreckensmeldungen hielten uns in den vergangenen Monaten und Jahren in Atem. Mit mulmigem Gefühl hören wir die Nachrichten. Vom Angriffskrieg Russlands gegen die Ukraine, Klimaveränderungen und Polarisierung in der Gesellschaft.

> Wir stehen (plötzlich) mit derselben Unsicherheit da wie Generationen vor uns.

»Ich will mein altes Leben zurück!«, kann man wütend sagen, wie ich es von einem älteren Herrn hörte. Vehement stampfte er dazu mit dem Fuß auf. Doch eine solche Forderung ändert rein gar nichts, diese Erkenntnis sickert so nach und nach bei uns durch. Der renommierte Trend- und Zukunftsforscher Matthias Horx berichtete 2020 von einer Frage, die ihm oft gestellt wurde. Sie lautete: Wann wird nach Corona »alles wieder zur Normalität zurückkehren?«.[55] Er meinte darauf: Niemals. Denn die Welt, wie wir sie kennen, löse sich nach seiner Einschätzung gerade auf. Er formulierte weiter: »Dahinter fügt sich eine neue

Welt zusammen«.[56] Nicht von ungefähr wurde »Zeitenwende« zum Wort des Jahres 2022 gekürt. Auswahlkriterium der Gesellschaft für deutsche Sprache ist nicht die Häufigkeit des Begriffes, sondern Bedeutsamkeit und Popularität.[57] Prof. Michael Herbst begann seinen Eröffnungsvortrag des Willow Creek Leitungskongresses 2022 in Leipzig mit den Worten: »Krise ist das neue Normal«.

Was beim Notruf beruhigt

Was aber ist hilfreich, solange man in der Krise steckt und der Ausgang unbekannt ist? Henry Cloud, ein amerikanischer klinischer Psychologe und Vortragsredner, hat dazu einiges zu sagen. Er zieht als Vergleich die Bedürfnisse eines Menschen heran, der den Notruf wählt, während er sich in einer bedrohlichen Lebenssituation befindet.[58] Nach Cloud hängt es von drei Faktoren ab, ob und wie gut sich der Anrufer aufgehoben fühlt. Wenn sie erfüllt werden, stellt sich beim Hilfe Suchenden die Sicherheit ein: *Es kann doch noch alles gut werden …*

Diese Faktoren sind:

Zuerst die *funktionierende* Verbindung – Wie gut, dass nicht nur ein Anrufbeantworter das Gespräch annimmt, sondern eine reale Person. Der Notrufwählende braucht das Wissen: Es ist jemand für mich da. Eine vertrauenswürdige Person, die sich auskennt und die ihr Möglichstes für mich tut.

Dann eine *vertrauenserweckende* Tonlage – Der Tonfall sollte warm und beruhigend sein. Natürlich nicht auf übertriebene Weise, sondern echt! Durch die Tonlage kommt die Botschaft an: Das Gegenüber nimmt mich ernst und ist auf meiner Seite.

Und als Letztes die *Hilfe zur Struktur* – Selbst wenn man nicht weiß, was als Erstes zu melden ist, helfen die exakt gestellten Fragen von der anderen Seite weiter. Meist folgt dann eine Aufforderung, was jetzt genau zu tun ist. »Bleiben Sie vor Ort. Der Notarztwagen ist in drei Minuten da!« Sogar im Falle einer notwendigen Reanimation bekommt man Instruktionen, was exakt zu tun ist. Die Apotheken-Umschau teilt mit, was nicht alle wissen: »Wer im Notfall die 112 anruft, wird telefonisch durch die Reanimation geleitet.«[59]

Das vermittelt die Sicherheit: Hier hat jemand die Kontrolle. Die klare, ruhige und freundliche Ansage auf der anderen Seite der Leitung überträgt sich. Falls Sie schon einmal den Notruf wählen mussten, kennen Sie vermutlich ebenfalls diese Erfahrung. Mir erging es jedes Mal so, wenn ich in der Rettungsleitstelle anzurufen hatte. Meine eigene Unsicherheit und Aufgeregtheit nahmen binnen kurzer Zeit deutlich ab.

Durch klare Ansagen kann unser Gehirn den Krisenmodus wieder verlassen und auf konstruktives Denken und Entscheidungsfähigkeit zugreifen, weil die Ausschüttung von Stresshormonen gebremst wird. Doch wer navigiert uns durch Krisenzustände?

Die neue und massive Verunsicherung, welcher Aussage oder Ansage wir trauen können, macht die Lage doppelt kompliziert. Wer taugt als Notfallmanager? Welche Worte sind zuverlässig? Polarisierende Meinungen und Fake News haben uns in einen unübersichtlichen Irrgarten versetzt. Seitdem treibt uns die verzweifelte Frage um: »Was ist wahr und wo geht es lang?« In dieser Not sucht jeder seine eigenen Gallionsfiguren. Ich bin sehr wählerisch darin geworden, wessen Aussage ich Vertrauen schenke. Und ich schaue auf mehr als nur auf die Worte. Wie sieht das Lebenswerk dieser Person aus? Hat sie zum Wohle anderer agiert oder nur sich selbst vorangebracht? Versachlicht diese Person die komplexe Problematik und bietet gangbare Schritte an, oder nutzt sie ungute Emotionen, schürt diese vielleicht sogar? Unsere Antennen dafür, was echt und hilfreich ist, müssen noch geschult werden. Zu meinen neuen Grundregeln gehört: Vorsicht vor Meinungen, die starke Emotionen wecken. Und nichts in Sozialen Medien teilen, was nicht aufbauend ist.

Gleichzeitig stelle ich staunend fest: Noch nie habe ich den Halt des christlichen Glaubens so tief erfahren, wie in den vergangenen Jahren. Deshalb orientiere ich mich auch bewusst in diese Richtung. Dabei fiel mir eines wie Schuppen von den Augen: In der Bibel gibt es keine Fake News! Welche Entlastung! Ich verstehe nicht alles, es spricht mich auch nicht jeder Abschnitt gleichermaßen an. Doch diese Texte lassen Gottes Herzschlag ahnen, zeigen seine guten Absichten mit der Welt und laden mich ein, Jesus Christus mein ganzes Vertrauen zu schenken. Wie oft hat mich das schon getröstet und meine aufgewühlten Gefühle beruhigt.

Aufsteigende Gefühle

Unsere Gefühle können wie ein Barometer fungieren, das uns frühzeitig die Witterungslage anzeigt. Doch sie sind auch sehr störanfällig. Viel zu oft vermischt sich ein altes Gefühl mit einer neuen Situation, ohne dass wir es bemerken. Und das alles geschieht sogar ohne unsere bewusste Wahrnehmung. Sie können bei sich selbst beobachten, welche Gedanken und Gefühle häufig obenauf liegen. Und mit welcher Strategie Sie vorzugsweise darauf reagieren. Dadurch durchschauen Sie sich selbst ein wenig besser. Ich wage eine Vermutung: Mit großer Wahrscheinlichkeit sind Ihnen diese Gedanken und Gefühle zur aktuellen Weltlage auch aus anderen Zusammenhängen von sich selbst vertraut. Vielleicht treten sie nicht immer in dieser Stärke auf, sondern nur abgeschwächt. Auch Ihre eigenen Handlungsstrategien sind für Sie nicht neu. Wie ein abrufbares Muster, das sich automatisch wiederholt, sind diese einfach da. Wie könnte das aussehen?

Ines fühlt sich schnell ängstlich erstarrt. Sie befürchtet das Schlimmste und kann kaum noch an etwas anders denken, als an die Klimakatastrophe. Anke steckt den Kopf in den Sand. Sie schiebt alles weg und behauptet, es könne doch wohl so schlimm nicht sein. Ute wird hochaktiv und handelt sofort. Sie ist bei jeder Demonstration dabei und verteilt engagiert Flugblätter.

Gefühle treiben uns an und treiben uns um. Leider wurden einige Generationen so geprägt, dass ihre Gefühle keine Rolle spielten oder dass negative Emotionen nicht sein durften. Wie schade! Das hilft im Verlauf des Lebens nicht wirklich weiter. Viel nützlicher ist es, schon als Kind zu lernen, Gefühle zu spüren, sie auszudrücken und dann selbst regulieren zu können. Wohin sollen sonst mulmige, beklommene oder gar ängstliche Gefühle? Unterdrückt suchen sie sich immer einen anderen Weg.

Schlagzeilen wie: »Zunahme von 25 % an Depressionen und Angststörungen«[60] vom Anfang des Jahres 2023 sprechen ihre eigene Sprache. Diese Entwicklung war zu befürchten. Wer schon vor den Krisenjahren in seiner emotionalen Gesundheit angeschlagen war, hatte es besonders schwer, mit den beängstigenden Nachrichten zurecht zu kommen. Generell gilt: Je unsicherer eine Persönlichkeit ist, umso heftiger erlebt sie aufkommende Krisen. Dabei spielt das Kopfkino eine entscheidende Rolle.

Da ist sie wieder, die Panikattacke

Ängste und Panikattacken bei Frauen sind keine Seltenheit. Dies wurde auch statistisch erhoben: »Panikstörungen sind bei Frauen etwa doppelt so häufig wie bei Männern.«[61] Was im

Einfache Körperübungen bieten Soforthilfen zur Entspannung.

normalen Alltag latent vorhanden ist, findet natürlich unter Krisenbedingungen ein geeignetes Milieu. Zwei junge Frauen erzählten mir davon, wie sich bei ihnen Panikattacken meldeten, sobald ihnen die Brisanz der Corona-Ausbreitung bewusst wurde. Eine von ihnen dachte über die damit verbundenen Symptome nach und empfand fast zeitgleich die genannten Atemschwierigkeiten. Zum Glück hatte sie sich schon vor längerer Zeit mit dem Phänomen der Panikstörungen beschäftigt. Dadurch wusste sie sofort, was zu tun ist, und konnte sich nach kurzer Zeit selbst wieder beruhigen. Ein Buch hatte ihr dafür Hilfestellung gegeben:

Es stammt von der Ärztin für Neurologie und Psychotherapie Dr. med. Claudia Croos-Müller. Sie stellt in ihrem leicht verständlichen und heiter zu lesenden Überlebensbuch »Nur Mut!«[62] praktische, einfache Soforthilfen bei Herzklopfen, Angst und Panik vor. Es handelt sich dabei um witzige Körperübungen, die sofort zur Entspannung helfen. Diese können Sie unkompliziert für sich nutzen, falls Sie auch von Ängsten und Panikattacken betroffen sind. Am besten ist es natürlich, diese Übungen nicht erst dann anzuwenden, wenn Sie schon mitten in einer Panikattacke stecken. Probieren Sie diese vorher einfach spielerisch aus. Dann sind sie schon verinnerlicht und jederzeit abrufbar. Natürlich erklärt die Neurologin auch, was genau im Gehirn und in den Nervenbahnen während der Übungen abläuft. Für einen weiteren positiven Aspekt halte ich die augenzwinkernde Herangehensweise der Autorin. Und die bezaubernden Illustrationen des Buches unterstreichen dies auf charmante Weise.

Über sich selbst schmunzeln

Sobald man über sich selbst schmunzeln kann, ist man schon einen riesigen Schritt vorwärtsgekommen und eine als bedrohlich empfundene Situation verliert an Dramatik. Ganz anders sieht es jedoch dann aus, wenn wir gebannt auf die Symptome unserer Ängste und Panik blicken und uns häufig mit ihnen beschäftigen. Dadurch werden sie nur noch verstärkt. Jeder von uns kennt das aus einem alltäglichen Beispiel: Wenn man erst einmal bemerkt hat, dass ein Etikett im Shirt kratzt, fühlt es sich immer störender an, bis man auf irgendeine Weise davon abgelenkt wird und die Aufmerksamkeit etwas anderem zuwendet.

Humor hilft auf feinste Weise zur Selbstdistanzierung.

Das psychologische Fachwort dafür heißt »Selbstdistanzierung«[63]. Es geht auf den Begründer der Logotherapie, Viktor E. Frankl, zurück. Damit meinte er die Fähigkeit, von eigenen Sorgen und Schwierigkeiten ein Stück weit abzurücken und dadurch den gesunden inneren Abstand zu sich selbst zu schaffen.[64] Humor hilft auf feinste Weise zur Selbstdistanzierung. Sich selbst schmunzelnd und liebevoll zur Kenntnis nehmen, das ist ein großartiges Beruhigungsmittel. Das könnte dann so klingen: »Sieh mal einer an – ich drehe also offensichtlich wieder mal am Rad. Das braucht mich gar nicht zu wundern, denn darin bin ich ja mittlerweile ziemlich gut. O.k., für zehn Minuten gönne ich mir das jetzt. Und dann ist es auch wieder gut. Mal schauen, was der Tag anschließend noch zu bieten hat …« Der letzte Satz sollte natürlich nicht ironisch gemeint sein, sondern ehrlich optimistisch.

Sich nicht überschwemmen lassen

Heute Morgen beklagte sich die Bäckersfrau, während sie mir frische Brötchen über die Theke reichte, dass die Medienflut uns noch ganz und gar verrückt machen würde. Ich erwiderte ihr augenzwinkernd, dass die Medien erst einmal gar nichts tun, solange wir ihnen nicht unsere Aufmerksamkeit schenken. Wir können immer noch selbst wählen, was wir unseren Augen und Ohren zumuten. Die Bäckersfrau schaute zuerst nachdenklich. Dann reagierte sie mit einem erleichterten und zustimmenden Nicken.

Der schon erwähnte Viktor Frankl prägte auch den kühnen Satz: »Ich muss mir von mir selbst nicht alles gefallen lassen!«[65] Das bedeutet, ich muss mich nicht zwingend von meinen Impulsen leiten lassen. Damit werde ich wieder zum »Käpt'n meiner Seele«[66] und so soll es sein. Denn ich selbst bin die Person, die Entscheidungen trifft und das Steuerrad in der Hand hat.

Ich muss mir von mir selbst nicht alles gefallen lassen. (Viktor Frankl)

In Bezug auf den Medienkonsum ist das wohl besonders wichtig. Woher beziehen wir unsere Informationen und welche Menge davon ist ratsam? Natürlich benötigen wir solide Informationen. Doch ganz bestimmt brauchen wir wesentlich weniger davon, als uns angeboten werden. Beim klassischen Zeitungslesen gelangt man irgendwann auf die letzte Seite. Aber im Internet und in den sozialen Medien löst jeder Klick eine weitere Mitteilung aus. Außerdem sorgen bestimmte Algorithmen dafür, dass jeder Klick Informationsangebote mit ähnlicher Intention nach sich zieht. Damit verstärkt sich der schon vorhandene Eindruck auf unausgewogene Weise.

Übrigens führt der Jenaer Medienpsychologe Tobias Rothmund aus, dass besonders Menschen, die verunsichert sind oder sich bedroht fühlen, dazu neigen, Fake News weiter zu verbreiten.[67] Damit wird dieser angstmachende Kreislauf am Leben erhalten. Sie und ich, wir selbst haben Einfluss darauf, womit wir Kopf und Herz füllen.

Ich gebe zu, es ist wirklich nicht ganz leicht. Auch ich ertappe mich dabei, mit sorgenvoller Ahnung nach neuen Nachrichten auf meinem Smartphone zu suchen. Doch Selbstbeschränkung ist nicht nur im Schokoladenkonsum sinnvoll, sondern auch bei der Beschäftigung mit bedrohlichen Medieninhalten. Nur so kann eine mediale Überflutung vermieden werden. Wir brauchen einen Damm, den wir selbst errichten müssen. Das Deutsche Ärzteblatt rät, sich Informationen nur aus zuverlässigen Quellen zu beschaffen und eher ein- bis zweimal pro Tag als stündlich.[68]

Der Segen guter Nachrichten

Natürlich finden wir im Internet auch eine beachtliche Menge guter Nachrichten. Eine besonders tröstliche Aussage las ich am Anfang der Pandemie:

> *The world is exactly as uncertain*
> *as it always has been.*
>
> *God is exactly as trustworthy*
> *as he always has been.*[69]

Frei übertragen heißt das: »Die Welt ist heute ebenso unsicher, wie sie es immer gewesen ist. Und Gott ist heute ebenso vertrauenswürdig, wie er es schon immer war.«

Zwei starke und wahre Sätze. Neben dem Text wirkte das dazugehörige Bild auf mich: Die Luftaufnahme einer mächtigen, steilen Felsklippe am unruhigen, schäumenden Meer. *Solche*

Nachrichten weiter zu verbreiten, das kann eine Ermutigung sein. Nahezu alle sorgenvollen und verunsicherten Mitmenschen hungern nach tiefgründigen und segensvollen Nachrichten. Ein simples »Kopf hoch!« wirkt lapidar dagegen.

Wir dürfen uns in unsicheren Zeiten ruhig ein wenig mehr aus dem Fester lehnen als üblich und das teilen, was uns selbst Hoffnung macht. Der Kreativität sind dabei keine Grenzen gesetzt.

Herbe Einschnitte im persönlichen Leben

Mutig leben in unsicheren Zeiten – diese Herausforderung kann auch in unserem persönlichen Leben jederzeit präsent werden. Sobald etwas vom Gewohnten wegbricht, das uns bisher Sicherheit gab, wackelt das gesamte Lebensgefüge. Die unterschiedlichsten Szenarien sind hierfür denkbar. Intensivpflege eines Angehörigen, Trennung oder Insolvenz könnten solch gefürchtete Stichworte sein.

Sicher ist es gut, diese nicht alle im Detail zu erwägen und durchzuspielen. Dadurch entstehen unnötige Ängste.

Ich möchte Sie stattdessen einladen, eine Frau kennenzulernen, die bereit war, ihre Erfahrungen mit mir zu teilen. Während der Arbeit an diesem Kapitel kam sie mir wieder in den Sinn: Birte, eine Frau meines Alters. Wir lernten uns bei einem Frauenwochenende in Norddeutschland kennen. Dort erzählte sie mir während eines Spaziergangs von der existenziellen Verunsicherung, durch die sie und ihr Mann Holger in den letzten Jahren gegangen waren. Beide fanden ihren jüngsten Sohn an einem Freitagmorgen tot auf dem eigenen Grundstück. Er hatte sich das Leben genommen. Für niemanden gab es vorher irgendein sichtbares Anzeichen von den inneren Nöten und dem Gefühl der Ausweglosigkeit, das dem Neunzehnjährigen zu schaffen gemacht haben musste. Ganz im Gegenteil, er war ein beliebter und begabter junger Mann gewesen. Er hatte Ziele für die Zukunft und eine sensible, nachdenkliche Art. Das Paar war wie betäubt vom Schmerz.

Ich bin nicht mutig – oder vielleicht doch?

Anknüpfend an unser Gespräch damals fragte ich Birte: »Was hat dir geholfen, mutig weiterzuleben?« Ihre Antwort gibt eine Ahnung davon, wie missverständlich der Ausdruck »mutig« für uns ist. Sie sagte gleich im ersten Satz, dass mutig für sie ein schwieriges Wort sei. Sie empfinde sich selbst nicht als mutig. Und auch am Schluss unseres Austauschs schränkt sie wieder ein: »Das hat nichts mit Mut zu tun. Ich wollte es nur mal erzählen …«

Wirklich? Was ist Mut? Letztlich doch nichts anderes als das Vertrauen, dass Hindernisse und Schwierigkeiten des Lebens mich nicht erdrücken werden. Nicht einmal Katastrophen. Und dass ich nicht allein dastehen werde in der größten Not. Deshalb gibt es Hoffnung auf ein Morgen, auch wenn heute die Welt zusammenzubrechen scheint.

Und wirklich, während Birte mir auf meine Frage antwortet, traut sie sich tatsächlich, an mehreren Stellen von Mut zu sprechen. Es freut mich tief im Herzen, das zu hören. Denn in der Regel unterschätzen wir, was wir selbst in einer Situation beitragen können. Oder das falsche Verständnis von Demut und Bescheidenheit hindert uns daran, es zu benennen. Birte erzählt mir davon, mit wie viel Offenheit sie und ihr Mann agierten. Sie gingen drei Tage nach dem Tod ihres Sohnes mit zur Trauerfeier, die in der Schule für ihn abgehalten wurde. Das war ein erster Schritt, welcher Weichen stellte. »Es war total mutig von uns und hat Türen und Herzen geöffnet. Weil die Menschen gesehen haben: Wir sind offen, man kann uns ansprechen, wir leben noch! Das hat dazu geführt, dass uns sehr viele Menschen

Mut ist das Vertrauen, dass die Schwierigkeiten des Lebens mich nicht erdrücken werden.

auf vielfältige Weise unterstützt haben. Ja, es ist richtig, das war mutig! Wir konnten immer darüber reden, reden, reden.« Birte betont, wie sehr es ihr geholfen habe, immer wieder mit einem Gegenüber im Gespräch sein zu dürfen.

Die Türen des Paares waren weit geöffnet und sie verheimlichten nichts. Sie waren also ansprechbar und kontaktbereit. Außerdem formulierte Birte ihren Entschluss schon wenige Stunden nach der Tragödie: »Ich möchte wieder glücklich werden!« Im Nachhinein brauchte Birte lange, um sich mit ihren damaligen Gedanken zu versöhnen. Sie schämte sich sehr dafür und empfand es für die damalige Situation als unpassend und egoistisch. Doch heute weiß sie, dass es genau richtig gewesen ist! Birte konnte sich kein Leben vorstellen, das sie verbittert, einsam und nicht mehr lebensbejahend zubringen würde.

Stoßgebete und Klagen

Weiterhin berichtet sie davon, wie sehr es ihr half, immer wieder raus in die Natur und laufen zu gehen und dabei das Vaterunser zu beten. »Ich habe es nur heruntergebrabbelt, immer falsch. Ich war völlig unkonzentriert. Die Zeilen kamen nie in der richtigen Reihenfolge. Ich musste meinen ganzen Schmerz, auch den körperlichen, Gott abgeben. Wem hätte ich ihn sonst geben können? Gott hat meine Klage und Anklage ausgehalten, auch die Anklagen gegen ihn selbst.« Heute versteht Birte, was eine Freundin aus der Gemeinde meinte, als sie sagte, dass Gott einem nur das zumute, was man auch ertragen kann.

Unmittelbar in der akuten Situation ist ein solcher Satz kaum zu verkraften. Doch im Nachhinein erweist sich seine Wahrheit.

Im Wort »zumuten« steckt übrigens der Wortstamm »Mut«. Mag sein, dass Gott unseren Mut besser kennt als wir selbst. Er will ihn herauslocken und seine Kraft noch dazugeben, damit wir Krisen überstehen, mutiger werden und am Ende Gott dankbar sind für seine Hilfe. So wie Birte und ihr Mann.

Das Vaterunser als eiserner Proviant

»Not lehrt beten« – sagt schon ein altes, bekanntes Sprichwort. Theodor Fontane führte diese Aussage weiter und formulierte: »Wer immer satt ist, der betet nicht viel und denkt nicht viel.«[70] Ja, in Krisenzeiten entdecken Menschen das Gebet neu. Sie spüren, dass sie Halt brauchen. Sie wagen zu hoffen, dass Gott selbst ihr Ansprechpartner sein könnte. Und dass er ihren Herzensschrei hört.

Jede Form von frei gesprochenen Worten ist denkbar. Alles, womit wir unsere aufgewühlten Gedanken und Gefühle an Gott adressieren, ist letztlich ein Gebet. Darüber hinaus steht uns das Gebet zur Verfügung, welches Jesus seinen Jüngern beibrachte. Sie waren sich damals unsicher, wie sie den Vater im Himmel »richtig« ansprechen könnten. Daraufhin unterwies Jesus sie im Vaterunser (Mt. 6,9-13). Bis heute beten es Christen überall auf der Welt.

> Ich wünschte, viele Menschen hätten Gebete als »eisernen Proviant«.

Auch Birte hielt sich an den bekannten Formulierungen fest. In ihrer inneren Not stückelte sie die Sätze einfach zusammen. Ich bin sicher: Gott ist die Reihenfolge völlig egal. Die Inhalte dieser Gebetssätze haben alles im Blick, was wirklich wichtig ist. Vor allem: Sie haben den Vater im Himmel zum Mittelpunkt. Sein Reich. Seinen Willen. Die Heiligung seines Namens.

Vor einiger Zeit besuchte ich die Kirche von Trondenes, die

nördlichste mittelalterliche Steinkirche Norwegens, die ringsum mit einer Mauer vor Überfällen durch Seeräuber geschützt wurde. Dort erlebte ich eine kurze liturgische Andacht für Touristen. Sie wurde in vier unterschiedlichen Sprachen abgehalten. Zum Abschluss folgte die Einladung, dass nun jeder das Vaterunser in seiner Muttersprache beten dürfte. In diese Woge von unterschiedlichsten Sprachen fügte ich mich mit meinem Vaterunser ein, berührt durch das Wissen, dass an diesem historischen Ort seit Jahrhunderten Menschen mit ihren Anliegen zu Gott kommen. Szenenwechsel: Eine Freundin lernte das Vaterunser auswendig, als sie noch Atheistin war – für alle Fälle. In der schwersten Zeit ihres Lebens war sie dann froh, ein Gebet zu haben, auf das sie zurückgreifen konnte. Und ich war dankbar, auf der Palliativstation dieses Gebet immer wieder für sie und mit ihr sprechen zu können. Ich wünschte, viele Menschen wären so klug, sich diese »eiserne Ration« zuzulegen.

Der »Dennoch-Glaube«

Schlagartig treten in unsicheren Zeiten Dinge, mit denen wir uns sonst gern beschäftigen, in den Hintergrund. Die neueste Mode wird unwesentlich. Auch der aktuelle Kontostand verliert an Bedeutung. Jetzt zeigt sich in besonderer Weise, was wirklich trägt. Schlagartig ist nicht mehr theoretisches Wissen und Glauben gefragt, sondern die existenzielle Praxis steht an. Dies haben viele Menschen in schwierigen Zeiten durchlebt und durchbuchstabiert. Letztendlich reiften sie darin. Nicht nur in ihrem Glauben, sondern auch als glaubwürdige Persönlichkeiten.

Die Sängerin Thea Eichholz verlor sehr früh ihren ersten Mann. In ihrem Solo-Album »Breite deine Flügel aus«[71] gewährte sie Einblicke in ihre inneren Kämpfe und Gefühle während der kurzen und dramatisch verlaufenen Krankheitszeit ihres

Mannes bis über sein Sterben hinaus. Und sie teilte in ihren Liedern, was sie und ihren Mann in dieser zutiefst verunsichernden Zeit getragen hat.

Besonders liebe ich ihr Lied »Dennoch«. Es greift auf eine alte Glaubensaussage aus den Psalmen[72] zurück, die Thea für sich persönlich formuliert. Im Refrain des Liedes heißt es: »Dennoch bleib ich stets an dir, ich häng an dir, ich bleib dir treu, so wie du mir, mein Leben lege ich in deine Hand.« Und damit spricht Thea Eichholz Gott an. »Ja, ich bleibe stets an dir. Wie groß die Not auch in mir sei, du bist mein Gott! Mein Fels, bei dem ich Ruh und Frieden fand.« Welche richtungsweisende Lebensentscheidung! Manchmal braucht es den »Dennoch-Glauben«. Allen Umständen zum Trotz. Über unsere tatsächliche Befindlichkeit hinaus.

Die Chance des »Trotzdem«

Die Kraft des »Trotzdem« ist nicht nur eine Schreibtischweisheit. Stattdessen wurde sie in der Praxis von zahlreichen Männern und Frauen buchstäblich durchlitten, deren Geschichten wir kennen oder auch nicht. Dem Wiener Professor für Psychiatrie und Neurologie Viktor E. Frankl verdanken wir, dass er seine Erfahrungen in dem Buch »... trotzdem Ja zum Leben sagen«[73] publik machte. Darin beschreibt er als Psychologe seine erschütternden Erfahrungen in solch brutalen Konzentrationslagern wie Auschwitz. Dabei stellt er nicht die unmenschlichen Grausamkeiten in den Mittelpunkt, sondern die Fähigkeit einiger Häftlinge. Sie nahmen die menschliche »Trotzdem-Haltung« ein und wurden keine »typischen KZ-ler«[74]. Frankl beschreibt, dass nur wenige dazu in der Lage gewesen sind. Aber auch

> Manchmal braucht es den »Dennoch-Glauben«. Allen Umständen zum Trotz.

wenn es nur ein Einziger gewesen wäre, so formuliert es Frankl, er würde als Zeuge dafür genügen, »... dass der Mensch innerlich stärker sein kann als sein äußerliches Schicksal.«[75] Und das gelte nicht nur fürs Konzentrationslager.

In der Logotherapie gibt es dafür den Begriff »Trotzmacht des Geistes«. Diese Formulierung umschreibt, dass auch in der existenziellsten Krise noch Möglichkeiten bleiben. Die Trotzmacht ermöglicht es uns, sie zu ergreifen und mutig in die Waagschale des Zusammenlebens zu werfen. Denn wenn es im Leben richtig eng wird, wenn gewohnte Sicherheiten wegbrechen, können wir unbeirrt an bewusst gewählten Haltungen festhalten. Oder uns neu für sie entscheiden. Spontan fallen mir dazu ein: Einsicht, Demut, Großzügigkeit, Gottvertrauen, Aufmerksamkeit für andere. Es gibt unzählige mehr davon. Und Sie müssen Ihre ganz eigenen finden.

Demut – unter der Hand des Höchsten stehen

Es bringt uns wieder auf den Boden der Tatsachen zurück, die Zerbrechlichkeit des Lebens neu wahrzunehmen. Es zwingt uns dazu, uns die eigene Ohnmacht und Abhängigkeit in manchen Bereichen einzugestehen. Das bedeutet nun nicht, komplett hilflos zu sein. Aber an den momentanen Gesamtumständen des Lebens können wir manchmal nichts ändern. Das ist seit der Pandemie zur kollektiven Erfahrung geworden.

Der Begriff der Demut ging mir in diesem Zusammenhang neu unter die Haut. Ich verstehe darunter eine Haltung, die anerkennt, dass Gott größer ist, weiter sieht und anders handelt ... unter Umständen sogar rätselhaft und schmerzlich anders handelt – und dass er trotzdem gute Absichten mit uns Menschen verfolgt. Eines der hebräischen Worte für »Demut« enthält die Bedeutung von »sich beugen«. Demut wird schon in den Schriften des Alten Testamentes dem Hochmut entgegengesetzt. Und Hochmut bedeutet: sich selbst mit Gott auf eine Stufe zu stellen.

Der bekannte Bibelvers »Alle eure Sorge werft auf ihn; denn er sorgt für euch« (1. Petr. 5,7) wird oft und gerne verwendet. Ja, es ist tatsächlich eine tiefe und entlastende Erfahrung, Gott unsere Sorgen und Ängste – bildlich gesprochen – hinwerfen zu können. Als junge Frau überraschte es mich, diesen Vers in einer besonderen Formulierung zu finden. Es war in der Elberfelder Bibel. Diese Übersetzung klingt sprachlich nicht so flüssig wie unsere Umgangssprache, orientiert sich aber ganz nahe am griechischen Urtext. Sie versucht auch, grammatikalische Besonderheiten exakt wiederzugeben. Dort las ich: *»Demütigt euch nun unter die mächtige Hand Gottes,* damit er euch erhöhe zur rechten Zeit, *indem* ihr alle eure Sorgen auf ihn werft; denn er ist besorgt für euch.« (1. Petr. 5,6f)

Und im Vers davor heißt es: »Gott widersteht den *Hochmütigen,* den *Demütigen* aber gibt er Gnade.«

Das »indem« elektrisierte meine besondere Aufmerksamkeit. Also sollte ich Gott nicht nur meine Sorgen hinwerfen und darauf vertrauen, dass er schon eine Lösung finden wird. Stattdessen wird zuerst die Herzenshaltung angemahnt. Mir wurde klar, dass der Kern der Demut darin besteht, groß von Gott zu denken. Sehr groß! Und diese Größe anzuerkennen, mich ihr voll und ganz anzuvertrauen. Bisher war mir Demut mit anderen Inhalten vermittelt worden.

> Der Kern der Demut besteht für mich darin, groß von Gott zu denken.

Seither besteht Demut für mich darin, anzuerkennen, dass Gott souverän und mächtig ist und ich ihm gleichzeitig meine Sorgen und Ängste hinwerfen darf.

Meine Oma Helene wurde 1915 geboren. Im Oktober 1944 musste sie ohne ihren Mann mit ihrer kleinen Tochter aus Ostpreußen fliehen. In der fremden Heimat bauten sie sich ein neues, bescheidenes Leben auf. Mein Opa kam aus dem Krieg zurück, doch verunglückte er einige Jahre darauf. Meine Oma war nun mit drei Kindern allein. Sie hat diese schweren Zeiten durchlebt, ohne daran zu zerbrechen – wie unzählige andere Frauen damals auch. Wenn ich mich heute an sie erinnere, fallen mir drei herausragende Kennzeichen ein: Meine Oma hat gesungen, gebetet und gelacht. Welches Vermächtnis dieser einfachen Frau.

Wie haben unsere Großmütter und Urgroßmütter das bloß geschafft? Was verhalf ihnen dazu, unsichere Zeiten zu bewältigt? Für einen Vortrag fielen mir intuitiv vier Bausteine ein. Leider kann ich meine singende Oma nicht mehr dazu befragen, doch sie hat es mir vorgelebt, wie eine ganze Generation damals:

- Unsere Omas lebten in einem tragfähigen sozialen Netz.
- Unsere Omas hatten geringere Glückserwartungen als wir heute.
- Unsere Omas taten einfach, was notwendig war.
- Für die Generation unserer Omas gehörte der Glaube selbstverständlicher zum Alltag.

Diese Bausteine können uns eine Orientierung sein, um in unsicheren Zeiten nicht zu vergessen, worauf es ankommt: *Gute soziale Beziehungen* in Familie, Nachbarschaft und Gemeinde wirken wie ein Auffangnetz. Sie sind viel wichtiger, als materielle Sicherheit. Je mehr *Glückserwartungen wir loslassen* können, desto besser. Natürlich wollen wir glücklich sein, doch das hängt nicht allein von den äußeren Umständen ab. Diesen Spielraum können wir noch viel mehr ausnutzen und kleine

Glücksmomente im Alltag genießen, statt den großen Anspruch auf unseren Lebensluxus zu pflegen. Und dann sollten wir einfach *anpacken und das Notwendige tun*. Wenn die Generation unserer Omas das nicht getan hätten, wären Städte wie Berlin oder Dresden bis heute noch nicht wiederaufgebaut. Welche Kraft und Pragmatik steckte in diesen Frauen! Es gibt an jedem Tag in meinem und Ihrem Leben Dinge, die getan werden sollten: Fenster putzen, eine einsame Person anrufen, die Steuererklärung abschließen oder jemanden um Entschuldigung bitten. Mit solchen Tätigkeiten sind wir ganz schnell aus Grübeleien herausgerissen. Nun bleibt noch der *Baustein des Glaubens*. Je mutiger wir auf ihn bauen, desto besser kann er uns tragen.

> In unsicheren Zeiten erfahren wir Gottes Beistand in einer weit tieferen Dimension als in der funktionierenden Luxus-Routine.

Falls nur noch ein winziger Funke Glaube in Ihnen vorhanden ist, dann halten Sie ihn Gott hin. Mit der Bitte, dass er ihn wieder entfacht. Wenn Sie noch nie geglaubt haben, ist es vielleicht gerade jetzt an der Zeit, die Fragen nach Sinn und Orientierung neu zu stellen. Unzählige Gebete wurden schon an der Grenze der eigenen Kraft formuliert. Menschen erfahren in unsicheren Zeiten Gottes Beistand in einer weit tieferen Dimension als in der funktionierenden Luxus-Routine. Die Krise ist das neue Normal – und wir sind nicht allein!

Einige praktische Anregungen:

- Suchen Sie in unsicheren Zeiten immer wieder die Verbindung zu anderen Menschen. Genießen Sie den Kontakt, üben Sie, sich zu öffnen und über Ängste zu sprechen.

- Schaffen Sie sich eine Struktur. Halten Sie möglichst an bestehender Routine fest. Dies hilft Ihnen, sich »normal« zu fühlen. Was immer Sie regelmäßig tun, ist dafür geeignet. Laufen gehen, beten, im Lieblingssessel Tee trinken, Ihr Haustier versorgen ...

- Vermeiden Sie Informationsüberflutung. Setzen Sie sich Ihre eigenen Limits und vertrauen Sie Ihrer Einschätzung, indem Sie sich tatsächlich daran halten.

- Akzeptieren Sie es, wenn Sie einige Ängste haben. Fürchten Sie sich nicht vor der Angst, sonst können daraus Panikattacken werden. Tun Sie mit Ihrer Angst, was gerade ansteht.

- Lernen und nutzen Sie Entspannungstechniken. Wenden Sie geistliche Übungen an. Hinweise zu diesen Stichpunkten finden Sie im Internet.

- Entwickeln Sie ein spirituelles Leben. Ein persönlicher Glaube, der unabhängig ist von den Umständen, gibt Ihren Wurzeln Halt.[76]

8.

Mutter sein – EIN STÜCK VOM HERZ VERSCHENKEN

In einer Familie wurde ein weiteres Baby geboren. Die 3-jährige Tochter begann schon während der Zeit der Schwangerschaft damit, verstärkt Mama zu spielen. Nun verhätschelt sie hingebungsvoll die Lieblingspuppe, während ihre Mama sich um das Geschwisterchen kümmert. Fast synchron läuft die Versorgung von Baby und Puppe ab: Stillen, Bäuerchen machen, windeln, schlafen legen und spazieren fahren – all das gehört dazu. Ernsthaft und fürsorglich geht das kleine Mädchen in seiner Rolle als Puppenmama auf. Von jungen Muttis hörte ich noch ähnliche Geschichten: Sobald im familiären Umfeld neue Babys geboren werden, tauft Lotta ihre Puppen um und gibt ihnen diese Namen. Dann wird eifrig nachgespielt. Am liebsten bindet Lotta ihre Babys ins Tragetuch und trägt sie umher. Anders läuft es bei Lilly. Sie fühlt sich von jeder schwangeren Frau dazu animiert, selbst schwanger zu sein. Begeistert versteckt sie un-

ter ihrem T-Shirt Puppen oder Plüschtiere, die sie dann mit großer Freude gebiert. Mit dem stolzen Ausruf: »Mama, ich hab ein Baby bekommen!« zeigt sie das Resultat der Schwangerschaft vor. Auch Mehrlingsgeburten sind überhaupt kein Problem. Die Erstversorgung klappt dann noch wunderbar, das Baby wird gestillt und umsorgt. Langfristig flaut der Eifer dann doch eher ab – bis das Spiel wieder von vorne beginnt. Auf diese Weise üben kleine Mädchen für zukünftige Aufgaben als Mama.

Für viele Frauen das wichtigste Ereignis

Manchmal erfrage ich in der Beratung, was das wichtigste Ereignis im bisherigen Leben des Klienten/der Klientin gewesen ist. Bei Männern sind es häufig Erfolgserlebnisse im persönlichen oder beruflichen Bereich. Ich kann mich nicht daran erinnern, dass ein Mann geantwortet hätte: »... dass ich Papa geworden bin.« Dabei ist auch Männern das Vatersein enorm wichtig. Frauen hingegen antworten oft, ohne zu zögern: »... die Geburt meines Kindes (oder meiner Kinder).« Und dabei wird ihre Stimme weich und fürsorglich, die Augen leuchtend liebevoll. Anschließend erfahre ich meist einige weitere Umstände der Geburt, die in der Regel eher beschwerlich, manchmal sogar dramatisch verlief. Trotzdem prägt diese Erfahrung Frauen so nachhaltig, dass sie bis heute aus diesem existenziellen Erleben Kraft schöpfen können und es als einen wesentlichen Einschnitt in ihrem Leben bewerten. Worte wie *Symbiose, Urvertrauen* und *Bindung* haben mit dem Mutterwerden zu tun.

> Frauen prägt die Erfahrung der Geburt so nachhaltig, dass sie aus diesem existenziellen Erleben Kraft schöpfen können.

Wenn wir auf die Statistik schauen, bekommen wir eine Ahnung, wie viel sich im Muttersein der letzten Generationen verändert hat. Zu Anfang des 20. Jahrhunderts bekamen Frauen in Deutschland noch durchschnittlich 4,2 Kinder. Heute sind es durchschnittlich nur 1,57[77]. Diese Veränderung wird mit dem Wandel der gesellschaftlichen und wirtschaftlichen Rahmenbedingungen erklärt. Natürlich hat das Auswirkungen auf die Bedeutung des Mutterseins und die Art und Weise, wie es heute gelebt wird. Erfreulicherweise nahm auch die Kindersterblichkeit durch Fortschritte in Medizin und Hygiene deutlich ab.[78] Während der Recherchen zu den Zahlen der Kindersterblichkeit breitet sich ein bleiernes Gefühl in mir aus. Denn in zahlreichen Familien gab es früher den Verlust eines Kleinkindes zu betrauern. Diese furchtbare Erfahrung, die heute Eltern nur noch selten durchleiden, gehörte damals zum Lebenspaket vieler. Mir wird bewusst, in welch privilegiertem Rahmen wir heute das Muttersein erleben dürfen! Weltweit sieht das völlig anders aus.

Im Jahr 2018 betrug das Alter der Mütter bei der Geburt ihres ersten Kindes durchschnittlich 30 Jahre. Im Gegensatz dazu erzählte mir vor einiger Zeit eine 69-jährige Frau, dass sie bereits mit 36 Jahren *Großmutter* wurde. Sie bekam mit 18 Jahren ihr erstes Kind, ihr Sohn ebenfalls. Sehr junge Mütter waren in der DDR keine Seltenheit. Nach der Wiedervereinigung glich sich das Alter der Mütter zwischen Ost und West deutlich an.[79] So unterschiedlich die Rahmenbedingungen auch gewesen sein mögen, das Mutterwerden hat Frauen immer schon tief beschäftigt, erfüllt und verändert.

Jahrelang arbeitete ich als Krankenschwester in einer gynäkologischen Praxis. Dort erlebte ich fast täglich den Moment mit, in welchem Frauen erfuhren, dass sie schwanger sind. Damals konnte man noch keine Schwangerschaftstests in der Apotheke kaufen, sondern es gab nur die Urinuntersuchung in der Arztpraxis. Später kam dann Ultraschall hinzu. Ich sah die unterschiedlichsten Reaktionen von Frauen jeden Alters. Da war die Schülerin, die viel zu früh als Teenager schwanger wurde. Oder die Vierzigjährige, die nicht mehr mit einem Kind gerechnet hatte. Jubel und Begeisterung bei denen, die sich schon lange ein Kind wünschten. Verhaltene Freude bei Frauen, die schon eine oder mehrere Fehlgeburten erlebt hatten. Betroffenheit, vielleicht sogar Tränen, bei anderen Frauen, in deren Leben im Moment ein Kind weder zu den Umständen noch zum Beziehungsstatus zu passen schien. Oft tat gerade diesen Frauen ein verstehender Blick oder eine tröstende Geste unglaublich gut. Mit manchen Frauen weinte ich vor Freude und betete darum, dass die Hormonspritze zur Stabilisierung der Schwangerschaft Wirkung zeigen würde. Jede Geschichte war einzigartig und verdiente Wertschätzung.

Leise und unbemerkt beginnt das Wunder des Lebens. Wenn die Regel ausbleibt und sich die Schwangerschaft bestätigt, empfindet jede Frau vollkommen anders. Für die eine ist es ein Glücksumstand, für die andere eine Gebetserhörung. Und nicht selten auch ein emotionales Erdbeben, das tausend Fragen aufwirft. Mich beschäftigt, wie Frauen das heute erleben, die daheim ihren Schwangerschaftstest durchführen. Ist dann jemand bei ihnen und nimmt sie in den Arm, freut sich von Herzen mit oder versucht zu trösten und zu beruhigen? Auf der Packung sollte in großen roten Buchstaben stehen: »Stellen Sie sicher, dass sich eine Person Ihres Vertrauens in der Nähe befindet, bevor Sie mit dem Test beginnen.« Diese Vorbereitung wäre mindestens genauso wichtig wie die Sicherheitsvorkehrungen vor dem Färben der Haare.

Familienplanung oder Überraschung?

Uns stehen heute zahlreiche Möglichkeiten zur Familienplanung zur Verfügung. Welches Privileg, entscheiden zu können, wann wir als Frauen ein Kind bekommen möchten und wie groß unsere Familie sein soll! Wir wollen den besten Zeitpunkt für eine Schwangerschaft wählen. Doch wann ist schon die beste

Zeit? Irgendetwas spricht wohl fast immer dagegen, wenn Beruf, Hausbau, Partnerschaft, der eigene Mut und die nächste Urlaubsplanung passen sollen. Ein neues Leben ist immer ein Wunder und ein Geschenk, das nicht zu 100 Prozent im Rahmen unserer Planbarkeit liegt. Zum Glück. Wie viele großartige Menschen wären sonst nicht zur Welt gekommen! Wenn Patientinnen in der Frauenarztpraxis davon sprachen, dass man »in den heutigen unsicheren Zeiten keine Kinder in die Welt setzen« sollte, leuchtete bei mir innerlich ein großes Fragezeichen auf. Ich stellte mir die Generation unserer Großmütter vor und ich bewunderte, wie sie in wirklich schwierigen Zeiten ihre Kinder zur Welt brachten. Viele von ihnen befanden sich auf der Flucht, nicht wissend, ob ihr Mann je zurückkehren wird, nicht sicher, wo sie in Zukunft ein Zuhause finden. Woher nahmen sie die Kraft und was löste das Muttersein bei ihnen aus? Es ist nicht auszuschließen, dass vielleicht bei unseren Großmüttern die Verantwortung für das neue Leben und die Liebe zu ihren Kindern dazu beitrugen, sie vor der Verzweiflung zu bewahren und ihr Leben als sinnvoll zu erfahren.

Für das Wachstum des Kindes steht ausreichend Zeit zur Verfügung. Nicht nur das Baby, sondern auch die Mutter braucht sie.

Im Laufe der Jahre durfte ich zahlreiche Frauen kennenlernen, die ein anfangs ungeplantes Kind letztendlich doch willkommen hießen. Manchmal erweisen sich gerade diese Kinder als ein besonderer Segen in der persönlichen Geschichte und sind später unter keinen Umständen mehr wegzudenken. Mich begeistert der Prozess, den eine schwangere Frau durchläuft. Nicht nur der Körper verändert sich deutlich wahrnehmbar. Auch die innere Reife und Bereitschaft für das, was kommt, wächst gleichzeitig. Im Laufe der Monate stellt sich bei den meisten gesunden Frauen die notwendige emotionale Basis für die neue Aufgabe ein. Falls anfangs ein Gefühlschaos vorhanden war, lichtet es sich. Vorfreude keimt. Ängste schwinden.

Für praktische Fragen finden sich Lösungsansätze. Spätestens mit den ersten Kindsbewegungen wird für die meisten Schwangeren die Beziehung zu dem kleinen Wesen real. Wie weise ist es doch vom Schöpfer eingerichtet, dass ausreichend Zeit zur Verfügung steht und für das Wachstum des Babys im Mutterleib 9 Monate vorgesehen sind – eine Zeit, die nicht nur das Baby braucht, sondern auch die Schwangere.

Die tiefe Erfahrung, Mutter zu werden

Und dann wird eines Tages per Sturzgeburt, Kaiserschnitt oder normaler Entbindung aus einer Frau eine Mutter. Eine Mama[80], Mami oder Mutti, wie im deutschen Sprachraum gesagt wird. Die Geburt ist ein Vorgang, der von beiden Seiten – Mama und Kind – enorm viel fordert. Nicht zu vergessen sind die Hebammen, Ärzte, Taxifahrer oder das Flugpersonal, die hilfreich zur Seite stehen. Eine Frau erzählte mir, dass nach ihrer Sturzgeburt als Erstes der Rettungssanitäter das winzige Frühchen in den Arm gelegt bekam. Überwältigt sank er auf die Familiencouch, das kleine Menschenkind, in Warmhaltefolie gewickelt, ehrfürchtig in seinen Händen haltend. Etwas Vergleichbares gab es in seiner Diensterfahrung noch nicht.

Mein persönliches Mutterwerden war ebenfalls anders als üblich. Adoptivmütter erleben anstatt Senk- und Presswehen ganz andere »Wehen«. Sie gehen durch eine Art »seelische Geburt«, auch wenn der dafür biologisch vorgesehene Geburtskanal nicht beansprucht wird. Das emotionale Wechselbad der Gefühle lässt sich kaum beschreiben. Davon berichteten mir auch andere Adoptivmütter. Wenn das kleine Menschenkind dann endlich in den Arm genommen wird, öffnet sich einem das Herz ganz weit. So ging es auch uns, als mir der kleine Junge auf der Frühgeborenen-Station in Görlitz auf die Brust gelegt wurde. Vorher durfte ich in einem bequemen Liegestuhl Platz nehmen.

Anschließend zog sich das Personal dezent zurück und überließ uns dem überwältigenden Wunder, das wir stundenlang auskosteten. In diesem Moment wurden wir zu Eltern und ich zur Mutter.

In vielen Lebensbereichen profitierte ich von meinen Freundinnen, die oft in ihren familiären Erfahrungen schon einige Schritte weiter waren als ich. Eine gute Freundin von mir wurde etwa vier Jahre vor mir Mama. Ich erinnere mich noch an ein Telefonat. Sie schwärmte mir mit innigen Worten vor, wie weich die kleine Babyhand ihres Sohnes sei und wie viel ihr die Berührung dieser zarten Hand bedeutete. Ich hörte zwar den Klang ihrer Stimme, konnte es allerdings emotional nicht nachvollziehen – bis zu dem Tag, an dem ich selbst das Wunder der kleinen Babyhand spürte und nicht genug davon bekommen konnte. Achtzehn Monate später erlebten wir dieses Wunder noch einmal und konnten auch unsere kleine Tochter adoptieren.

Ja, Frauen verändern sich, wenn sie Mutter werden. Gestern traf ich in der Stadt eine junge Frau, die mir jahrelang als begabte Floristin bekannt war. Nun ist sie Mama. Sie bewegte sich anders als früher im Geschäft. Behutsam, stolz und aufmerksam trug sie den kleinen Jungen in einer Brusttragetasche. Schon Schwangere haben einen anderen Gang. Es ist faszinierend zu sehen, wie viel Belastbarkeit und Liebe eine Frau für ihre Kinder entwickelt. Hätten Sie je selbst gedacht, wozu Sie in der Lage sein würden? Mit einem Minimum an Schlaf auskommen, kaum Zeit für sich selbst haben, zahnende und quengelnde Kinder trösten, fiebernde Kinderstirnen prüfend abtasten und anschließend Wadenwickel machen, volle Wartezimmer beim Kinderarzt geduldig ertragen, Erbrochenes im Familienauto beseitigen, unzählige Kindergeburtstage kreativ gestalten … Das alles und noch viel mehr haben Sie geschafft oder Sie stecken gerade mittendrin. Respekt! Die Motivation dafür war und ist Mutterliebe, diese unbeschreiblich starke Gefühlsbindung. Durch sie wird das Wohlergehen des Kindes wichtiger als die eigenen Bedürfnisse. Mutterliebe bringt Sie beispielsweise dazu, ein schlafendes Kind weiter durch die Stadt zu tragen, obwohl es längst viel zu schwer geworden ist. Jede andere Last hätten Sie längst abgesetzt.

Hilfe und Unterstützung

Seit zehn Jahren wohnen wir in direkter Nachbarschaft eines Kindergartens. Mir begegnen morgens und nachmittags regelmäßig Eltern, die ihre Kinder bringen oder abholen. Im Laufe der Jahre sah ich auf diese Weise die unterschiedlichsten Mütter und ihre Kinder. Auch junge Mütter aus einer Mutter-Kind-Einrichtung sind dabei. Obwohl die Umgangsart mit dem Nachwuchs jeweils sehr unterschiedlich ist, möchte ich behaupten, dass jede gesunde Mutter ihr Kind liebt. Jede Frau will das Beste für ihr Kind und gibt enorm viel. Doch aus meiner Beratungserfahrung weiß ich auch, dass nicht jede Mutter der Herausforderung auf die Dauer gewachsen ist. Der Mangel an sozialen Fähigkeiten und emotionaler Reife wirkt sich auch auf das Muttersein aus. Psychische Erkrankungen und Suchtprobleme erschweren die Situation. Glücklicherweise bieten Jugendämter Familienhilfe an. Leider ist die Scheu, sich von Jugendämtern helfen zu lassen, nach wie vor groß.

> Jede Frau will das Beste für ihr Kind und gibt enorm viel im Rahmen ihrer Möglichkeiten.

Auch das Müttergenesungswerk hat sich darauf fokussiert, Mütter zu unterstützen. Elly Heuss-Knapp gründete es 1950.[81] Die Frau des ersten deutschen Bundespräsidenten Theodor Heuss wirkte aktiv als Politikerin und Sozialreformerin. Ihr Anliegen war es, für Müttergenesung zu werben und durch Zusammenarbeit mit Wohlfahrtsverbänden die Arbeit für Mütter zu stärken. Kuren für Mütter wurden ermöglicht. Auch viele

Kriegswitwen profitierten davon. Die Arbeit expandierte und es entstand eine riesige Nachfrage. Das Müttergenesungswerk engagierte sich auch auf politischer Ebene. 1962 wurde daraufhin die Müttergenesung im Bundessozialhilfegesetz verankert. Das Müttergenesungswerk passte seine Arbeit in den folgenden Jahrzehnten den veränderten gesellschaftlichen Erfordernissen an.[82] Bis heute ist es üblich, dass die Ehefrau des deutschen Bundespräsidenten die Schirmherrschaft für das Müttergenesungswerk übernimmt. Daran wird sichtbar, welche Bedeutung gesunde Mütter gesamtgesellschaftlich haben. Viele Mütter profitieren auch heute von einer Kur. Sie fühlen sich bestärkt und ermutigt, wenn sie wieder in ihren Alltag zurückkommen. Und das ist unglaublich wertvoll. Nicht umsonst sagte Elly Heuss-Knapp in einer Rundfunkansprache im Jahr 1950 voll Überzeugung: »Ob es in einer Familie licht oder dunkel ist, das hängt wirklich in erster Linie von den Müttern ab.«

Mutter sein – aber wie?

Generationen vor uns handelten intuitiv ebenso, wie sie es in ihrer eigenen Erziehung erlebt hatten. Sie wiederholten einfach die Art und Weise des Umgangs mit den Kindern. Wohl kaum jemand machte sich ernsthaft Gedanken über das Familienleben. Alles lief gewissermaßen automatisch nebenher. Dabei war bei Weitem nicht alles gut. Aber es schien zu funktionieren. Die soziale Gemeinschaft in der Großfamilie und im Dorf erzog mit. Dadurch entwickelten sich die meisten Kinder ganz »normal«.

Studien beschäftigen sich heute damit, wie das natürliche Empfinden von Müttern durch den empfohlenen Umgang mit Kindern in Nazi-Deutschland nachhaltig geschädigt wurde. Die auf Lungenkrankheiten spezialisierte Ärztin Johanna Haarer spielt dabei eine maßgebliche Rolle, obwohl sie weder in Kinderheilkunde noch in Pädagogik eine Ausbildung besaß. Ihr erster

Ratgeber »Die deutsche Mutter und ihr erstes Kind« erschien 1934. Haarer sah das Baby als Quälgeist, dessen Wille zu brechen sei.[83] Sie rief dazu auf, Körperberührung und Blickkontakt mit dem Kind zu meiden. Dieser Ansatz beeinflusste Mütter der Kriegs- und Nachkriegsgeneration stark. Haarers Werke wurden nach 1945 zwar von der Ideologie des Nationalsozialismus gereinigt, ihre Grundgedanken aber weiterverbreitet. Das gesunde Empfinden vom Muttersein wurde durch diesen Einfluss nachhaltig gestört. Zu den Prinzipien gehörte es, Mutter und Kind nach der Entbindung zu trennen und das erste Stillen 24 Stunden hinauszuzögern.[84] Eine meiner Bekannten war entsetzt, als sie bei der Haushaltauflösung ihrer Schwiegermutter auf den Ratgeber von Frau Haarer stieß.

Ständig verunsicherte Mütter sind für Kinder irritierender als Mütter, die »unperfekt« ihr Mutterdasein leben.

Mit dem Wissen von heute erschrecken wir über diese radikalen Methoden, die mit Überzeugung umgesetzt wurden. Es ist mittlerweile bekannt, wie existenziell und bindungsfördernd z. B. das Stillen für die verlässliche, nahe Beziehung zwischen Mutter und Kind ist. Als gesunde Korrektur wurde der natürliche Umgang mit Babys neu in den Fokus gerückt. Natürliche Entbindung, Rooming-in-Zimmer auf der Wöchnerinnenstation, langsame Eingewöhnung in Kinderkrippe und Kindergarten sind nur ein paar wenige Stichpunkte dazu. Allerdings kann man mit dem richtigen Anliegen auch auf der anderen Seite vom Pferd fallen: Meiner Beobachtung nach wollen Mütter heute oft perfekt sein und tun tatsächlich *alles* für ihr Kind. Es wird auf einen Sockel gestellt und nahezu vergöttert. In den sozialen Medien gibt es Gruppen, in denen sich Mütter vernetzen. Dort kann jede ihre Meinung, ihr Wissen oder Halbwissen kundtun. Oft werden individuelle Erfahrungen verallgemeinert. Das verunsichert Mütter enorm. Woran kann man sich orientieren? Wem kann man Vertrauen schenken, wenn sich Meinungen unversöhnlich gegenüberstehen? Ständig verunsicherte Mütter sind für Kinder unter Umständen irritierender als Mütter, die einfach so sind, wie sie sind und »unperfekt« ihr Muttersein leben – mit Stärken und Schwächen.

»Ausreichend gut«

Auf den englischen Kinderarzt und Psychoanalytiker Donald W. Winnicott[85] geht der Begriff der »ausreichend guten Mutter« zurück. Damit setzt er einen Gegenakzent zum irrwitzigen Bestreben, eine ideale Mutter sein zu wollen, nur um das Kind auf keinen Fall in irgendeiner Weise zu schädigen. Die ausreichend gute Mutter tut genug. Sie tut genau das, was für das Baby existenziell notwendig ist. Sie geht so weit auf die Bedürfnisse des Babys ein, dass dieses sich nie komplett verlassen fühlt. Im Laufe der Zeit löst sie sich aus der engen Verbindung. Dadurch kann das Kind realisieren, dass die Mutter ein Mensch mit eigenen Bedürfnissen ist und nicht ein Teil von ihm selbst.

Diesem Ansatz stimme ich zu, er entlastet auch mich selbst. Sogar Gott scheint damit völlig zufrieden zu sein. Er kennt unsere weiblichen Grenzen und hat uns trotzdem das Mutterwerden zugetraut. Sonst hätte sicher schon Urmutter Eva den Eignungstest für Mutterschaft nicht bestanden ... Das Ziel, eine ausreichend gute Mutter zu sein, sollte Schule machen bei den überambitionierten und überängstlichen Müttern. Sie machen es sich selbst zu schwer. Wer sagt, dass zum Kindergeburtstag perfekte gestylte Einladungen notwendig sind und ein detailliert durchgeplantes Fest? Eine entspannte Mama ist manchmal mehr wert als ein überragendes Event. Wohin soll der Elternwettstreit sonst noch führen? Überängstliche Mütter reagieren bei dem kleinsten Schnupfen und bei jeder Auseinandersetzung auf dem Spielplatz. Damit vermitteln sie ihren Kindern die Botschaft, dass das Leben gefährlich ist. Diese Kinder könnten außerdem zu dem Schluss kommen, dass sie selbst nicht in der Lage sind, entsprechend zu reagieren. Und das wäre doch sehr schade für ihr Selbstvertrauen.

Individuelle Familienmodelle finden

In früheren Jahren gab es gesellschaftliche Vorgaben, wie das Familienleben und das Muttersein auszusehen habe. Auch christliche Gemeinden förderten ein bestimmtes Bild. Ich selbst wuchs noch damit auf und fand es als Orientierung auch hilfreich. Die Gretchenfrage war dann allerdings, ob »Frau« als Mama zu Hause bei den Kindern bleibt oder ihrer Berufstätigkeit nachgeht. Diese Frage hatte eine ähnliche Bedeutung wie heute die Entscheidung von Eltern, ob sie ihre Kinder impfen lassen. In den vergangenen Jahrzehnten hat sich enorm viel verändert. Väter nehmen eine völlig neue Rolle in der Familie und in der Erziehung der Kinder ein. Es gibt eine Vielzahl von Modellen, wie Berufstätigkeit von Müttern aussehen kann, ohne die Kinder zu vernachlässigen. Aus meiner Sicht stellt sich weniger die Frage, was richtig oder falsch ist. Viel bedeutender ist die Sensibilität dafür, welche Herausforderungen das gewählte Modell für alle Beteiligten bringt. Welcher Vorteil darin liegt und welcher Preis zu zahlen ist. Und das meine ich nicht in erster Linie finanziell. Jedes Setting kann günstig und ungünstig gelebt werden. Ich kenne zahlreiche Familien, die gemeinsam jonglieren, passende Modelle suchen und ausprobieren. Das können jeweils auch befristete Entscheidungen sein, die dann an die neue Situation angepasst werden. Für viele Familien scheint es so zu funktionieren, ohne dass die Kinder darunter leiden.

In unserer Familiengeschichte gab es einen Punkt, an dem eine neue Entscheidung dran war. Unsere Kinder waren im Vorschulalter und ich seit mehr als 5 Jahren zu Hause. Es gab vermehrt Spannungen, die mit mir zu tun hatten. Mein Mann kam damals auf die Idee, ob ich vielleicht unterfordert sei und mich an Kleinigkeiten festbeißen würde, die für eine berufstätige Mama kaum Bedeutung hätten. Ich hörte das natürlich nicht gern, aber es entsprach den Tatsachen. Als ich dann für 12 Stunden pro Woche meine Arbeit in der Frauenarztpraxis begann, entspannte sich das Familienklima deutlich. Mein Mann kam verstärkt in die Mitverantwortung, denn wer will sich als Mann schon gern engagieren, wenn die Mama sowieso immer alles am besten weiß und kann? Diese Veränderung tat auch unseren Kindern gut. So versuchten wir immer wieder neu, unsere Vorstellungen und die realen Gegebenheiten, unsere Bedürfnisse und Werte miteinander abzugleichen. Das taten meine Eltern auch schon so. Ohne unsere Erfahrungen auf andere Familien übertragen zu wollen, möchte ich ermutigen, das jeweils individuelle Modell zu finden und es dann günstig mit Leben zu füllen. Denn auch das beste Modell kann unwirksam werden, wenn es ungünstig gelebt wird. Immerhin geht es beim Muttersein nicht um einen Sprint, sondern um einen Marathon.

Beim Muttersein geht es nicht um einen Sprint, sondern um einen Marathon.

Familie ist ein Langzeitprogramm

Wir bekamen das zweite Baby innerhalb von 18 Monaten. Das war ein riesiges Geschenk. Und auch eine große Umstellung, denn ich hatte durch die Arbeit meines Mannes den Hauptteil der Familienarbeit allein zu bewältigen. Die Großeltern wohnten nicht in erreichbarer Nähe. Ich erinnere mich an einen chaotischen Tag mit unseren zwei Wickelkindern. Trotzdem rechtzeitig den Kaffeetisch gedeckt zu haben für den angekündigten Besuch, das war schon eine echte Hürde. Und dann betrat mein Onkel mit seiner Frau unsere Wohnung. Beide freuten sich an den Kindern. Der Onkel bemerkte sehr bald, dass ich mich ziemlich an der Grenze befand. Offensichtlich wollte er etwas Tröstliches sagen und meinte: »Auf die Länge eines Lebens gesehen sind es nur etwa 20 Jahre, in denen Eltern sich so sehr für ihre Kinder einbringen.« 20 Jahre lang solche Tage – ich schreckte zusammen. Das klang für mich wie ein unendlicher Marathon und ich war nicht sicher, ob ich die Kraft dafür haben würde. Glücklicherweise spielte sich alles ein. Es gab viel mehr Glücks- und Segensmomente als Krisen. Ich liebte das Leben als Vollblutmama und fand die für mich passende Routine.

Das Schöne am Muttersein

Von Freundinnen hatte ich gelernt, den Gedanken »Wenn doch erst ...« aus meinem Kopf zu streichen. Sätze wie: »Wenn doch erst die Windeln nicht mehr nötig sind ...«, »... das Kind durchschläft«, »... ich vormittags ein paar Stunden für mich habe« tauchten deshalb weit weniger auf. Ich konnte dadurch meist genießen, was der Alltag gerade bot. Der größte Schatz war es für mich, mit den Kindern die Adventszeit zu erleben und sie mit Inhalt zu füllen. Ich liebte es, abends im Wohnzimmer alle Kerzen anzuzünden, aus Weihnachtsbüchern vorzulesen, Lieder zu singen und neue Lieder zu lernen. Das waren heilige Momente. Unsere Tochter schlief am liebsten unter dem Herrnhuter Stern im Wohnzimmer ein und ließ sich dann irgendwann vom Papa ins Bett tragen. Gibt es etwas Schöneres? Auch die Sommernachmittage im Freibad waren klasse und ich fragte mich schon damals: Werde ich das auch ohne Kinder noch nutzen? Ich ahnte es: nein. Und so ist es auch. Seit einigen Jahren lebt keines unserer Kinder mehr bei uns. Mein Muttersein hat sich komplett gewandelt, seit sie ihr selbständiges und eigenverantwortliches Leben führen. Mein Onkel sollte übrigens recht behalten: Insgesamt waren es 21 Familienjahre. Das kann bei Ihnen ganz anders sein, wenn Sie mehrere Kinder haben oder die Altersabstände größer waren. Bei manchen Frauen geht tatsächlich die aktive Familienzeit fließend über in die neue Rolle als Großmutter.

Weil meine eigenen Erfahrungen schon einige Jahre zurückliegen, bat ich eine Mama um ihr Statement, die mitten im Familienalltag steckt. Ich fragte sie, was sie am Mamasein liebt und was sie daran stresst. Sandra zog sich daraufhin unauffällig in die Küche zurück, um ungestört antworten zu können. Als Mutter von fünf Kindern zwischen 14 Jahren und 22 Monaten muss sie erfinderisch sein. Während sie mir ihre Gedanken schilderte, waren im Hintergrund schon wieder Kinderstimmen zu hören. Sandra sprach zuerst vom Mutterwerden. Sie sagte: »Diesen Moment, zum ersten Mal ein Kribbeln im Bauch zu spüren und zu wissen, das sind die Bewegungen des Kindes, fand ich echt unglaublich! Da wurde mir erst richtig bewusst: Ich trage jetzt ein kleines Baby mit mir herum. Die Kinder nach der Geburt im Arm zu halten, war überwältigend. Es waren die größten Momente, die ich erleben durfte. Und dann noch zu wissen, dass das Kind gesund ist … Das erste Kind hat sofort die Augen aufgemacht, die Stirn gerunzelt und mich aufmerksam angeguckt. Einfach phänomenal!« Sandra erzählte mir dann, was sie am Alltag als Mutter liebt. »Ich mag die alltäglichen Sachen. Zum Beispiel die kleinen Kinder auf dem Wickeltisch liegen zu haben und sie am Bauch zu kitzeln. Und irgendwann fangen sie an zu jauchzen. Alle kleinen Schritte zu beobachten, die sie so machen, bereitet echt Spaß und Freude. Auch mit den großen Kindern gibt es viele schöne Momente. Mit den Mädels shoppen gehen und anschließend gemeinsam einen Kakao trinken. Oder wenn ich mit dem Ältesten abends zusammensitze, dann erzählt er und wird ganz gesprächig. Es macht mir Freude, Zeit für meine Kinder zu haben, und ich liebe die Momente, in denen ich diese Nähe zu unseren Kindern spüre. Da gehört alles dazu. Urlaub oder gemeinsame Unternehmungen als Familie genauso, wie einem Kind bei den Hausaufgaben zu helfen.«

Was stresst

Sandra brauchte auch nicht lange, um mir zu beschreiben, was sie oft stresst. Sie greift einfach auf Situationen des Tages zurück. »Mich stresst, wenn es zu viel wird. Wenn alle fünf mich gleichzeitig bräuchten und am besten ganz allein. Heute war die Kleine krank. Sie will auf den Arm, ist nur am ›Quengeln‹, dann will sie doch nicht im Arm sein, wehrt sich und will runter. Sie fängt an zu schreien und will prompt wieder auf den Arm. Und ich frage mich: Was will sie denn nun eigentlich? Sie kann es ja noch nicht äußern. Der Zweite ist frisch vom Kindergarten wieder da, will was essen, aber keinen Apfel und keine Mandarine, sondern unbedingt was Süßes. Die Dritte schreibt morgen eine Arbeit und will etwas erklärt bekommen. Die Vierte hat keine Lust, Vokabeln zu lernen, und lässt sich nicht motivieren. Sie will am liebsten mit mir lernen. Der Fünfte hängt am Handy und ich würde ihn lieber mit etwas anderem beschäftigen, zumal sein Zimmer im Chaos versinkt. An solch einem Punkt möchte ich mich manchmal klonen und jedem Kind eine Mutter an die Seite stellen. Das stresst mich einfach. Wenn dann noch der Kühlschrank vollhängt mit Merkzetteln wie ›Kuchenspende hier‹ und ›Wichtelgeschenk da‹ und solcher Kram, dann weiß ich einfach nicht mehr, wo ich anfangen soll.« Das Ende von Sandras Aussagen ist ein wenig nachdenklich und sehr optimistisch. »Eines Tages sind sie alle weg. Mein Lebensinhalt beruht jetzt schon ein Stück weit darauf, dass ich für meine Kinder da bin, auch wenn ich selbst dabei ein wenig untergehe. Ich möchte mir rechtzeitig darüber Gedanken machen, damit ich nicht vom ›Empty-Nest-Syndrom‹ erfasst werde, wenn alle ausgeflogen sind. Deshalb möchte ich auch wieder ein bisschen arbeiten gehen. Aber das hat ja noch Zeit, die Jüngste wird erst zwei. Ich

Ich möchte mir rechtzeitig Gedanken machen, damit ich nicht vom »Empty-Nest-Syndrom« erfasst werde.

habe so gerne Kinder um mich. Ihre strahlenden Gesichter zu sehen, wenn ich ihnen eine kleine Aufmerksamkeit gebe oder sie bei irgendetwas unterstütze – das erfüllt mich einfach!«

Muttersorgen

Sicher gibt es in Ihrer Region ebenfalls das Sprichwort »Kleine Kinder, kleine Sorgen – große Kinder, große Sorgen«. Bei diesem oft genannten Spruch fühlte ich mich schon immer unbehaglich, auch wenn er mit dem Anspruch der Lebensweisheit und ernster Miene eingeworfen wurde. Als Erstes irritierte mich, dass, wer so sprach, die Sorge mit kleinen Kindern bagatellisierte. Stark entzündete Windpocken, Kindergartenproblem und Zahnspangenentscheidungen sind aber tatsächlich keine kleinen Herausforderungen. Eltern brauchen Ermutigung und Bestätigung, um ihren Weg der Bewältigung zu finden. Außerdem macht dieses zu Unrecht geflügelte Wort ein wenig Angst vor der Zukunft. Vage melden sich Gedanken wie: »Oh weh, welche großen Sorgen werden in Zukunft auf uns zukommen? Und werden wir ihnen gewachsen sein?« Lassen Sie uns als reifere Mütter ein stillschweigendes Abkommen treffen, dass wir diesen Satz aus unserem Sprachgebrauch streichen. Viel besser wäre die Einladung zum Gespräch, indem wir beispielsweise sagen: »Ich verstehe, dass dich das Thema beschäftigt. Möchtest du noch ein wenig mehr darüber erzählen?« Auf diese Weise nehmen wir andere Mütter und ihr Erleben ernst. Unsere Gesprächspartnerin könnte sich daraufhin noch weiter öffnen.

Eine andere große Versuchung ist es für jede Mutter, im Gespräch zu schnell zu eigenen Erfahrungen zu wechseln. Zu gerne würden wir auch davon erzählen, wie super unser Kind damals das Seepferchen absolviert hat. Aber ist das jetzt wirklich wichtig? Oder können wir die Erinnerung dankbar und warm im Herzen halten und bei der anderen Mutter und ihrer Sorge eine Weile ausharren? Wenn sie unsere Meinung oder Erfahrung wissen will, wird sie danach fragen.

Ja, es stimmt. Mit großen Kindern gibt es Sorgen, die noch eine andere Tragweite mit sich bringen. Beispielsweise wenn die Tochter einen Freund aus einem anderen Kulturkreis hat, der einem dort noch sehr verbreiteten traditionellen Rollenbild anhängt. Oder wenn der Sohn nachts mit Cliquen umherzieht, die Spaß am Randalieren haben. Wenn die Gesundheit der Tochter aufgrund ihrer Magersucht immer mehr Grund zur Besorgnis gibt, sie aber keine Krankheitseinsicht zeigt. Was dann? Dann ist erst einmal zu unterscheiden, ob die betreffenden Kinder schon volljährig sind oder noch nicht. Für nicht volljährige Kinder tragen Eltern die Verantwortung, auch vor dem Gesetzgeber. Die gesetzlichen Bestimmungen geben schon einmal eine gewisse Leitlinie vor, an der sie sich orientieren können. Außerdem ist es zu empfehlen, sich frühzeitig an eine Familienberatungsstelle zu wenden und sich dort Hilfe zu holen. Das ist keine Schande, sondern ein überaus kluger Schritt! Bei volljährigen Kindern ist der schwere Entschluss für Eltern dran, ihnen tatsächlich die Verantwortung für ihr Leben zu übergeben. Nicht nur theoretisch, sondern ganz praktisch. Ich weiß, dass das nicht leicht ist. Anselm Grün formuliert einen Lösungsansatz so: »Sorge *um* statt Sorge *für*.« Er hat recht: Zu viel »*Für*-Sorge« schadet in der Regel und entmündigt. Die maßvolle Sorge *um* unsere Kinder aber darf bleiben. Sie wird uns zum Angebot der Unterstützung motivieren und zum Gebet für sie.

Zu viel »Für-Sorge« schadet in der Regel und entmündigt. Gefragt ist die maßvolle Sorge um unsere Kinder.

Wer sich diese Haltung schon im Grundschulalter seiner Kinder angewöhnte, hat es später leichter. Ich erinnere mich noch an die Panik, in die Julia, eine andere Mutter, verfiel, als unsere Kinder gemeinsam von der Schule nach Hause laufen wollten. Es war das erste Mal. Üblicherweise wechselten wir Eltern uns mit dem Transport ab. Julia fragte mich, wie ich das denn aushalten und dabei so ruhig bleiben könnte. Ich sagte ihr damals, dass ich bete und unsere Kinder Gott anvertraue. Da ich ohnehin nicht in der Lage bin, sie ihr Leben lang zu beschützen, kann ich jetzt schon üben, die Verantwortung abzugeben. Julia sah mich mit großen Augen an. Ob ungläubig oder sehnsüchtig, kann ich nicht sicher sagen.

Die Suche nach der individuellen Balance zwischen der Haltung, alles für das Kind zu geben oder es loszulassen, fängt schon früh an – schon beim ersten Abgeben des Kindes. Egal, ob an die Großeltern oder den getrennt lebenden Vater, jeder Mama bricht das fast das Herz. Aber beide werden es überleben, Mutter und Kind. Die Mutter lernt so, nicht nur Vertrauen in ihr Kind zu setzen, sondern auch in andere Personen aus der Familie. Letztlich profitieren alle davon.

Heute erleben viele Eltern ihr Kind als den Mittelpunkt des Universums. Auf die Dauer tut das weder Kind noch Eltern gut. Verwöhnung stört die gesunde Entwicklung eines Kindes ebenso wie Vernachlässigung. Mütter neigen noch mehr als Väter dazu, alle Probleme ihrer Kinder aus dem Weg räumen zu wollen, Konflikte für sie zu klären und Hausaufgaben zu erledigen. Wenn Mütter das tun, überhöhen sie die Bedeutung ihrer Rolle und halten die Kinder unselbständig. Früher oder später wird das zu ernsten Auseinandersetzungen führen. Das Stichwort »Helikoptermütter« beschreibt dieses Phänomen. Niemand will das sein, doch Ansätze sind häufig zu sehen. Dabei brauchen unsere Kinder gar keine Mütter, die ihnen vieles abnehmen. Sie wollen es nämlich selbst lernen. Sie brauchen auch keine Supermütter, sondern Mamas, die echt sind, menschlich, und die dazulernen. Die ihre Stärken kennen und diese sowie die Schwächen ihrer Kinder großzügig annehmen.

Muttersein unter erschwerten Bedingungen – Single Moms

Zahlreiche Mütter haben die Erziehungsaufgabe allein zu bewältigen. Die sogenannten »Single Moms« stehen den gleichen Herausforderungen gegenüber, aber ohne die Unterstützung eines Partners. Zusätzlich haben sie oft noch an der eigenen inneren Verletzung zu kauen und versuchen, das Elternsein zusammen mit dem Ex-Partner geschickt zu lösen. Nach der Trennung sehen ihre Augen überall Familien – auf dem Spielplatz, im Schwimmbad und auch in der Gemeinde. Diese Mütter bräuchten besonders viel Unterstützung und Ermutigung.

Eine alleinerziehende Mutter mit halbwüchsigen Jungs sagte mir, das Gefühl, alles nicht zu schaffen, sei für sie besonders schlimm gewesen. Mit einer neuen Partnerschaft wird eine »Fortsetzungsfamilie« daraus. Dann gibt es neue Herausforderungen, die ebenfalls nicht ganz nebenbei zu bewältigen sind. Vielleicht bringt der neue Partner Kinder mit, für die diese Mütter dann Ersatzmamas werden. Vielleicht werden auch noch einmal gemeinsame Kinder geboren.

Dafür, die spezielle Situation von alleinerziehenden Müttern näher zu beleuchten, ist hier nicht der richtige Platz. Aber für unsere Verbindung und Verbündung mit ihnen! Wenn Sie demnächst einer Single Mom begegnen, schenken Sie ihr ein freundliches Wort, ein Zuzwinkern oder die ehrliche Frage, wie es gerade in ihrer Familie läuft. Bieten Sie ihr gegebenenfalls Ihre Unterstützung an und beten Sie nach der Verabschiedung um Kraft für sie.

Lieben und Loslassen

Die Kunst besteht in der weisen Kombination von Lieben und Loslassen. Beides wird im Muttersein und Elternsein dringend gebraucht. In einer sehr schwierigen Phase mit einem unserer Kinder während der Pubertät wurde mir das wichtig. Verzweifelt hatte ich die Wohnung verlassen, um Abstand zu finden und Kopf und Herz durchzulüften. Innerlich waren mein Mann und ich fast am Aufgeben. Ich fragte mich, wie es nun weitergehen soll. Plötzlich stand mir der Vater aus dem Gleichnis vom verlorenen Sohn (Lk 15,11-32) deutlich vor Augen. Mir war mit einem Mal klar, wie dieser Vater beides gleichzeitig in vollkommener Weise tut: lieben und loslassen. Sein Sohn ist ganz geliebt und ganz frei, obwohl er wegläuft und ein vollständig anderes Leben einschlägt, als es der Vater gerne gesehen hätte. Mit dieser annehmenden Haltung empfängt ihn der Vater auch, als sein Sohn nach seinem Scheitern wieder zurückkommt. Gott, der Vater, praktiziert beides gleichzeitig mit jedem seiner Menschenkinder. Diese Erkenntnis wurde mir zu einer wertvollen Lektion und ich übte mich ebenfalls darin.

Der himmlische Vater im Gleichnis tut beides gleichzeitig: Lieben und loslassen.

Üblicherweise bekommen wir das nicht so gut hin. Wenn wir lieben, halten wir gern auch automatisch fest. Und wenn wir loslassen, ist schnell der Aspekt dabei, dass wir uns innerlich ausklinken nach der Devise: »Er wird schon sehen, wohin er damit kommt« oder: »Auf mich hat sie ja nicht gehört! Also bitte schön …«.

Lieben und loslassen aber hilft, die Beziehung zu halten, ohne zu klammern. Und Verantwortung an die betreffende Person zu übergeben, ohne innerlich zu resignieren. Wenn unsere Kinder diese Haltung bei uns spüren, wird es für sie leichter sein, auch nach Krisen und Fehlentscheidungen den Kontakt wieder aufzunehmen. So wie der Vater im Himmel mir gegenüber mit offenem Herzen und offenen Armen dasteht, will ich es auch meinen Kindern gegenüber tun. Ich behaupte nicht, dass das leicht ist. Aber auf diese Weise konnten schon Beziehungen wieder heilen, in denen es ohne das liebende Loslassen oder loslassende Lieben der Eltern einen endgültigen Bruch gegeben hätte. Und oft spielen Mütter dabei im Hintergrund eine ganz besondere Rolle, indem sie die Väter dazu ermutigen.

Von unserer Mutter gelernt

»Vieles von dem, was wir über Liebe wissen, lernen wir von unserer Mutter.«[86] Dieses Zitat fand ich am Muttertag auf Pinterest. Es regte mich zum Nachdenken an. Ich fand die Formulierung sehr ansprechend, denn üblicherweise denken wir zuerst an die vielen praktischen Dinge, die wir von unseren Müttern lernten. Dazu gehört, wie wir die Wäsche zusammenlegen, Rouladen kochen und Entschuldigungen für die Krankheitstage unserer Kinder schreiben. Ich sehe dabei meine Mutti deutlich vor mir. Und was lernten wir von unseren Müttern über die Liebe? Wann konnten wir sie spüren? Ich, wenn ich krank war und ein besonderes Süppchen gekocht bekam. Oder wenn unsere Mama mir abends nach dem Singen und Beten die dicke Federdecke aufschüttelte, damit mich die Daunen im ungeheizten Zimmer gleichmäßig warm umhüllten. Welche Gesten fallen Ihnen dazu ein?

Eine gute Freundin z. B. verdankt ihrer Mutter die feierlich-festliche Art, wie Weihnachten begangen wird. All die Details der geschmackvollen Dekoration, die Lieder des Kirchengesangbuches und die Art, wie Geschenke gemacht werden. »Von ihr habe ich diese besondere Weihnachtsliebe«, sagte meine Freundin dankbar, als ihre Mutter verstorben war. Für die Literaturnobelpreisträgerin Herta Müller zeigte sich die Liebe ihrer Mutter in dem einen Satz, den sie an jedem Morgen hörte, bevor Herta das Haus verließ. Ihre Mutter fragte dann: »Hast du ein Taschentuch?« Für Herta war das eine indirekte Zärtlichkeit.[87] Herta Müller schreibt selbst: »Die Liebe hatte sich als Frage verkleidet. Nur so ließ sie sich trocken sagen, im Befehlston wie die Handgriffe bei der Arbeit.«[88] Direkter ging es nicht in einer Bauernfamilie, aber es kam an.

Unsere Mütter hatten ihre Begrenzungen und Eigenheiten. Doch sie schenkten uns das Kostbarste, was wir haben: unser Leben.

Unsere Mütter hatten, wie jede Mutter, ihre Begrenzungen und Eigenheiten. Wie wohltuend, wenn es uns gelingt, ihre Liebe trotzdem zu entdecken und in uns nachklingen zu lassen. Das macht reich und dankbar. Immerhin, sie schenkten uns das Kostbarste, was wir haben: unser Leben.

Moralisch schiefe Maßstäbe

Diesen Satz gab ich auch unseren Kindern schon frühzeitig mit, wenn sie nach ihrer leiblichen Mutter fragten. Denn auch sie hat ihren Kindern ein kostbares Geschenk gemacht, indem sie diese austrug und zur Adoption freigab. Es schmerzt mich zu hören, wie oft über Frauen gesprochen wird, die ihre Kinder zur Adoption freigeben. Sie werden schnell als Rabenmütter bezeichnet, als herzlos und kalt. Im Gegensatz dazu werden Adoptiveltern, die ein fremdes Kind aufnehmen, in den Himmel gehoben. Da läuft etwas schief. Es wird Zeit, dieses Denken und Reden zu verändern. Frauen, die ein Kind austragen und nicht behalten werden, verdienen höchsten Respekt. Sie brauchen Unterstützung und Verständnis in ihrem Umfeld. Mütter, die ihre Kinder zur Adoption freigeben, sind mutige Frauen. Sie wählen eine Form des tiefen Verlustes, damit ihr Kind an einem anderen Ort gut leben kann. Für mich sind sie ungesehene Heldinnen. Ich bete darum, dass die Mutter unserer Kinder von Gott gesegnet wird und ihre Herzenswunde heilen kann.

Andere Formen der Mütterlichkeit

Auch Frauen, die keine eigenen Kinder haben, können sehr mütterlich fühlen und handeln. Das vergessen Mütter manchmal und verletzen damit kinderlose Frauen. Ich denke an eine kinderlose Kollegin, die jahrelang als Kinderkrankenschwester gearbeitet hatte. Es kränkte sie tief, wenn Mütter meinten, sie hätte keine Ahnung von Kindern, nur weil sie keine eigene Familie gründen konnte.

Es wird so viel Mütterlichkeit und Fürsorge gebraucht in unserer Gesellschaft. Ich bewundere Frauen, die diese Fähigkeiten nicht brachliegen lassen, wenn sie keine eigenen Kinder haben können. Natürlich ist da zuerst der Schmerz und die Trauer, die Raum brauchen. Wie schön ist es aber, wenn danach die mütterlichen Fähigkeiten und Begabungen in einen anderen Bereich hineinfließen dürfen. Zu einem Patenkind, Nachbarskind, zu Nichten und Neffen, zu geflüchteten Kindern, die nach Deutschland kommen, oder in Patenschaftsprojekte auf der weiten Welt. Auch Frauen, deren Kinder erwachsen sind, können andere von ihren mütterlichen Fähigkeiten profitieren lassen. Bedürftige Menschen gibt es genug, nicht nur Kinder. Selbst bei Senioren und Demenzkranken kommen diese besonderen weiblichen Fähigkeiten noch an und wecken ein Gefühl der Geborgenheit.

Mütter sind auch nur Menschen

Ja, in der Tat: Mütter sind Menschen. Glücklich, genervt, stolz, enttäuscht, erwartungsvoll, erschöpft, begeistert, verzweifelt, gerührt, wütend und verliebt. Muttersein ist ein Ausschnitt ihres Lebens. Dass dies einen Großteil ihrer Lebensenergie und Zeit beansprucht, ist schöpfungsgemäß und gesund. Immerhin geben sie menschlichen Wesen ein Zuhause und prägen die nächste Generation. Das adelt sie. Auch wenn die Anerkennung in der Gesellschaft für diese Tätigkeit nicht immer gegeben ist und Rentenpunkte fehlen werden – jede Mama kann etwas sehr Nachhaltiges bewirken, nämlich das Leben ihrer Kinder positiv beeinflussen!

Einige Fragen und Anregungen:

- Üben Sie sich darin, das Muttersein zwar ernst zu nehmen, aber nicht Ihren gesamten Selbstwert daran festzumachen. Sonst besteht die Gefahr, als Mutter zu perfekt sein zu wollen.

- Fangen Sie jeden Tag wieder neu an, sich in Selbstachtung und Liebe für Ihre Familie zu üben.

- Falls Sie unsicher sind, ob Sie als Mutter »genügen«, stellen Sie sich aufbauende Fragen. Zum Beispiel: Welche besondere Stärke habe ich als Mutter? Was bringe ich in unsere Familienatmosphäre ein? Aus welchen Gründen können die Kinder froh sein, mich zur Mama zu haben?

- Beschäftigen Sie sich weniger damit, besser sein zu wollen als andere Mütter. Fokussieren Sie sich lieber darauf, welche Werte Ihnen wirklich wichtig sind und wie Sie diese ins Familienleben einfließen lassen können.

- Es braucht Ihnen nicht peinlich zu sein, wenn Sie merken, dass Sie bei der Erziehung Ihrer Kinder Rat und Hilfe in Anspruch nehmen sollten. Melden Sie sich in einer Familienberatungsstelle an, besuchen Sie einen Elternkurs oder ein Familienrat-Training[89]. Damit können Sie wertvolles Handwerkszeug für ein entspannteres Familienleben finden.

- Bringen Sie Ihrer Mutter gegenüber die gleiche Nachsicht und Großzügigkeit auf, die Sie sich eines Tages von Ihren eigenen Kindern wünschen. Ja, unsere Mütter haben auch Fehler gemacht. Genau wie wir. Wenn wir unseren Müttern verzeihen, werden wir gleichzeitig gnädiger mit uns selbst.

9.

Kinderlos und / oder Single? – UNERWARTET ANDERS LEBEN

Sie werden gebraucht

Wenn Sie zu dieser Gruppe von Frauen gehören, schwingt in der Buchüberschrift für Sie ein weiterer Akzent mit. Wie kann das gehen? Unvollkommen glücklich sein, obwohl ein Wunsch, vielleicht sogar ein tiefer Herzenswunsch, (noch) nicht in Erfüllung gegangen ist? Wie können Sie Mut finden zu Ihrer individuellen Lebensführung? Und das, obwohl viele Frauen um Sie herum – Schwestern, Freundinnen und Kolleginnen – ein anderes Leben führen und gerne darüber erzählen. Selbst in reiferen Jahren, wenn alles überwunden scheint, kann der Schmerz plötzlich wieder in Ihnen aufsteigen. Ein Großteil Ihrer Freundinnen werden dann nach und nach Oma und wollen stolz Enkelfotos präsentieren oder lustige Kindersprüche zum Besten geben. Und Sie stehen dabei und haben kein Kinderfoto auf Ihrem Smartphone …

Ja, Sie sind eine vollwertige Frau! Ja, Sie werden gebraucht! Sie füllen einen Platz aus, der Bedeutung hat.

Die nachfolgenden Gedanken sollen wie eine warme Umarmung für Sie sein. Ja, Sie sind eine vollwertige Frau! Ja, Sie werden gebraucht! In dieser Welt und in Ihrem ganz eigenen Umfeld. Sie füllen einen Platz aus, der Bedeutung hat. Es gibt Menschen, die dankbar dafür sind, dass Ihr Leben genau so ist, wie es ist. Denn dadurch leben Sie Ihr unvergleichliches Dasein und werden auch für Menschen um Sie herum zu einem wertvollen Gegenüber.

Wie viel würde fehlen …

Vor meinem inneren Auge erscheinen Bettina, Silke, Christine, Doris, Martha, Tina, Birgit, Susanne, Gabriele, Steffi, Elke, Sabine und Daniela. Wie viel wäre verloren gegangen, wenn diese wunderbaren Frauen all ihre Kraft und Liebe in eine eigene Familie investiert hätten. Stattdessen wirken sie still und selbstverständlich oder laut und animierend an ihrem Platz im Leben. Sie mischen mit, tragen bei, haben Ideen. Sie beten, arbeiten und feiern. Den stilvollsten Esstisch meiner Jugend richtete regelmäßig eine Frau her, die kinderlos war und keinen Partner hatte. Ich liebte es, sie zu besuchen und das besondere Ambiente ihrer kleinen Wohnung zu genießen.

Verlust betrauern

Es gibt natürlich bedeutende Unterschiede, obwohl ich Sie hier als zu einer Gruppe gehörig anspreche. Verheiratete Frauen, die kinderlos sind. Singles mit Kindern. Singles, die noch auf einen Partner hoffen, aber kein Kind mehr bekommen können. Singles, die ohne Partner sehr zufrieden sind, aber gerne Mutter geworden wären. Kinderlose Frauen, die schmerzlich beides entbehren, die Partnerschaft und eigene Kinder. Frauen, die eine oder mehrere Fehlgeburten durchlitten haben. Und damit sind noch gar nicht alle der unterschiedlichen Lebenssituationen aufgezählt ...

Je tiefer Ihr Wunsch nach Kindern oder nach einem Partner gewesen ist, desto wichtiger wird der bewusste Trauerprozess. Alles, was wir nur »runterschlucken« und verdrängen, meldet sich auf irgendeine Weise zurück. Eine lang anhaltende, tiefe Traurigkeit, Mutlosigkeit, Neid oder Verbitterung könnten sich einstellen. Am schwersten haben es mitunter Frauen, denen es nach einer Abtreibung nie wieder möglich war, ein Kind auszutragen. Schuldgefühle bis hin zur Selbstverachtung können ihr Leben überschatten. Wie heilsam wäre es, wenn sich das verändern dürfte. Falls das Sie betreffen sollte, möchte ich Sie ermutigen, sich Beratung oder Seelsorge zu suchen. Denn Sie sind es wert, dass Sie erleben dürfen, wie alte Wunden heilen und ein Neuanfang möglich wird.

Das Kapitel über Tränenzeiten hat vielleicht schon etwas in Ihnen in Bewegung gebracht. Nicht jede Frau trauert mit Tränen. Aber zur Trauer gehört es, den Verlust klar zu benennen und ihn als einen Teil des eigenen Lebens wahrzunehmen. »Ja, da fehlt mir etwas. Da gibt es ein riesengroßes Loch. Der Verlust brennt in meiner Seele.« Nur nach diesem Trauerprozess kann es möglich werden, sich dem Leben wieder zuzuwenden und – zuerst zaghaft, später möglicherweise optimistischer – Gutes zu erwarten.

Die Gegenwart Gottes hoffnungsvoll ertasten

Für manche wird das auch eine Auseinandersetzung mit Gott beinhalten. »Wieso hat er meine Gebete nicht erhört? Enthält er mir etwas vor? Ist er vielleicht gar nicht solch ein guter Vater, wie es immer gepredigt wird?« Solche und ähnliche Fragen könnten Ihnen ins Herz schneiden. Suchen Sie sich Begleiter, die diese Fragen aushalten können, ohne vorschnelle Antworten zu geben. Begleiter, die Ihnen Mut machen, die Tiefe zu durchschreiten. Gott wird Sie selbst die Antwort finden lassen. Vielleicht können Sie folgendes Gebet sprechen, das von Henri Nouwen formuliert wurde: »Herr, ich bitte dich: Öffne mir Herz und Sinn für das große Geheimnis deiner wirkmächtigen Gegenwart in meinem Leben.«[90] Diese Worte kann ich beten, ganz gleich an welchem Punkt ich mich gerade befinde oder welche Not mich gerade quält. Das Gebet öffnet das Fenster nach vorn. In das Vertrauen hinein, dass es da noch etwas gibt, das größer ist als meine ursprünglichen Lebenspläne. Und nicht nur *etwas*, sondern *jemanden*: Gott, dessen wirkmächtige Gegenwart mich begleitet.

> Herr, öffne mir Herz und Sinn für das große Geheimnis deiner wirkmächtigen Gegenwart in meinem Leben.
> (Henri Nouwen)

Neue Wege bahnen

In der näheren und ferneren Zukunft liegen zahlreiche unverwirklichte Möglichkeiten. Niemals können wir sie alle ausschöpfen. Wir dürfen unseren Weg suchen und finden und fühlen uns dabei vielleicht an ein kleines Rinnsal erinnert, das sich seinen Weg über den Waldboden bahnt. Aber wir sind nicht allein, während wir nach Möglichkeiten Ausschau halten und diese zu verwirklichen suchen. Gott wirkt in diesen Prozess mit hinein, indem er Fügungen schenkt. Uns Menschen in den Weg stellt, die uns weisen Rat geben. Berufungen klar werden lässt. Seine heilenden Hände auf unsere Wunden legt. Ja, die Möglichkeit der Mutterschaft oder Partnerschaft hat sich für Sie (noch) nicht verwirklicht. Aber das heißt nicht, dass Ihr Leben deswegen ein defizitäres Leben ist. Es ist einfach *anders*. Unvollkommen und gut.

Eine Zukunft voller Möglichkeiten

Victor E. Frankl, der österreichische Psychiater, der als Jude das Konzentrationslager überlebte, fasste seine erschütternden Erfahrungen nach dem Krieg mit großem Optimismus zusammen.[91] Er bietet eine Fülle von Denkansätzen an, die helfen können, schwerste Lebenskrisen und Verluste aus einem neuen Blickwinkel zu betrachten. Eines seiner Bilder besagt, dass oft erst Ruinen den Blick auf den Himmel freigeben.[92] Tatsächlich. In einem massiven Lebenshaus, sicher in unseren eigenen vier Wänden, sehen wir den Himmel oft nicht. In einer Ruine dagegen zieht es den Blick nach oben. Deshalb: Blicken Sie, symbolisch gesprochen, mehr auf den Himmel als auf die Ruine!

Ja, das ist mein Leben. Und ich entscheide mich, es zu lieben!

Das geht auch ganz praktisch. Sie können an einem Tag mit klarem Himmel eine echte Ruine aufsuchen. Zelebrieren Sie es, sich mitten hineinzustellen, die Arme auszubreiten und in den Himmel zu schauen. Lassen Sie diese Weite auf sich wirken. Vielleicht formt sich in Ihrem Herzen ein Satz, der dann über Ihre Lippen kommen will. Etwa: »Ja, das ist mein Leben. Und ich entscheide mich, es zu lieben!« Sie werden Ihren eigenen Satz finden, der genau zu Ihnen passt.

Und dann dürfen Sie gespannt sein, was sich in Ihrem Leben

noch ereignet; wofür Sie gebraucht werden; wozu Sie Ihre Fähigkeiten einbringen können; was Gott Ihnen aufs Herz legt.

Die vielleicht mütterlichste Frau des letzten Jahrhunderts war kinderlos und unverheiratet – Mutter Teresa. Sie hat gezeigt, wie erfüllt und segensreich ein Leben ohne Familie sein kann. Natürlich müssen Sie keine Mutter Teresa werden, sondern dürfen einfach nur Sie selbst sein.

Falls Sie die Talsohle noch nicht durchschritten haben:

- Wenn Sie merken, dass bei Ihnen noch viel Schmerz besteht, suchen Sie nach einer Möglichkeit, an dieser Stelle liebevoll nachzuarbeiten. Vielleicht planen Sie dazu eine Auszeit. Oder Sie buchen eine seelsorgerliche Begleitung. Das Ergebnis ist die Mühe und die Investition wert.

- Wenn das gerade zeitlich nicht passt, lassen Sie das Vorhaben ruhen. Wenn es für Sie wichtig ist, wird auch die Lebensphase kommen, in der Sie noch einmal hinschauen. Bitte stürzen Sie sich nicht in dieses Thema, ohne wirklich Kapazität dafür zu haben. Denn alles, was in Ihrem Leben gut läuft, soll nicht unterbrochen werden.

- Wenn es dann so weit ist: Schauen Sie Ihren Verlust noch einmal genauer an. Fragen Sie Ihre Gefühle, was sie Ihnen sagen wollen. Die Traurigkeit, den Neid oder die Verbitterung. Lehnen Sie diese Gefühle nicht ab, sondern hören Sie auf ihre Botschaft. Erst wenn diese Gefühle sich verständlich gemacht haben, können sie auch wieder gehen.

- Fragen Sie sich, ob es Tage gibt, an denen Sie besser mit dem Verlust leben können. Und was an diesen Tagen anders ist. Wenn Sie das verstanden haben, können Sie versuchen, diese Rahmenbedingungen vermehrt zu suchen oder selbst herbeizuführen.

- Beschäftigen Sie Ihre Gedanken damit, welche Werte – außer Mutter sein und Partnerin sein – Sie verwirklichen möchten. Güte, Großzügigkeit, Glauben, Hilfeleistung, politisches Engagement, Kreativität, Ermutigung – alle Werte werden gebraucht im menschlichen Zusammenleben. Werfen Sie Ihre Werte mutig und voller Selbstvertrauen in den Ring. Und vertrauen Sie darauf, dass dies Auswirkungen haben wird.

10.

Partnerschaft –

MITEINANDER FÜREINANDER

Sie bereitet morgens Spiegelei und Speck, er erscheint mit Aktentasche und Zeitung, isst sein serviertes Frühstück, vertieft sich dabei in seine Lektüre und verschwindet anschließend ins Büro. Kay und Arnold sind ein Paar in den reiferen Jahren, das routinemäßig nebeneinanderher lebt. Aus Anlass ihres 31. Hochzeitstages sind die erwachsenen Kinder zu Gast. Erwartungsvoll fragen sie, was man sich denn gegenseitig zu solch einem Anlass schenkt. Peinlich berührt antwortet Kay: »Ein neues Pay-TV-Abo.« Der Satzfetzen hängt seltsam in der Luft, und Kay erklärt, dass da eine Menge Sender dazugehören. Zaghaft fragt Kay wenig später ihre Freundin, ob diese es für möglich hält, dass eine Ehe sich ändert. Deren Antwort kommt prompt: »Nein, eine Ehe ändert sich nicht. Dann müsste man eine Menge riskieren …« Genau das tut Kay. Sie liest, googelt und bucht eine kostspielige Ehetherapie von ihrem ersparten Geld. Ihren innerlich abwesenden Ehemann Arnold stellt sie vor vollendete Tatsachen und legt ihm die komplette Buchung vor.

Er findet das total verrückt und vollkommen sinnlos. Kay kündigt entschlossen an, dass sie notfalls auch allein fliegen wird. Werden sie die Therapie gemeinsam beginnen? Ändert sich eine festgefahrene Ehe, wenn einer viel riskiert? Das zeigt der Hollywood Film »Wie beim ersten Mal«, in dem Meryl Streep und Tommy Lee Jones Hauptdarsteller sind. Nachdenklicher Stoff zu einem wichtigen Thema mit teilweise skurrilen Szenen. Aus meiner Sicht: lohnenswert.

Hochzeitsfotos und ihre Ausstrahlung

Hochzeitsfotos atmen einen besonderen Charme, egal, zu welcher Zeit sie geschossen wurden. Heute bildet die Hochzeitsfotografie einen eigenen Gewerbezweig. Je professioneller und individueller der Fotograf arbeitet, umso besser. Auch eine gewisse Extravaganz ist dabei unbedingt gefragt. Denn Brautpaare wünschen sich, dass ihr Foto ein echter »Hingucker« sein sollte. Kontraste und Details stehen hoch im Kurs, sei es die Perle auf einer Blüte des Brautstraußes, das schwingende Kleid oder die Schuhe des Brautpaares. Wem das noch nicht ausreicht, der kann sich auch in einer komplett untypischen Umgebung ablichten lassen, z. B. vor einer Graffitiwand, auf einem Autofriedhof, auf der Mülldeponie, im Wasser oder am schlammigen Ufer. Dabei werden Brautkleid und Anzug mit großer Freude durch Dreck, Wasser oder Farbe ruiniert. Dementsprechend heißt auch das künstlerische Genre dieser Art von Hochzeitsfotografie »Trash the Dress«.

Im Vergleich dazu sind die Hochzeitsfotos unserer Eltern und Großeltern eher feierlich und würdevoll. Sie sprechen ja auch von einer anderen Zeit. Damals galt das Treffen eines unverheirateten Paares ohne Anwesenheit einer dritten Person als unanständig. Der potenzielle Bräutigam hatte beim Vater der Auserwählten förmlich um ihre Hand anzuhalten. Mit der Eheschließung zog man zusammen und begann, sich näher kennenzulernen.

Die Frau war wirtschaftlich abhängig von ihrem Ehemann. In diesen Ehen gab es wohl beides: Paare, die eine tiefe Liebe füreinander entwickelten. Und Paare, die sehr distanziert zusammenlebten oder aneinander vorbei. Nach außen wurde trotzdem das Bild der heilen Familie und Beziehung aufrechterhalten.

Partnerschaft im Wandel der Zeit

Und wie sieht es aktuell aus? Heute sind sowohl Hochzeitsfotos als auch Beziehungen eher im Fluss. Partnerschaften werden schneller und unverbindlicher eingegangen und dann auch wieder aufgelöst. Frauen brauchen keinen männlichen Versorger mehr, sie können genauso gut selbständig leben. Das gibt ihnen mehr Freiheit, aus einer konfliktreichen Beziehung auszusteigen. Längst nicht mehr jeder und jede hegt die Absicht zu heiraten – noch dazu, wenn er oder sie in einer Trennungsfamilie aufwuchsen. Wer sich doch zur Hochzeit entschließt, investiert in der Regel ein kleines Vermögen dafür, ein möglichst exklusives Fest auszugestalten. Die teuren und großformatigen Fotos sind nur ein kleiner Posten davon. Und wie geht es nach der Hochzeit weiter? Glückserwartungen an eine Liebesbeziehung sind in die Höhe geschnellt. Gleichzeitig wuchsen die Kompetenzen dafür, eine ausgewogene Beziehung zu führen, nicht wirklich. Diese Diskrepanz belastet zahlreiche Partnerschaften, obwohl sie wunderbar und hochmotiviert begannen. Gönnen Sie sich einen Moment des Nachdenkens. Wie sahen Ihre persönlichen Glückserwartungen aus? Und welche tatsächlichen Erfahrungen haben Sie mit Partnerschaft gemacht? In der Folge möchte ich sowohl verheiratete Leserinnen ansprechen als auch Frauen in Partnerschaften, die sie als verbindlich erleben. Wer noch nach einem Partner sucht oder ihn wieder verloren hat, könnte ebenfalls vom Folgenden profitieren, ohne dass hier auf diese Themen explizit eingegangen wird.

Die Ehe-Box

Ein unbekannter Autor verglich die Ehe mit einer Art Behälter, einer »Box«[93]. Der Vergleich sagt sinngemäß: Die meisten Menschen heiraten mit der Vorstellung, dass die Ehe wie ein wunderschöner Behälter sei, gefüllt mit all den Dingen, die sie sich ersehnen: Gemeinsamkeit, Romantik, sexuelle Erfüllung, Vertrautheit, Freundschaft, Lachen, finanzielle Sicherheit. Sozusagen verdoppelte Freude bei halbierten Sorgen und Lasten. Die meisten Menschen suchen sich ihren Partner, weil sie denken, hoffen oder annehmen, dass alles, was sie mit dieser Person gefunden haben, so weitergehen oder noch besser werden wird. Aber in Wahrheit erhält man am Anfang der Ehe oder der vertrauten Beziehung nur einen Vorgeschmack. Die »Ehe-Box« ist lediglich mit Werbegeschenken und Proben gefüllt. Bald wird sie leer sein, wenn nicht beide Partner beginnen, etwas in die Box einzubringen, wie z. B. Liebe, Freundlichkeit, Wertschätzung. Dieses Bild stimmt mich nachdenklich. Genauso wie die Feststellung, die der unbekannte Autor später im Text trifft: Wenn einer oder beide Partner mehr aus der Box herausnehmen, als sie hineingeben, wird sie sehr bald leer sein ... Im Bild der »Ehe-Box« erscheint das absolut logisch. Es handelt sich um ein leicht nachzuvollziehendes Rechenexempel. In der realen Partnerschaft ist das leider nicht immer im Bewusstsein. Das muss uns nicht wundern, denn oft gehen unsere Überlegungen nicht so weit. Genauso, wie die meisten Filme gerade an der Stelle aufhören, wenn das Paar sich endlich gefunden hat.

> Wenn die Partner mehr aus der Ehe-Box herausnehmen als hineingeben, wird sie bald leer sein.

Wohl schon immer war das Glück in Liebe und Partnerschaft ein Kernthema des Lebens. Sehnsüchte, Mythen, Träume und Hoffnungen sind damit verbunden. Und genauso Schmerzen, Verluste und Enttäuschungen. Als Teenager träumte ich von der großen Liebe. Ich fragte mich, wie das werden könnte – das Leben mit einem Mann. Vor allem: Welcher Typ wird er wohl sein und wie wird er auf mich aufmerksam werden? Und wie werde ich eigentlich merken, dass er der Richtige ist? Auch das Thema Sex schwirrte mir im Kopf herum. Es bereitete mir ein wenig Sorgen, wie das denn alles funktionieren soll. Und ob es nicht irgendwie komisch ist, Zärtlichkeiten solcher Art auszutauschen. Mittlerweile bin ich seit fast 32 Jahren verheiratet. Auf alle früheren Fragen haben sich gute Antworten gefunden. Die Beziehung zu meinem Mann Johannes ist tatsächlich die wichtigste und vertrauteste Beziehung meines gesamten Lebens. Natürlich ist die Art der Liebe heute anders als 1988. Damals heirateten wir in einer kleinen Kirche in der Nähe von Dresden. Ja, es war schön und romantisch damals, aber nie würde ich die reife Liebe zurücktauschen wollen.

Verliebtheit

Es gibt kaum etwas Beglückenderes, als verliebt zu sein. Ich erinnere mich schmunzelnd an eine Episode aus unserer Verliebtheitszeit. Mein spontaner Mann hielt mich an der rechten Hand, in der linken hatte er eine offene Keksschachtel. Wir liefen durch den Dresdner Hauptbahnhof und zwei ältere Damen kamen uns entgegen. Beschwingt vom eigenen Glück bot Johannes beiden einen Keks an und sprudelte dabei förmlich heraus: »Wenn Sie wüssten, wie schön es ist, verliebt zu sein!!!« Seine Betonung lag auf »ver*liebt* zu sein«. Bei diesen Worten ging sein ganzer Körper schwungvoll mit. Die beiden Damen machten große Augen, nahmen einen Keks und schauten uns amüsiert nach.

Verliebte Paare zu sehen, das ist immer wieder köstlich. Sie blühen förmlich auf, wachsen über sich hinaus und zeigen ganz neue Züge. Sie brauchen wenig Schlaf, aber dafür umso mehr gemeinsame Zeit – oder wenigstens guten Handyempfang. Ihre Benutzung von Herz- und Kuss-Smileys auf dem Smartphone steigt sprunghaft an. Die allerzärtlichsten Kosenamen entstehen und werden mit viel Innigkeit ausgesprochen. Tatsächlich erleben Menschen in der Verliebtheitsphase etwas, das sonst nur einem Baby geschenkt wird. Sie genießen die uneingeschränkte Liebe und Bewunderung, ohne dafür irgendetwas tun zu müssen. Sie werden einfach um ihrer selbst willen geliebt, alle Eigenheiten und Macken inklusive. Wie lässt sich dieses Geheimnis erklären?

Warum verlieben sich Menschen?

Biologen würden auf diese Frage vielleicht antworten: Damit sie sich fortpflanzen und ihre Art erhalten bleibt. Die christliche Antwort könnte lauten: Weil Gott als der Schöpfer es so eingerichtet hat. Die Psychologie bringt eine weitere Antwort ein: Menschen verlieben sich, um ein Gegenüber zu finden, das sie in ihrem Selbstwert unterstützt und bestätigt. Zwei Menschen fühlen sich tatsächlich nur zueinander hingezogen, wenn sie ahnen und spüren, dass sie mit ihrem Sosein beim Gegenüber landen könnten. Der existenzielle Wunsch, sich zugehörig zu fühlen und Bedeutung zu erlangen, wird auf diese Weise erfüllt. Das befeuert die Verliebtheit. Die jeweilige Person fühlt sich in ihrem Wert bestätigt. Sie erhält etwas, das für sie von zentraler Bedeutung ist. Für den einen heißt das, helfen zu können. Für jemand anderen bedeutet es, sich als überlegen zu erleben, bewundert zu werden oder den begehrtesten Jungen bzw. das hübscheste Mädchen der gesamten Schule erobert zu haben.

Die Paar- und Sexualtherapeutin Zivit Abramson[94] fasst das, was auf der unbewussten Ebene zwischen den potenziellen Partnern geschieht, als die Festlegung eines »Paarvertrages« zusammen. Er ist vergleichbar mit einem Deal, bei dem beide Seiten etwas bekommen. Natürlich gibt es auch Einschränkungen und unausgesprochene Bedingungen, sozusagen »das Kleingedruckte«. Dies führt oft später zu Konflikten. Frau Abramson benennt, worin ein günstiger Paarvertrag sich vom ungünstigen unterscheidet.[95] Das wichtigste Kennzeichen eines günstigen Paarvertrages ist die Gleichwertigkeit, die zwischen beiden Partnern besteht. Darunter versteht Frau Abramson wirkliche Ausgewogenheit, gleiche Rechte und gleiche Pflichten. Gleich verteilt sind die Investition in die Partnerschaft, die gegenseitige Wertschätzung, die Bereitschaft, etwas Gutes zu tun, aber auch Verantwortung für alle Lebensbereiche und das Gewicht, welches den Wünschen und Meinungen beider Seiten gegeben wird, sobald Entscheidungen anstehen. Zivit Abramson nimmt damit die Überzeugungen von Rudolf Dreikurs auf. Er stellte fest, dass jede soziale Beziehung, in der sich die Beteiligten *nicht* auf Augenhöhe begegnen, labil ist und bald zu Konflikten und Disharmonie führen wird. Ein Paarvertrag mit günstigen Bedingungen hingegen setzt voraus, dass beide Partner eine gewisse Grundreife erlangt haben.

Das wichtigste Kennzeichen eines günstigen »Paarvertrages« ist die Gleichwertigkeit.

Partnerschaftsfähigkeit zeigt sich an

- der Fähigkeit, den Fakt zu akzeptieren, dass man nicht alles bekommen kann, was man will, und nicht alles so läuft, wie man es möchte;
- der Fähigkeit, Dinge auch aus der Perspektive des anderen zu sehen, ihn zu akzeptieren, wertzuschätzen und entsprechend zu behandeln;
- der Fähigkeit, in Selbständigkeit und Eigenverantwortung sein Leben zu meistern und eigene Ressourcen dafür zu nutzen, anstatt das vom Partner zu erwarten.[96]

Wenn die Partner so aufgestellt sind, könnten sie auch allein leben. Sie benötigen den Partner nicht, um ein Defizit auszugleichen. Stattdessen *möchten* sie zusammenleben, weil sie sich als Paar ergänzen, zusammenarbeiten wollen und sich einfach glücklicher fühlen. Das wäre die allerbeste Basis für eine solide Partnerschaft. Ein ungünstiger Paarvertrag ist gekennzeichnet durch die nicht vorhandene Ebenbürtigkeit und Gleichwertigkeit. Darin sieht Frau Abramson eine problematische Ausgangssituation, die früher oder später Auswirkungen haben wird.

Kann man die Liebe »verlieren«?

Paare, die es erwägen auseinanderzugehen, führen oft als Begründung an, keine Liebe mehr füreinander zu empfinden – natürlich kombiniert mit allerlei anderen Defiziten, die die Paarbeziehung aufweist. Was meinen Sie, kann man die Liebe verlieren, wie einen Schlüssel? Und was sagt die schwindende Liebe aus? Rudolf Dreikurs war der Ansicht, dass Gefühle kein verlässlicher Indikator sind. Er sagte: »Unsere Gefühle sind die Energie, die wir uns selbst geben, um uns zu ermutigen, in die Richtung zu gehen, in die wir gehen möchten.«[97] Ich wiederhole dies noch einmal mit meinen eigenen Worten: Aus unserem umfangreichen Gefühlsrepertoire stellen wir unterbewusst selbst die Gefühle zur Verfügung, die aktuell unseren bewussten oder unbewussten Zielen dienen. So wie die Verliebtheit uns den Antrieb gibt, uns emotional auf einen Menschen zuzubewegen, von dem wir meinen, er würde zu uns passen, hat auch das Verschwinden der Liebe mit uns selbst zu tun. Unsere Gefühle passen immer exakt zu unseren Überzeugungen, Gedanken und Absichten. Letztlich liefern die Gefühle dann den Treibstoff, um uns zum Handeln zu bewegen. Das könnte für Sie befremdlich klingen, ich weiß. Mir ging es ähnlich, als ich dies zum ersten Mal hörte. Denn es widerspricht vollkommen unserem üblichen Denken über Gefühle. Wir meinen, eine andere Person löst bei uns Gefühle aus. In dieser Logik musste Brigitte sich ärgern, *weil Martin* nicht pünktlich zu ihrer Verabredung erschien. Oder Karla verliebt sich, *weil Torsten* solch ein charmanter Mann ist. In Wirklichkeit geht in beiden Frauen etwas vor, bevor ihre Gefühle entstehen. Für Brigitte gehört es vielleicht zu den No-Gos, dass jemand nicht verlässlich ist. Mit dem Ärger bringt sie nun ihr Missfallen deutlich nach außen. Und Karla hat eventuell die Vorstellung, ein Mann sollte sie »auf Händen tragen«. Bei Torsten hat sie dafür gute Chancen und die Verliebtheit macht noch mehr Nähe möglich.

> Gefühle kommen nicht einfach wie ein Wirbelsturm oder verziehen sich wieder wie Wasser bei Ebbe. Wir haben Einfluss auf sie.

Damit gäbe es eine gute und eine schlechte Nachricht im Hinblick auf unsere Gefühle. Die gute Nachricht ist, dass wir nicht ein Spielball unserer Gefühle sind. Sie kommen nicht einfach über uns wie ein Wirbelsturm oder verziehen sich wie das Wasser bei Ebbe. Die schlechte Nachricht lautet, dass wir damit auch keine Ausrede mehr haben, die uns aus der Verantwortung entlässt. Wir können nicht länger unsere Gefühle als Begründung für unser Verhalten anführen, obwohl das so verlockend erscheint. Was bedeutet diese Erkenntnis nun für den Bereich der Liebe und Partnerschaft? Ich vermute, Sie ahnen es bereits ... Wir haben viel mehr Einfluss auf unsere Gefühle, als wir glauben wollen. Und folglich auch Verantwortung dafür. Liebe verschwindet nicht »einfach so«.

Verbindlichkeit eingehen

Der niederländische Individualpsychologe Theo Schoenaker nennt drei Faktoren, die eine dauerhaft gute Partnerschaft möglich machen. Dies sind Verbindlichkeit, Zuneigung und das unaufhörliche Kennenlernen.[98] Schoenaker betont, dass Verbindlichkeit keine halben Sachen zulässt. Die Verbindlichkeit gibt beiden Partnern die Gewissheit, sich aufeinander ganz einlassen und verlassen zu können. Dabei schielen beide nicht nach dem offenen Hintertürchen. Sie wohnen in dem »Haus« ihrer Partnerschaft und wissen auch in schwierigen Phasen: Hier gehöre ich hin.

Bei Paarberatungen wird gelegentlich sichtbar, dass in einer Beziehung die Verbindlichkeit nicht wirklich gegeben ist. Manchmal sogar, wenn es gemeinsame Kinder gibt oder ein Haus erworben wurde. Den Partnern ist das zunächst nicht bewusst, sie suchen wegen anderer Probleme die Beratung auf. Ohne Verbindlichkeit bleibt in einer Beziehung immer ein Rest Unsicherheit. Ein überraschend positives Beispiel dafür war eine Freundin. Sie lebte seit acht Jahren in einer festen Beziehung. Deshalb erwartete sie von der Eheschließung auch keine wirkliche Veränderung, obwohl sie sich freute, dass es doch dazu kam. Ich erlebte ihr Abwägen mit, wie sie es mit dem Namen halten wird. Am liebsten wollte sie ihren eigenen Namen behalten. Dann entschloss sie sich doch, den Namen ihres Mannes anzunehmen. Es war überaus rührend, später am Telefon zu hören, mit welcher Bewusstheit und Freude sie sich mit diesem neuen Namen vorstellte. Ich könnte ihre Betonung heute noch nachsprechen, obwohl meine Freundin schon mehrere Jahre nicht mehr lebt. Damals erzählte sie mir, wie tiefgehend sie die Verbindlichkeit der Ehe erfuhr. Das hätte sie selbst niemals erwartet.

Der Zuneigung Raum geben

Mit Schoenakers Stichwort »Zuneigung« haben wir ein anderes Feld vor uns. Zuneigung ist die Nahrung der Liebe. Zuneigung schafft ein Wohlgefühl und ein Klima der Geborgenheit.

Viele Beziehungen wirken sachlich und abgekühlt. Wenn ein Paar einander zugeneigt ist, spüren dies auch andere. Manchmal bleibe ich auf der Straße stehen und schaue älteren Paaren nach. Es erwärmt mein Herz zu sehen, wie sie einträchtig Hand in Hand unterwegs sind. Schwach und unsicher, aber gemeinsam. In stiller Harmonie, ohne viele Worte. Dann wünsche ich mir, eines Tages ebenfalls so mit meinem Mann zusammengeschweißt zu sein. Wo kommen die Gefühle der Zuneigung her? Die Antwort wird Sie jetzt nicht mehr überraschen: aus *Gedanken* der Zuneigung. Wenn Sie denken: »Wie schön, mein Mann kommt gleich von der Arbeit nach Hause. Dann haben wir ein entspanntes Wochenende vor uns und können die gemeinsame Zeit genießen. Wenn ich morgen sein Lieblingsessen koche, freut er sich bestimmt«, werden Sie anders gestimmt die Tür öffnen, als wenn Sie denken: »Ich bin ja mal gespannt, wann er heute da sein wird. Sicher sind ihm unsere Nachbarn wieder wichtiger als ich und er plaudert noch unterwegs. Ich darf auch nicht vergessen, mich zu beschweren, dass heute Morgen wieder die Socken rumgelegen haben.« Das ist das Gegenteil von Zuneigung. Damit machen Paare es sich gegenseitig schwer. Es sind Kleinigkeiten, die auf die Goldwaage gelegt werden. Der Schriftsteller Otto Flake (1880–1963) war der Überzeugung: »Liebe ist der Entschluss, das Ganze eines Menschen zu bejahen, die Einzelheiten mögen sein, wie sie wollen.« *Gefühle der Zuneigung* können wir also selbst aussäen, indem wir *Gedanken der Zuneigung* in uns keimen lassen. Alle Verliebten tun das automatisch. Das heißt nicht, dass wir dies nach der Verliebtheitszeit nicht auch tun dürften. Sie könnten während einer Hausarbeit wie Bügeln den Fernseher ausgeschaltet lassen und stattdessen Ihrem Partner in Gedanken nette Dinge sagen. Manche stellen sich vor, er würde gegenüber in einem Stuhl sit-

Liebe ist der Entschluss, das Ganze eines Menschen zu bejahen, die Einzelheiten mögen sein, wie sie wollen. (Otto Flake)

zen und direkt zuhören. »Ich mag an dir ...«, Danke, dass du ...«, Weißt du noch, wie glücklich wir in ... gewesen sind? Damals hat mich fasziniert, wie du ...«. Damit kann das Bügeln richtig wohltuend werden. Für Sie selbst und für Ihr Miteinander. Jetzt könnten Sie natürlich einwenden: Dann muss er das aber auch machen! Warum sollte *ich* anfangen? Weil Gedanken der Zuneigung ein Geschenk sind! Und sie werden Auswirkungen auf ihre Beziehung haben. Ähnliche Übungen habe ich selbst oft genug gemacht, um von ihrer Wirkung überzeugt zu sein. Sobald wir in einer angespannten Ehephase stecken und ich bemerke, dass mein Denken über unsere Beziehung oder über meinen Mann ins Negative kippt, geht es los. Ich hole mein Übungsbuch hervor und vervollständige die immer gleichen vier Sätze[99]:

- »Ich finde gut an unserer Ehe, dass ...«
- »Ich finde gut an meinem Mann, dass er ...«
- »Ich bringe an guten Qualitäten in unsere Partnerschaft ein, dass ich ...«
- »Wenn ich wirklich mutig wäre und die Situation in unserer Ehe verbessern wollte, würde ich ...«

Ich versuche, innerhalb weniger Minuten möglichst konkrete und kurze Antworten zu geben. Anschließend stehe ich mit positiveren Gedanken und Gefühlen wieder vom Schreibtisch auf und beginne meine Arbeit. Mein Mann weiß davon gar nichts und ich spreche auch nicht darüber. Diese Übung verändert etwas. Manchmal schreibe ich eine Woche lang oder auch nur wenige Tage, dann verschwindet das Büchlein wieder. Aber es bleibt in Reichweite. Am Datum kann ich im Nachhinein zurückverfolgen, wann es bei uns »dicke Luft« gab. Und ich habe kostbare Notizen darüber, was uns verbindet.

Immer tieferes Kennenlernen

Kennt man seinen Partner? Die Antwort lautet: Ja und nein. Wir kennen einen Teil von ihm, immerhin haben wir eine gemeinsame Geschichte. Wir können sogar Vermutungen anstellen, wie er reagieren wird oder dieses oder jenes betrachtet. Andererseits kennen wir ihn auch nicht. Es wird Überraschungen und Veränderungen geben. Das Kennenlernen setzt sich immer weiter fort und findet nie einen Abschluss. Deshalb nennt Schoenaker es als dritten Faktor der langjährigen Liebe. Das finde ich klasse, denn so bleibt es spannend. Weil ein Mensch so vielschichtig ist und unergründlich. Und auch, weil wir uns alle verändern. Wir stehen vor Situationen, die es bisher nicht gab. Also sind auch unsere Reaktionen darauf neu. Wir haben mit Veränderungen und Einschränkungen zu tun. Und zeigen uns von einer neuen Seite. Das betrifft alle Bereiche. Den Glauben, den wir vielleicht mit unserm Partner teilen, Werte, Sinnfragen, Interessenbereiche, auch Sexualität. In diesem intimen Bereich braucht das Kennenlernen besonders viel Schutzraum, wenn es echt und innig sein soll. Immer wieder erleben mein Mann und ich auch, dass uns eine Erinnerung an unsere Herkunftsfamilie oder unsere Kindheit in den Sinn kommt, die der andere noch nie gehört hat. Damit fügt sich wieder ein kleines Verstehensteilchen in unser Mosaik voneinander. Oder einer von uns beiden hat ein Seminar besucht, einen inspirierenden Menschen kennengelernt, etwas Faszinierendes gelesen und erzählt davon. Schon schwingt eine ganz andere Saite unserer Persönlichkeit und die Ehe erhält frischen Wind und Auftrieb. Selbst wie wir auf Krisen reagieren und Durststrecken bewältigen, bringt immer wieder Überraschungen mit sich.

Gemeinsam glauben oder allein?

Als junge Frau hatte ich das Ideal, im Rahmen der Partnerschaft auch eine ganz tiefe Verbindung in Sachen Glauben erleben zu wollen. Vieles an diesen Erwartungen war gut. Es stand fest, dass wir beide die Bibel schätzen und die Jesusnachfolge ernst nehmen. Wir wollten an Gottes Liebe und Kraft angeschlossen bleiben wie an einen Wasserschlauch. Es war uns wertvoll, Gott um Hilfe bitten zu können. Das galt für unsere Ehe und für alle anderen Belange. Wie verschieden zwei Menschen dann doch sind, auch in ihrem geistlichen Verständnis, wusste ich damals noch nicht. Deshalb wollte ich ab und an meinen Mann vor meinen Karren spannen und ihn geistlich so hinbiegen, wie es meinem Bedürfnis entspricht. Das gab natürlich unnütze Spannungen. Wir haben dazugelernt, und das ist gut so. Jeder hat seine eigene, individuelle Beziehung zu Gott, lebt seine Nachfolge auf eigene Weise. Und wir tun das auch gemeinsam, aber nicht identisch. Ich verstand irgendwann, dass meine tiefsten Bedürfnisse nur Gott erfüllen kann und nicht mein Mann. Dadurch ist es mir möglich, ihm mehr Freiheit zu geben für seine eigene Art der Gottesbeziehung. Das Vertrauen darauf, dass Gott unser Miteinander segnet, uns hilft zu verzeihen und nicht aufzugeben, trägt unsere Ehe. Wir glauben, dass Gott uns ein wunderbares Geschenk gemacht hat mit unserer Partnerschaft. Und er hat uns Verantwortung übergeben, dieses Geschenk zu pflegen. Wenn es Spannungen gibt zwischen uns und ich im Gebet meinen Ärger abladen will, fällt mir regelmäßig ein Satz meines Lieblingspastors Bruce Wersen[100] ein: »Gott ist nicht nur dein Vater, sondern auch dein Schwiegervater!« Ja, er ist auch der himmlische Vater meines Mannes. Damit steht Gott nicht nur

Meine tiefsten Bedürfnisse kann nur Gott erfüllen, nicht mein Partner.

auf meiner Seite, sondern ist für uns beide eingenommen und traut uns Lösungen zu.

Je wichtiger die Beziehung zu Gott für eine Person ist, desto schwieriger wird es für sie, mit jemandem zusammenzuleben, der diesen Glauben nicht teilt. Jeder wünscht sich nämlich, dass seine wichtigsten Werte vom Partner geteilt werden. Oder dass dieser sie wenigstens respektiert. Falls Sie sich für einen solchen Partner entschieden haben, brauchen Sie besonders viel Klarheit und Ausdauer darin, Ihre Beziehung zu Gott aktiv zu halten. Ich wünsche Ihnen sehr, dass das gelingt und dass Ihr Partner in Ihnen eine wunderbare Christin kennenlernt!

Intimität erleben

Erst die Intimität, die Vertrautheit und Offenheit, macht eine Paarbeziehung im wahrsten Sinne befriedigend. Hier sind Missverständnisse vorprogrammiert. Männer verstehen unter Intimität zumeist Sex. Das braucht uns nicht zu wundern, denn für sie ist die sexuelle Erfüllung häufig einer der Hauptwünsche an die Partnerschaft.[101] Frauen wünschen sich zuerst Zuneigung und Zärtlichkeit. Wenn wir als Frauen den Männern ihr Bedürfnis vorwerfen nach der Devise »Sie wollen immer nur das Eine …«, ist das unfair, denn sie sind körperlich einfach anders konstruiert. Zivit Abramson beleuchtet die sexuelle Verschiedenheit in einem ausführlichen Kapitel ihres Buches.[102] Intimität umschließt männliche und weibliche Bedürfnisse. Sie meint einen Zustand des Wohlbefindens und der tiefen Verbundenheit. Sobald Partner ihre Gedanken und Gefühle teilen, entstehen Vertrautheit und wirkliche Nähe. Auch geteilte Ängste und Hoffnungen, Enttäuschungen und Erinnerungen gehören dazu. Die Fähigkeit, Intimität zu erleben, hängt maßgeblich von einem stabilen inneren Selbstwert ab.[103] Schon deswegen lohnt es sich, am eigenen Selbstbild zu arbeiten. Die bekannte Autorin

Eva-Maria Zurhorst geht sogar noch weiter und formuliert ihre steile These als Buchtitel: »Liebe dich selbst und es ist egal, wen du heiratest«.[104] Da ist etwas Wahres dran. In der Ehe dürfen wir uns gegenseitig dabei unterstützen, uns selbst zu lieben und anzunehmen. Jede Erfahrung der Intimität kann dazu beitragen, natürlich auch die erfüllte Sexualität.

Frauen, die in der Partnerschaft viel in den Bereich Sexualität investieren, sind eher die Ausnahme. In der Regel kommt dieser Part von der männlichen Seite. Auch ich könnte einige Zeit gut ohne Sex leben, schmunzle aber bei der Feststellung, wie viele schöne Erfahrungen ich meinem Mann verdanke, weil er mich motiviert und eingeladen hat. Sie haben uns noch inniger miteinander verbunden und ich möchte sie nicht missen.

Unser geschätzter Lehrer und Institutsleiter Peter Pollak warb während unserer Ausbildung darum, dass Frauen selbst Verantwortung für ihre Sexualität übernehmen sollten. Das möchte ich hier an Sie weitergeben, ohne weiter ins Detail zu gehen. Sex gehört nicht in den Verantwortungsbereich der Männer, sondern in unsere gemeinsame Verantwortung. Was in der Partnerschaft einmal verschwindet, ist schwer zurückzugewinnen – auch das betonte Herr Pollak immer wieder. Also sollten wir darauf achten, dass wir in unserer Partnerschaft weiterhin mit Freude sexuell aktiv bleiben. Nicht jedes Mal muss dabei große Leidenschaft im Spiel sein, es reicht auch unsere gegenseitige tiefe Zuneigung. Ich weiß, manche Frauen tun sich schwer damit. Ihr sexuelle Lerngeschichte prägte sie anders. Sexuelle Themen wurden negativ eingefärbt. Auch die falsch verstandene christliche Prägung richtete bei manchen Frauen echte Schäden an, obwohl Sexualität in der Bibel sehr wertschätzend vorkommt. Die Sexologin Veronika Schmidt schrieb hervorragende Bücher, die christlich geprägten Frauen – man

> Die emotionale und sexuelle Intimität hat ein gigantisches Potenzial. Sie verbindet und beglückt.

müsste eher sagen: in dieser Hinsicht *fehlgeprägten* Frauen – zu mehr Freude und Freiheit verhelfen wollen.[105] Ihre Anregungen sind auch als Blog zu finden.

Die Intimität, emotional und sexuell gesehen, hat ein gigantisches Potenzial. Sie verbindet und beglückt. Ich wünsche es Ihnen sehr, in beiden Bereichen ein wenig mehr auszuschöpfen als bisher. Das kann den Charme einer langjährigen Partnerschaft erhöhen.

Machtkämpfe

In manchen Partnerschaften werden auf der Spielwiese der Sexualität verdeckte Machtkämpfe ausgefochten. Dann fordert er sein Recht ein oder sie bestraft ihn mit Ablehnung. Das tut keiner Beziehung gut. Jede Form von Machtkampf ist ein Alarmsignal. Denn bei ihnen geht es nicht um *wir*, sondern um *ich oder du*. Damit hat sich etwas massiv verschoben. Paare, die zahlreiche interne Konflikte austragen oder unterdrücken, stehen vor der Schwierigkeit, dass dies ihnen die Kraft raubt für die wirklichen Aufgaben des Lebens. Welche das sind, werde ich noch ansprechen. Sämtliche Machtkämpfe verschleißen sinnlos Kräfte. Mein ehemaliger Dozent und jetziger Supervisor Stephan Hilckmann pflegt zu sagen: »Man kann nur recht haben … oder Frieden.« Daraus ergibt sich die sinnvolle Frage, was mir wichtiger ist. Will ich Entspannung in die Situation bringen oder mich durchsetzen? Will ich in Harmonie mit meinem Mann leben oder beweisen, dass ich recht habe? Dementsprechend kann ich mich verhalten. Es wird mir gar nicht so schwerfallen wie befürchtet. Denn Frieden und Harmonie sind Ziele, von denen auch ich profitiere, viel mehr als vom Rechthaben. Da der Mensch zielorientiert ist, selbst im Unterbewusstsein, stellt diese Entscheidung Weichen. Jeden Tag neu. Der Motivationsberater Zig Ziglar meint, dass es vielen Paaren wesentlich besser gehen könnte. Dafür müssten sie nur verstehen, dass sie auf derselben Seite stehen.[106] Sie sollen nicht gegeneinander Tau ziehen, sondern in einer Mannschaft gemeinsam antreten und zusammenarbeiten. Zum Wohle aller, die in dieser Familie leben. Oh, oh, das hätte ich schon früher wissen sollen! Wie viele heftige Auseinandersetzungen hätten wir uns sparen können, mein Mann und ich. Mein Mann prägte damals den Begriff der »Horrornächte«. Er meinte damit die endlosen Dispute, die ich initiierte, nachdem die Kinder schliefen. Ich wollte selbst im Bett noch alles ausdiskutieren und meinte damals, ich wollte eine Klärung herbeiführen. Heute weiß ich, dass ich eher meine Sicht durchsetzen wollte, als die Dinge auch mal aus der Perspektive meines Mannes zu sehen. Das raubte uns Kraft, Schlaf und Freude.

Wofür Sie als Paar Ihre Kraft brauchen

Was sind nun die Aufgaben eines Paares? Die Partner dürfen das Leben teilen und sich gleichzeitig darin unterstützen, es gut zu meistern. Neben dem normalen Alltag gehören dazu natürlich auch alle Krisenphasen. Davon gibt es vorhersehbare und unvorhersehbare. Eine vorhersehbare Krise ist die Geburt des ersten Kindes und die herausfordernde Phase mit Kleinkindern. Vielleicht auch der Stress, der mit einem Hausbau oder Umbau verbunden ist. Später natürlich auch das Loslassen der Kinder in ihr eigenes Leben und die Unterstützung oder gar Pflege älter werdender Eltern. Es sind immer Paare zu finden, die vorleben, wie konstruktiv und unterstützend man in diesen Belangen zusammenarbeiten kann. Da lohnt es sich immer wieder hinzuschauen und sich anstecken zu lassen, auch wenn die Gegebenheiten jeweils unterschiedlich sind.

In jeder Partnerschaft kommen auch unvorhersehbare Krisen ins Leben. Das kann vieles sein. Krankheit, Insolvenz, Probleme mit einem Kind, häufige berufliche Veränderungen. Sie fordern massiv heraus, weil das Paar sich auf sie nicht vorbereiten konnte. Lang anhaltende Konflikte innerhalb einer Großfamilie oder Bedrohung der Existenzgrundlage können an den Rand der Verzweiflung führen. Wie gut, wenn ein Paar sich dann fest in den Arm nehmen kann, miteinander weint oder schweigt. Und erst danach überlegt, wie es jetzt weitergehen könnte.

Ist das eine Ehekrise?

Und wenn die Ehe selbst in der Krise steckt? Wenn das, was so erschüttert, nicht von außen kommt, sondern sich innerhalb der Partnerschaft abspielt? Schauen Sie erst mal genauer hin. Nicht jeder Konflikt ist gleich eine Krise, auch wenn er sich in dem Moment katastrophal anfühlt. Ich bemerkte beispielsweise nach einem Konflikt, der mich ziemlich traurig machte und herunterzog, wie lange Zeit wir friedlich und harmonisch zusammengelebt hatten. Es war immerhin schon der 18. Januar und wir hatten bisher noch keinen Streit im neuen Jahr gehabt.

Also tröstete ich mich damit, dass es ja nicht so schlimm mit uns sein kann. Richtig. Wir fanden auch bald eine Lösung. Es ist immer klug, sich nicht zu tief in den Strudel des aktuellen Konfliktes hineinziehen zu lassen. Denn er ist nur ein kleiner Ausschnitt der gesamten gemeinsamen Geschichte. Bei einer Auseinandersetzung macht es Sinn, genau danach zu fragen, welche Bedürfnisse letztlich bei jedem dahinterstehen. Oftmals ist der Konfliktgegenstand gar nicht das, worum es wirklich geht. Stellen Sie sich vor, ein Paar streitet sich um Geld. Es diskutiert immer heftiger das Für und Wider einer Anschaffung oder Geldanlage. Dabei geht es gar nicht um Euro, sondern um Bedürf-

> Lassen Sie sich nicht zu tief in den aktuellen Konflikt hineinziehen. Er ist nur ein kleiner Ausschnitt der gemeinsamen Geschichte.

nisse. Vielleicht sucht der eine Partner finanzielle Sicherheit, während der andere sich nicht abhängig fühlen möchte oder um sein Mitspracherecht kämpft. Sobald die Partner dies voneinander verstanden haben und jedes Bedürfnis als gleich wichtig erachten, sind sie der Lösung schon wesentlich näher.

Wissen Sie, was eine »Ehekammer« ist? Wir entdeckten sie in einer siebenbürgischen Kirchenburg in Rumänien und das machte uns neugierig. Wir erfuhren, dass die Ehekammer früher für verstrittene Paare vorgesehen war. Dort gab es jeweils nur einen Becher, einen Teller, einen Löffel und ein Bett. Nachdem das Paar einige Tagen oder Wochen dort verbracht hatte, sollten sich angeblich die Konflikte in Luft aufgelöst haben. In der modernen Ehetherapie geht man heute natürlich anders vor. Das Anliegen ist nahezu dasselbe geblieben, nämlich das Paar möglichst wieder zur Kooperation zu bewegen.

Eine handfeste Krise fühlt sich wesentlich bedrohlicher an als ein Konflikt. In einer Krise geht es um existenziellere Fragen. Dauermachtkämpfe, Untreue, massive Verletzungen des Vertrauens, Zweifel säende Dialoge oder Suchtverhalten jeder Art können dahin führen.

Der bekannte Autor und Paartherapeut Hans Jellouschek motiviert dazu, in einer Krise die richtigen Fragen zu stellen. Sie könnten lauten:

- Wozu fordert die Krise uns heraus?
- Was haben wir eventuell vernachlässigt?
- Wohin können wir uns entwickeln?

Wenn ein Paar bereit ist, darauf ernsthaft Antworten zu suchen, kann eine Krise gemeinsam und konstruktiv bewältigt werden. Oft wird dazu schon Hilfe von außen benötigt. Leider entscheiden sich viele Paare erst zu spät dafür, Beratung in Anspruch zu nehmen. Ich hoffe, dass sich das in Zukunft verändern wird. Immerhin geht es in jeder Paarbeziehung um enorm viel, vor allem, wenn Kinder dazugehören.

Verliebt in einen anderen

In fast jeder Partnerschaft wird es vorkommen, dass mindestens einer der Partner sich zeitweise in jemand anderen verliebt. Mein Mann und ich sprachen am Anfang unserer Ehe über diese Befürchtung. Damals versprachen wir uns, in diesem Falle schonungslos offen zu sein und die Gefühle nicht voreinander zu verbergen. Intuitiv ahnten wir schon, wie wichtig es sein könnte. Und dieses Versprechen setzten wir in die Tat um. Das war nicht leicht, aber heilsam.

Da begegnet mir z. B. jemand, von dem ich mich angezogen fühle, der etwas in mir anrührt. Er könnte offensichtlich auch einige meiner Selbstwertbedürfnisse erfüllen, mich auf eine Weise ergänzen, auf die mein Partner es vielleicht nicht tut. Die Wucht der Gefühle kann irritierend und verunsichernd sein. Und wieder Schmetterlinge im Bauch zu haben, das fühlt sich großartig an. Doch ich erinnere an das Modell des Paarvertrages von Zivit Abramson: In solchen Situationen sollte ich nicht das Gaspedal und die Bremse verwechseln, auch wenn ich lieber Gas geben würde. Jetzt ist es angesagt zu bremsen und einen klaren Kopf zu behalten. Transparenz zu schaffen, statt ein kleines Geheimnis aufzubauen. Einen reifen Gesprächspartner zu suchen. Einen, der die Außensicht hat, meine Werte kennt und mir nicht nach dem Mund redet. Je mehr Handlungen die Verliebtheit schon nach sich gezogen hat, desto komplizierter wird das Geflecht. Und damit auch das Aussteigen. Alle Ge-

> Die Gefühle machen nicht mit uns, was sie wollen. Sie machen, was wir wollen.

danken, die ich in Richtung dieser neuen Person genährt habe, werden auch die entsprechenden Gefühle befeuern. Gleichzeitig wird dies der jetzigen Partnerschaft Boden entziehen und für mehr Entfernung sorgen. Doch wir können zuversichtlich bleiben: Denn wie bereits erklärt, machen die Gefühle nicht mit uns, was *sie* wollen. Sie machen, was *wir* wollen. Auch mit dem neuen Partner würden Wünsche und Bedürfnisse offenbleiben. Um aus diesem Sog der Verliebtheit herauszufinden, ist die beste Medizin, wieder neu in Verbindlichkeit, Zuneigung und Kennenlernen zu investieren – und zwar mit dem eigenen Mann!

Geschichten, die das Leben schreibt

Viele Filmstorys und Romaninhalte drehen sich um die Liebe. Wenn nicht, wird gern wenigstens eine kleine Liebesgeschichte in den Stoff eingebaut. Auch in der Musik wird das unerschöpfliche Thema Liebe wohl niemals aus der Mode kommen. Das entspricht dem wahren Leben. Es gibt rührende, kuriose, dramatische oder skurrile Liebesgeschichten, die Menschen um uns herum erleben. Eine besondere Geschichte verbindet Uta und Wolfgang. Er lernte sie kennen, als seine schwerstkranke Frau von ihr mit besonderem Einfühlungsvermögen gepflegt wurde. Er wusste, dass seine Frau mit höchster Wertschätzung über Uta dachte und dass sie eine tiefe Beziehung verband. Nachdem Wolfgang verwitwet war, fanden die beiden zueinander und sind heute ein Ehepaar. Haben Sie schon ähnlich bewegende Liebesgeschichten gehört? Vermutlich ja. Leider dringt nicht nur Romantisches an unser Ohr, sondern auch Trauriges, Geschichten von Verirrungen und Verwirrungen, Zerbruch und Scheitern.

Dann wieder begegnen uns wunderbare Geschichten der Wiederannäherung und des Neubeginns. Wie die von Carla und Friedrich. Sie lebten eine lange Zeit ziemlich entfremdet nebeneinanderher. Ein Zusammenspiel hauptsächlich um der Kinder willen. Beide waren bemüht, ihren Kindern ein schönes Zuhause und eine geborgene Kindheit zu schenken. In gewisser Weise gelang ihnen das auch. Carla sagte ihrer Freundin oft, dass sie diese Ehe nur noch wegen der Kinder aufrechterhält. Als die Kinder das Haus verlassen hatten, geschah etwas Überraschendes. Carla und Friedrich bewegten sich aufeinander zu. Zaghaft, aber entschlossen. Sie reflektierten sich selbst und merkten, wie viel sie einander bedeuten. Sie lernten neu, sich gegenseitig zu unterstützen, gut zuzuhören und die ihnen eigene Intimität herzustellen. Ihre Silberhochzeit war wie ein frisches Versprechen. Heute sieht man zwischen ihnen wunderschöne Gesten der Vertrautheit und Wertschätzung.

Haben Sie ebenfalls ein Paar vor Augen, durch dessen Umgangsart in der Partnerschaft Sie animiert und ermutigt werden? Für mich sind es Angela und Ulf, zwei ausgesprochen aktive und engagierte Menschen. Sie arbeiten beide mit hoher Verantwortung im sozialen Bereich, sind Eltern von drei Kindern und seit einiger Zeit auch Großeltern. Mich faszinierte es vom ersten Kennenlernen an wahrzunehmen, wie gleichwertig sie ihre Partnerschaft gestalten. Das ist in christlichen Kreisen nicht immer selbstverständlich. Außerdem fiel mir auf, dass sich beide ständig weiterentwickelten und sich dabei unterstützten. Ich fragte meine Freundin Angela, was ihr essenziell wichtig ist für ihre Partnerschaft. Die Antwort lautete: »Wichtigste Grundlage unserer immerhin schon 33-jährigen Partnerschaft sind Vertrauen und Nähe, die Freiraum geben und Freiheit zulassen. Und die Erkenntnis, dass Vertrautheit kein Garant für eine stabile Partnerschaft ist. Gewohnheiten gehören zum Alltag, sie geben das Gefühl der Verlässlichkeit und Sicherheit. Allerdings liegt die Selbstverständlichkeit nicht weit entfernt davon und kann eine Bedrohung der Partnerschaft darstellen.

Es gilt, Partnerschaft immer wieder als Geschenk wahrzunehmen und zu pflegen.

Deshalb gilt es, Partnerschaft immer wieder als Geschenk wahrzunehmen und zu pflegen.« Das tun die beiden. In ihrem schönen Zuhause, mit gemeinsamen Unternehmungen und mit viel Austausch über die Themen, die sie bewegen.

Bis dass der Tod uns scheidet

Jede Partnerschaft ist auf Zeit angelegt. Das wissen die Brautleute, wenn sie dem Pfarrer nachsprechen »... bis dass der Tod uns scheidet.« Sie sagen sich natürlich, dass erst einmal das gemeinsame Leben vor ihnen liegt und nicht der Abschied. Ich schätze dieses Versprechen, auch wenn manche es als nicht mehr zeitgemäß empfinden. Sie argumentieren, dass man heute immerhin in der Regel wesentlich älter wird als unsere Vorfahren. Damit blieben auch mehr Jahre für die Partnerschaft. Und Menschen würden sich verändern. Vielleicht steht hinter solchen Argumenten letztendlich auch ein wenig Angst vor der Verbindlichkeit. Diese Bedenken waren uns fremd. Wir heirateten sehr jung, schon mit 20 Jahren. Heute sind wir Anfang Fünfzig. Wenn ich mit meinem Mann noch zwanzig, dreißig oder vierzig Jahre leben könnte, wäre mir das nicht zu lange.

Und doch wird eines Tages die Situation eintreten, dass einer den anderen überlebt. Ich lernte bereits eine beachtliche Menge Frauen kennen, die ihren Mann verloren hatten, plötzlich oder absehbar, ohne wirklich alt zu sein. Außerdem wird der Verlust im Alter nicht leichter. Wer übrig bleibt, hat den schweren Part zu tragen. Verlust und Leere schreien zum Himmel. Bei diesem tiefen Einschnitt wird spürbar, dass Trauer der Preis für die Liebe ist. Einmal erlebte ich einen stattlichen alten Herrn in der Arztpraxis, der gerade seine Frau verloren hatte. Er trug das Hochzeitsfoto der beiden in einem Beutel bei sich, denn er wollte es vergrößern lassen. Nach unserem Gespräch fragte er mit bebender Stimme, ob er es mir einmal zeigen dürfte. Er durfte.

Auch mir standen Tränen in den Augen und ich ahnte etwas von dem erfüllten gemeinsamen Leben.

Je jünger eine Frau ist, wenn sie zurückbleibt, desto größer ist ihre Chance auf einen ganz neuen Lebensabschnitt nach der Trauerzeit. Manche Frauen blühten auf, wagten sich erneut ins Leben und fanden sogar noch einmal einen Partner. Das Thema Tod und Sterben sollte in der Paarbeziehung sensibel aufgegriffen und besprochen werden. Letztendlich hilft dies zur Klarheit und zum bewussteren Umgang mit der Endlichkeit. Auch ganz praktische Fragen gilt es zu regeln. Der Partner, der als Erstes gehen wird, macht es dadurch dem Überlebenden leichter.

> Keiner weiß, wann der Tag des Abschieds kommt. Bis dahin möchte ich dankbar die gemeinsame Zeit genießen.

Manchmal erhasche ich nachts, wenn ich kurz raus muss und ins Schlafzimmer zurückkomme, einen besonderen Anblick. Dann sehe ich meinen Mann in seiner Lieblingsschlafhaltung. Das entspannte Gesicht und der Arm unterm Kopf – so kenne ich es seit über 30 Jahren. Es ist derselbe Mann, nur 30 Jahre älter und reifer. Dann wird mein Herz warm und ich denke: »Tatsächlich, das ist er – *mein* Mann. Der Mann, mit dem ich mein Leben teile. Hier gehöre ich hin.« Mit diesem staunenden Gefühl und einem Lächeln im Gesicht sinke ich anschließend wieder in den Schlaf.

Keiner weiß, wann der Tag des Abschieds kommen wird. Bis es so weit ist, möchte ich dankbar die gemeinsame Zeit genießen. Und gleichzeitig Gott vertrauen im Hinblick auf alles, was in der Zukunft liegt.

Einige Fragen und Anregungen:

- Welche Träume und Vorstellungen hatten Sie von der Liebe?

- Erinnern Sie sich gern an Ihre Liebesgeschichte? Sie könnten diese in Gedanken wieder einmal hervorholen. Erinnern Sie sich gemeinsam und erzählen Sie sich davon, wenn Sie Ihren Partner noch haben. Auch im Film »Wie beim ersten Mal« gibt es dazu eine anrührende Szene. Selbst, wenn Ihre Partnerschaft heute nicht mehr bestehen sollte, können Sie sich trotzdem an das Schöne im Miteinander erinnern.

- Die Kommunikation zwischen zwei Partnern kann zur *Verbindlichkeit* helfen, *Zuneigung* schaffen und *Kennenlernen* vertiefen. Ergreifen Sie jede Chance, die sich Ihnen dafür bietet. Nutzen Sie bewusst Ihre verbalen und nonverbalen Möglichkeiten, um diese drei Säulen der Partnerschaft zu stärken.

- Gewöhnen Sie sich an, Bitten und Wünsche zu formulieren, anstatt Forderungen zu stellen. Das entspannt das Klima enorm. Sie könnten die Formulierung »Ich wünschte, du würdest ...« in Ihren aktiven Wortschatz aufnehmen. Beispielsweise drückt der Satz »Ich wünschte, du würdest diese Woche noch den tropfenden Wasserhahn reparieren ...« Ihr Anliegen aus, ohne negativen Druck aufzubauen.

- Es ist immer eine Entlastung und Hilfe, für die eigene Beziehung zu beten. Beten Sie nicht: »Herr, bitte lass meinen Mann endlich verstehen, dass ...«, sondern eher: »Herr, bitte zeige mir, was ich anders machen kann und worin mein Anteil an der Konfliktsituation besteht«.

- Falls Ihre Partnerschaft in einer Negativspirale steckt, ist es ratsam, frühzeitig Hilfe in Anspruch zu nehmen. Probleme lassen sich leichter lösen, solange sie noch verhältnismäßig klein sind. Gelingt dies gut, macht es Mut für die gemeinsame Zukunft.

- Allerhöchste Zeit zum Handeln wird es, wenn die Warnsymptome Kritik/Rechtfertigung/Verachtung/Rückzug[107] auftreten. Wenn Sie jetzt noch länger warten, kann es sein, dass Sie Ihre Beziehung verlieren werden.

11.

Loslassen – MEINE ELEMENTARE LEBENSSCHULE

Der Möbelwagen ist fertig gepackt. Wir gehen noch einmal durch die leeren Räume. Dann ist es so weit: Zum letzten Mal die Tür der geliebten Wohnung schließen. Ihren vertrauten Klang hören. Den Blick wenden und die Stufen des Treppenhauses hinuntergehen. Vorbei an den Wohnungstüren der Nachbarn, die für einige Jahre unsere Begleiter waren. Das Geländer fühlen. Das Namensschild schnell noch vom Briefkasten entfernen. Den Blick vor dem Haus zu den vertrauten Bäumen schweifen lassen. Umarmungen von lieben Menschen, gute Worte und Tränen. Ins Auto steigen, langsam und bewusst durch die Stadt in Richtung Autobahn fahren. Dann Gas geben mit Kurs 200 km weiter westlich zu dem Ort, der unser neues Zuhause werden soll. Noch wiegt das Loslassen schwerer als die Vorfreude darauf, was uns dort an Gutem erwarten wird.

Bittersüße Aufbruchsstimmung

Unser letzter Umzug liegt zehn Jahre zurück. Die Gedanken und Gefühle waren bei jedem Umzug ähnlich. Es gab Unsicherheit und tiefen Abschiedsschmerz. Sie mischten sich mit der zaghaften Erwartung des Neuen und einer leisen Hoffnung. Denn wir vertrauten darauf, dass der Weg richtig ist, den wir im Begriff sind zu gehen. Und dass Gott uns mit guten Gründen so führt. Alle Umzüge hatten mit dienstlichen Veränderungen meines Mannes zu tun, der als Theologe an andere Stellen berufen wurde. Für mich hieß das mehrmals, meine Arbeit und mein Umfeld aufzugeben. Das Ja dazu fanden wir immer gemeinsam.

Ganz anders verhält es sich, wenn Menschen sich zum Loslassen gezwungen fühlen. Wenn sie nicht frei entscheiden können, ob sie sich auf eine Veränderung einlassen wollen, sondern andere bereits die Veränderung herbeiführen. Das kann bei der Umstrukturierung einer Firma der Fall sein: Der Arbeitsplatz, den jemand mit Leidenschaft und/oder Treue ausfüllte, wird abgeschafft. Im Unternehmen ist kein Platz mehr für diese Person. Ist es verwunderlich, dass in solchen Situationen oft ungute Emotionen aufkommen? Ich denke nicht. Denn in der eigenen Wahrnehmung verringert sich der Handlungsspielraum. Der Verlust wiegt schwerer als das, was danach eventuell kommen könnte. Er ist ein ziemlicher Tiefschlag, der Körper und Seele niederdrücken kann.

Wechsel der Perspektive

Wer dann die Erfahrung im Herzen trägt, dass Gott ihn nie im Stich gelassen hat, ist gut dran. Denn er ist in der Lage, sie zu aktivieren und sich an diesem Strohhalm festzuhalten. Ja, Gott kann nicht nur alle Widrigkeiten in seine Pläne einbinden, sondern darüber hinaus sogar etwas unerwartet Gutes daraus schaffen. Schon allein dieser Wechsel der Perspektive ist hilfreich, um aus der Opferrolle herauszukommen. Eine neue innere Bewertung kann stattfinden. Sätze wie: »Da haben sie mir wieder übel mitgespielt!« halten uns hilflos und ausgeliefert. Der Entschluss hingegen, innerlich zu denken »So hätte ich es nicht aus freien Stücken gewählt, aber nun lasse ich mich darauf ein« macht den Weg frei. Zum Loslassen und Weitergehen. Die Kraft, die der Widerstand dagegen verbrauchen würde, kann stattdessen in die Gestaltung des neuen Lebens fließen. Und auch dahinein, mich selbst der Hand eines Größeren zu überlassen.

> Ohne das schmerzliche Loslassen wären manche Entwicklungsschritte unmöglich gewesen.

Bei meinen persönlichen Abschieden sehe ich im Nachhinein, wie wichtig diese Schritte gewesen sind. Jeder neue Anfang brachte wichtige Erfahrungen, wertvolle Kontakte und größere Herausforderungen mit sich. Ohne das schmerzliche Loslassen wären einige Entwicklungsschritte schlichtweg unmöglich gewesen. Diese Erkenntnis versuche ich, fest im Herzen zu verankern, denn ich werde sie wieder brauchen. Im Moment befinde ich mich erneut in einer Phase des Loslassens und der Veränderung. Worum es diesmal geht, verrate ich Ihnen am Ende des Kapitels. Das Kribbeln ist das gleiche, ein wenig Ängstlichkeit will sich ebenfalls einschleichen. Und trotzdem behalte ich den eingeschlagenen Kurs bei.

Erfahrung am eigenen Körper

Der Wechsel von Festhalten und Loslassen gehört tagtäglich zu unserem Alltag. Ohne dass wir es bemerken, läuft er automatisch bei vielen Tätigkeiten ab. Beim Anziehen, Tischdecken oder dabei, einen Brief in den Briefkasten zu werfen. Wären Sie bereit für eine Körperübung? Dann lade ich Sie ein, jetzt irgendeinen Gegenstand zu greifen und festzuhalten, der sich gerade in Ihrer Nähe befindet. Das könnte ein Stift sein, ein Dekoartikel oder dieses Buch. Wenn Sie die Anleitung gelesen haben, schließen Sie einfach die Augen und machen Sie Ihre ganz eigene Erfahrung. Je langsamer, desto wirkungsvoller.

- Halten Sie den Gegenstand zuerst locker fest, wie zufällig. Lassen Sie ihn einfach nur in Ihrer Hand ruhen.

- Dann greifen Sie fester zu. Richtig, mit Kraft und Entschlossenheit. So lange, bis es fast anstrengend wird.

- Und dann entschließen Sie sich, dass Sie jetzt lockerlassen wollen. Tun Sie alles, was dafür nötig ist – mit ausgesprochen langsamen Bewegungen. Lassen Sie den Gegenstand fallen oder legen Sie ihn vorsichtig ab.

- Spüren Sie nach, wie es sich anfühlt, wieder eine freie Hand zu haben.

Wie gerne würde ich jetzt mit Ihnen über diese Erfahrung sprechen. Denn jeder Mensch erlebt dieselbe Aufgabe völlig anders. Wie war es für Sie? Was haben Sie am intensivsten erlebt, das Festhalten oder das Loslassen? Wie fühlte es sich dann an, wieder leere Hände zu haben? Wenn Sie das gerne noch einmal bewusst beobachten möchten, können Sie natürlich die Übung wiederholen.

Ich mag diese Art der Erfahrung am und im eigenen Körper. Dabei erschließt sich uns oft mehr, als wenn man nur denkerisch einen Sachverhalt erfassen will. Ich möchte Sie gerne in mein Erleben mit hineinnehmen. Ich greife einen haselnussgroßen weißen Stein. Zuerst spüre ich seine ungleichmäßige Form, die glatte Oberfläche und das leichte Gewicht. Beim längeren Festhalten beginnt meine Hand zu schmerzen, die eigenen Fingernägel schneiden in den Handballen. Von dem Stein selbst kann ich gar nichts mehr spüren, nur noch meine starke Anspannung in der linken Hand. Indem ich im Zeitlupentempo lockerlasse, wird auch der Stein wieder wahrnehmbar. Mit einer langsam drehenden Handbewegung bereite ich mich darauf vor, ihn wieder zu verlieren. Ich staune, dass der Stein länger in der Hand bleibt als vermutet. Vielleicht klebt die Haut ein wenig. Dann löst sich der Kontakt, der kleine Stein folgt seiner eigenen Schwerkraft. Ich höre am Geräusch meiner Schreibtischplatte, wie er aufkommt und liegen bleibt.

Ähnliche Übungen setze ich gelegentlich in der Beratung ein: wenn jemand Mühe hat, seine heranwachsenden Kinder loszulassen. Oder sich nach einer Scheidung auch innerlich vom Partner lösen muss. Oder wenn ein Familienbetrieb nicht weitergeführt werden kann. Anwendungsbereiche gibt es viele. Dann darf der Klient zwei kleine Bälle wählen und die Übung langsam durchführen. Wie das geschieht, entspricht dann exakt der Person. Werden ihre Fingerknöchel fast weiß vom entschlossenen Festhalten? Zittern die Hände vor Anstrengung? Welche Bewegungen führt die Person nach kürzerer oder längerer Zeit aus, um loszulassen? Dieses Erlebnis lässt sich anschließend übertragen auf die aktuelle Lebenssituation. Im Körpergedächtnis gespeichert bleibt nicht nur die wohltuende Erfahrung, losgelassen zu haben, sondern auch, wie es sich anfühlt, die Hand dafür zu öffnen.

Etwas in der Hand haben

In vielen Lebenssituationen ist zunächst nur präsent, was da zurückgelassen wird. Wie beim Umzug fühlt sich das als schmerzlicher Verlust an. Wie sollte es auch anders sein? Denn wir wissen ja noch nicht, was kommen kann. Wir können nur erahnen, was in der Zukunft liegt, welche Möglichkeiten sich ergeben könnten und dass Gott wieder seinen Segen schenken wird. Wir haben es nicht »in der Tasche«, nicht eingepackt und sicher. Ein Sprichwort sagt: »Besser den Spatz in der Hand als die Taube auf dem Dach.« Eigentlich meint das Sprichwort, man sollte zufrieden sein mit dem, was man hat, anstatt nach anderem zu schielen. Es drückt aber auch aus, wie sehr wir es lieben, etwas »in der Hand« zu haben. So wie den Gegenstand am Anfang des Kapitels. Das gibt uns vermeintliche Sicherheit. Im übertragenen Sinne sprechen wir auch gerne davon, etwas »im Griff zu haben«. Es also kontrollieren zu können. Eine Situation, die Arbeit oder die Familie.

Eines Tages müssen wir uns und unser Leben loslassen. Dafür üben wir ein Leben lang. Jeder Verlust ist ein Training dafür.

Manfred Siebald schrieb in einem Lied: »Was wir so fest in Händen halten, das ist uns alles nur von Gott geliehen.« Wie wahr. Es trifft für buchstäblich alles zu. Redeweisen wie »Das letzte Hemd hat keine Taschen« drücken aus, dass wir es eigentlich wissen. *Eigentlich.* Vielleicht rührt unser Impuls, festhalten zu wollen, gerade aus der Angst vor der Endlichkeit her. Ein kurzes Innehalten und Bewusstwerden kann da schon helfen.

Das Stichwort »Loslassen« begegnet uns heute tausendfach. Im Buchhandel, in sozialen Medien und in kurzen Coaching-Clips. Die können übrigens richtig gut sein! Mein erster und bewusster Kontakt mit dem Thema geht viele Jahre zurück. Es war kurz nach der Wende, lange bevor Loslassen als Trend aufkam. In unserem Gesprächskreis sprach ein älterer Pastor darüber. Seine These schlug bei mir ein. Er sagte: »Eines Tages müssen wir uns selbst loslassen. Uns und unser Leben. Dafür üben wir ein Leben lang. Und jeder Verlust ist ein Training dafür.« Damals hatte ich Szenen vor Augen, in denen ich bereits unfreiwillig losgelassen hatte: den Lieblingsteddy, Haustiere, Beziehungen, Menschen, Hoffnungen und Wünsche. Meine Aufmerksamkeit für das Thema war damit geweckt.

Verlust schmerzt

Peng. Wie konnte das passieren? Die schönste Tasse liegt in Scherben auf dem Küchenboden. Eine kleine unbedachte Bewegung reichte dafür aus. Oder es zeigen sich Mottenlöcher im besten Wollpullover. Das ist schon traurig. Vielleich sogar ärgerlich. Der Abschied von lieb gewordenen Gegenständen gehört zu unserem Leben. Während der Kopf sagt: »Es wäre sowieso besser, viel weniger zu besitzen«, protestiert das Herz: »Aber warum muss es gerade die Lieblingstasse sein!!!«. Minimalisten meinen, man sollte nur 100 Dinge besitzen. In zahlreichen Regionen der Welt leben Menschen tatsächlich so. Nicht weil es angesagt ist, sondern weil sie wesentlich weniger als 100 Dinge haben. Ist es im Verhältnis dazu nicht paradox, wie viel Besitz zu unserem Leben gehört? Bei jedem Umzug erschrecke ich. Die moderne Minimalismus-Bewegung lädt zum bewussten Verzicht ein.[108] Sie ist in gewisser Weise eine Gegenbewegung zur Überflussgesellschaft. »Weniger ist mehr« statt »Geiz ist geil«. Durch bewussten Verzicht soll Platz für Wesentliches werden.

Manchen Menschen widerfährt das völlig unvorbereitet. Das geschieht beispielsweise, wenn plötzlich ein Wohnungsbrand wütet oder alles durch Hochwasser überschwemmt wird. Meine Eltern erlebten dies in den Jahren 2002 und 2013 bei den verheerenden Hochwassern in Sachsen. Für mehrere Monate konnten sie nicht mehr in ihrem Haus leben. Mit Mut, Optimismus und Gottvertrauen beseitigten sie das Chaos, unterstützt von zahlreichen Helfern. Während wir auf ihrem verschlammten Grundstück nasse Gegenstände in den Container warfen, hatte ich eine Ahnung vom Loslassen. Es schmerzte. Und es stank fürchterlich.

Kennen Sie die Geschichte vom einzigen Überlebenden eines Schiffsunglücks?[109] Er wird an den Strand einer einsamen und unbewohnten Insel gespült und hält vergeblich Ausschau nach Rettung. So geht es tagelang. Schließlich baut er eine kleine Holzhütte für sich selbst und alles, was er noch hat. Als die Hütte eines Tages abbrennt, schreit und klagt der Mann verzweifelt. Am nächsten Morgen ist plötzlich ein Motorboot zu hören. Der Mann springt auf, läuft an den Strand und fragt überglücklich seine Retter, woher sie wussten, dass er hier sei. Die Antwort ist einfach: »Wir haben Ihr Rauchsignal gesehen.«

Gott hat tausend Möglichkeiten, alles, was uns widerfährt, in seine Pläne einzubinden.

Ja – »Glück oder Unglück, wer weiß das schon?«. Vieles wird erst im Nachhinein ersichtlich. Deshalb gibt ein kluger Bauer in einer anderen Erzählung seinen Nachbarn immer wieder diese Antwort. Die Nachbarn kommentieren und bewerten vorschnell alles, was dem Bauern widerfährt. Für sie ist es ein Unglück, dass dessen Pferd weglief. Ein Glück, dass es zurückkommt und Wildpferde mitbringt. Ein Unglück, dass der Sohn des Bauern sich beim Einreiten der Wildpferde ein Bein bricht. »Glück oder Unglück, wer weiß das schon?« Und der Bauer behielt recht. Denn der unglückliche Sturz seines Sohnes vom Pferd und das gebrochene Bein wurden letztlich der Grund dafür, dass der Sohn nicht mit den anderen jungen Männern des Dorfes in den Krieg ziehen musste.

Wenn wir mitten in einer Situation stecken, sieht manches ganz anders aus als im Rückblick. Letztendlich kann alles, was uns widerfährt, hineinfließen in das Gesamtbild unseres Lebens. Und Gott hat tausend Möglichkeiten, es in seine Pläne einzubinden. Meine Eltern haben heute noch eine besondere Verbindung mit einem Paar aus der Gemeinde. Dessen Hilfe war damals, in den Zeiten der verheerenden Überschwemmungen, eine große Wohltat für sie. Das Paar bot ihnen sofort für einige Monate eine Ausweichwohnung an und lud sie täglich zum Familienfrühstück ein. Diese Erfahrung hätten sie ohne das Hochwasser nie gemacht. Einmal erzählte mir eine Frau, während sie auf den Beginn des Gottesdienstes wartete, dass sie seit 15 Jahren verwitwet sei. Ihr Mann wäre jung gestorben. Er hätte über Jahre eine schlimme Depression gehabt und sich in eine Alkoholsucht geflüchtet. Sie sprach davon, wie schwer diese Zeit für sie gewesen sei. Und mit zunehmender Lebendigkeit berichtete sie weiter, dass sie erst nach dieser Zeit mit dem Glauben in Kontakt kam. Das gibt ihr heute Halt.

Menschen und Beziehungen loslassen

Der Verlust von Menschen und Beziehungen ist viel dramatischer als das Loslassen von Materiellem. Er liegt auf einer anderen Ebene, denn das Beziehungsnetz ist wichtig für jede und jeden von uns. Es schafft eine Form von sozialer Geborgenheit zu wissen: Zu welchen Menschen gehöre ich? Mit wem verbindet mich meine Geschichte? Wer ist für mich da? Für wen bin ich wichtig? Uns zugehörig zu fühlen, stellt ein ganz wesentliches Grundbedürfnis dar. Deshalb ist es verständlich, dass Verluste in diesem Netzwerk uns besonders schmerzen. Eine entstandene Lücke lässt sich nicht einfach wieder füllen, so wie ich eine neue Keramiktasse kaufen kann.

Mir fiel es immer schon schwer, wenn Freunde wieder aus meinem Leben verschwanden. Am liebsten hätte ich alle Beziehungen behalten. Das geht natürlich nicht. Neue Menschen kommen hinzu. Dafür treten andere Verbindungen in den Hintergrund. Heute kann ich besser damit umgehen. Ich durfte lernen, dass in Beziehungen ein Austausch passiert, der beide Seiten beeinflusst. Diese Wirkung ist wichtig und notwendig.

Vielleicht für eine gewisse Lebensphase oder aber für das gesamte Leben.

> Alles hat seine Zeit, auch das Umarmen und Loslassen.

Menschen, die uns eine begrenzte Wegstrecke begleiten, sind wichtig für uns – so, wie die Atemluft nicht nur in uns hineinströmt und wieder hinausfließt, sondern etwas Lebenserhaltendes im Körper bewirkt. Auch Menschen, die wir schmerzlich loslassen müssen oder die fast unbemerkt aus unserem Leben verschwinden, haben ihre Wirkung in uns getan. Und vermutlich gilt das ebenso umgekehrt. Alles hat seine Zeit, auch das Umarmen und Loslassen. Das weiß schon der Prediger Salomo zu sagen (Pred 3,5). Also dürfen wir Menschen innerlich unsere Erlaubnis geben, sich wieder von uns zu entfernen. Das reicht bis in den Sterbeprozess eines geliebten Menschen hinein. Es gilt aber auch im ganz alltäglichen Miteinander.

Im Stich gelassen

Loslassen wird am schwersten, wenn wir uns sitzen gelassen fühlen. Dann kommt zum Verlust noch die Kränkung hinzu. Je näher die Person zu unserem engsten Kreis gehört, umso schmerzhafter wird es. Das kann unsere Kinder, den Partner, Geschwister oder die eigenen Eltern betreffen. So erlebte es ein Mädchen im Teenageralter, dessen Mutter die Familie verließ, um mit einem anderen Mann zusammenzuleben. Viele Jahre lang trug sie das Verlassenheitsgefühl mit sich herum. Gleichzeitig sehnte sie sich danach, von ihrer Mutter gesehen und beachtet zu werden. Obwohl sie nach außen hin vorgab, die Beziehung wäre ihr egal, blieb sie emotional tief verstrickt. Ein angemessenes Loslassen in solchen und ähnlichen Situationen zu üben, das befreit. Der erste Schritt in die richtige Richtung könnte es sein zu verstehen, dass noch alte Verletzungen und unerfüllte Erwartungen mitschwingen. Sie triggern uns, sobald der wunde Punkt in irgendeiner Weise wieder berührt wird. Wir fühlen uns sofort in unserem Selbstwert angegriffen. Wenn wir allerdings verstanden haben, dass unser Selbstwert nichts mit dem Verhalten der anderen Person zu tun hat, können wir wesentlich besser reagieren. Vielleicht mit dem inneren Satz: »Ich gestatte meiner Mutter, dass sie meinen Geburtstag vergessen hat« oder »Ich gestatte meiner Geschäftspartnerin, dass sie mich nicht in ihre Entscheidung einbezogen hat, obwohl sie mich mit betrifft«.

Es ist uns immer möglich, etwas für eine als problematisch erlebte Beziehung zu tun. Freundliche Worte, eine versöhnliche Geste diesem Menschen gegenüber, wohlwollend über ihn und unsere Beziehung zueinander zu sprechen oder sich an verbindende Erfahrungen zu erinnern – das sind nur ein paar Anregungen dazu. Was daraus wird, liegt dann nicht mehr nur in unserer Hand. Alle Gedanken und Erwartungen, was der andere jetzt *tun müsste* und wofür es endlich *an der Zeit wäre*, sind im Unterschied dazu überflüssig.

Je entschlossener wir uns im Loslassen üben, desto klarer können wir auch erkennen, was jetzt in dieser Beziehung unser Part ist. Nämlich alles, was zur Verbesserung der Situation helfen könnte und gleichzeitig unsere Bedürfnisse berücksichtigt. Unsere Aufgabe ist es, unsere inneren »Weichen« so zu stellen, dass der »Beziehungszug« in die Richtung fahren kann, in die wir ihn gerne lenken wollen. Manchmal bleibt tatsächlich nur die Möglichkeit, einen Schritt zurückzutreten und Abstand zu suchen. Am besten halten wir dann aber innerlich »die Tür offen« und begleiten die betreffende Person wohlwollend, indem wir für sie beten. Bei allem hilft es, sich im ruhigen Ein- und Ausatmen zu üben. Das ist der Rhythmus des Lebens.

Lassen Sie uns noch einen Schritt weitergehen. Menschen loszulassen ist schwer und führt uns an unsere Grenzen. Doch die schwerste Aufgabe ist es, wie der Pastor im Gesprächskreis sagte, uns selbst loszulassen.

Eine tief einschneidende Erfahrung machte ich dazu im Rahmen meiner Ausbildung zur Psychologischen Beraterin. Während eines intensiven Moduls zum Thema Sterben gehörte auch Selbsterfahrung zum Programm. Unser Institutsleiter Peter Pollak[110] bat uns, in kurzen Sätzen zu notieren: *Was macht mich aus?* Dann gab er jedem Kursteilnehmer ein Stück straffes Papier, welches wie eine große Krawatte zugeschnitten war. Darauf sollten wir untereinander unsere individuellen Sätze schreiben und die Krawatte dann an unserem Halsausschnitt befestigen. Anschließend forderte Peter Pollak dazu auf, uns ohne Worte den anderen Gruppenmitgliedern vorzustellen. Dazu sollten wir durch den Raum laufen, uns jemandem gegenüberstellen, die Selbstvorstellung des Gegenübers lesen, und uns mit einem freundlichen Blickkontakt wieder verabschieden. Bei mir waren von unten nach oben Sätze zu lesen wie: *Ich bin mit Menschen in gutem Kontakt. Ich bringe mich engagiert ein. Ich lebe gern in meiner Familie. Ich sehe die Schönheit eines Details. Ich fühle. Ich glaube. Ich denke. Ich bin mit Gott verbunden – eine Gesegnete.*

Elf Punkte dieser Art füllten meine Krawatte. Ich fühlte mich sehr gut mit dieser Selbstvorstellung. Das war der leichte Teil der Übung. Keiner wusste, was dann folgen würde. Mitten im friedlichen und nonverbalen Austausch nahm Herr Pollak eine überdimensionale Schere und schritt langsam durch unsere Gruppe. Er blieb vor einer Person stehen, las die Beschriftung ihrer Krawatte, nickte ihr anerkennend und freundlich zu und – schnitt dann den untersten Satz ab! So kamen wir alle an die Reihe. Eine betretene Spannung breitete sich aus. Wir schlichen betroffen und irritiert durch den Raum, um das Erlebte zu verinnerlichen. Irgendwann kam dann der nächste Schnitt. Es schmerzte mich fast körperlich, als mir so mein Engagement genommen wurde. Der Kontakt zu Menschen, die Verbundenheit zu meiner Familie, mein Denken, Glauben und Fühlen. Die Ahnung kroch in mir hoch: So könnte es sein am Ende des Lebens. Als Peter wieder vor mir stehen blieb, um ein letztes Mal die Schere anzusetzen, geschah etwas Unerwartetes: Er las, was am oberen Krawattenende stand: »Ich bin mit Gott verbunden – eine Gesegnete.« Dann nickte er ermutigend und respektvoll, wich von seinem Konzept ab und ließ meinen Satz unangetastet. Anschließend ging er mit seiner Schere weiter zur nächsten Person.

Diese Erfahrung bewegte mehr in mir als hundert Predigten darüber. Sie wurde ein tatsächlicher Schatz, der bis in Mark und Bein gespeichert bleibt. Ja, ich werde einmal alles loslassen müssen. Aber das eine nicht: Meine Verbindung zu Gott hält. Weil *er* sie hält und sich dafür verbürgt.

Dem großen Fänger vertrauen

Von dem niederländischen Priester, Psychologen und geistlichen Schriftsteller Henri Nouwen (1932–1996) las ich einen eindrücklichen Vergleich.[111] Er berichtet von seinem Gespräch mit Zirkus-Trapezkünstlern. Er fragte sie danach, wie das Zusammenspiel von Fliegen und Fangen so gut ineinandergreifen könne. Die Artisten antworteten ihm, dass sich der Flieger nur auf den Fänger zu verlassen hat, ohne selbst nach diesem zu greifen. »Ein Flieger sollte nichts als fliegen, ein Fänger nichts als auffangen; und der Flieger muss mit ausgestreckten Armen völlig darauf vertrauen, dass sein Fänger im richtigen Augenblick nach

> Gott wird zur Stelle sein, wenn du deinen großen Sprung machst. Streck die Arme und Hände aus und vertrau.
> (Henri Nouwen)

ihm greift.« Nouwen formuliert daraus einen Zuspruch für die Stunde des Sterbens: »Hab keine Angst. Denk daran, du bist Gottes geliebtes Kind. Er wird zur Stelle sein, wenn du deinen großen Sprung machst. Versuch nicht, nach ihm zu greifen, denn er greift nach dir. Streck einfach die Arme und Hände weit aus und vertrau, vertrau, vertrau.«[112]

Loslassen und vertrauen, statt alles selbst im Griff haben zu wollen und festzuhalten. Wir haben die Wahl, denn beides gleichzeitig geht nicht …

Loslassen und Anpacken

Aber vorerst üben wir uns noch im kleinen Alltag. Vieles in dieser Welt und in unserem Leben ist nicht so, wie wir es uns wünschen würden. Das kann Anlass geben, uns endlos aufzureiben. Oder aber, das Loslassen zu trainieren. Bitte verstehen Sie mich richtig: Dinge, die geschehen und die nicht gut sind, sollen uns nicht egal sein. Natürlich sind wir aufgefordert, alle unsere Möglichkeiten zu nutzen, die Gestalter unseres Lebens zu bleiben und Verantwortung zu übernehmen. Gleichzeitig aber ist es unsere Aufgabe, uns nicht zu verrennen oder uns festzubeißen. Wie geht beides zusammen?

Indem wir uns darauf konzentrieren, was unser Einflussbereich ist. Wofür wir Verantwortung tragen und wie unser persönlicher Beitrag für alle aussehen kann. Ich kann weder die Welt retten noch bin ich unwichtig. Und dasselbe gilt für Sie und für jeden Menschen. Lassen Sie uns tun, was wir können. Sagen, was wir brauchen. Die Werte einbringen, die uns wichtig sind. Klar und authentisch sein.

Wir sollen nicht unsere Ambitionen loslassen! Sondern ihnen mit Entschlossenheit und Ausdauer folgen. Aber wir dürfen uns lösen von der genauen Vorstellung, welchen Gang das Geschehen anschließend zu nehmen hat. Was die anderen zu tun haben. Wie sie reagieren müssen. Dies alles gehört in den Verantwortungsbereich der anderen.

Auch das Hinnehmen kann eine Form des Loslassens sein. Nicht resigniert, sondern vertrauensvoll.

Viel zu oft gibt es dieses seltsame Zuschauerphänomen: Da sitzt jemand im Sessel und kommentiert aus sicherem Abstand. Beim Fußballspiel, in der Politik oder in der Gemeinde. Als Zuschauer hat man natürlich gut reden. Was die anderen müssten, auf keinen Fall dürften, jetzt endlich tun sollten. Wie grottenschlecht sie agieren und dass es unerträglich ist. Diese schlechte Stimmung gibt kurzfristig ein gutes Gefühl, verpestet aber langfristig das allgemeine Klima. Ganz zu schweigen von der eigenen Seelenlandschaft. Wenn die Zuschauer sich fragen würden, was sie persönlich jetzt beitragen könnten, wären viele Forderungen überflüssig.

Das bekannte »Gelassenheitsgebet«[113] greift diese Spannung präzise auf.

»Gott, gib mir die Gelassenheit, Dinge hinzunehmen,
die ich nicht ändern kann,
den Mut, Dinge zu ändern, die ich ändern kann,
und die Weisheit, das eine vom anderen zu unterscheiden.«

Ja, auch Hinnehmen ist eine Form des Loslassens. Etwas geschehen lassen. Nicht in resignierter Haltung, sondern vertrauensvoll. Denn Gott mischt mit in dieser Welt. Ihn wird nichts aus dem Konzept bringen. Christen sagen oft im Gebet: »Herr, ich gebe es an dich ab.« Das kann die Last einer schier unlösbaren Herausforderung sein oder ein dysfunktionaler Lebensbereich. Dieses Abgeben im Gebet ist mit der Hand in der Anfangsübung zu vergleichen, die langsam ihre Umklammerung löst. Im Gebet geschieht sogar noch mehr. Anliegen werden nicht nur abgelegt, sondern in die Hand eines Größeren übergeben. Und er wird wissen, was damit zu tun ist.

Vergebung annehmen – eine Form des Loslassens

Gott bietet uns einen besonders wertvollen Bereich des Loslassens an, nämlich die Vergebung. Dieses Angebot finden Sie nirgendwo anders. Vergebung für Schuld, für Fehlentscheidungen und geheime Dinge, die uns herunterziehen und belasten wollen. In der Regel ahnen oder wissen wir, wo wir unseren Mitmenschen und Gott selbst etwas schuldig geblieben sind. Göttliche Gnade und Vergebung zu beanspruchen, das ist ein befreiendes Loslassen. Vor einiger Zeit fand ich eine Karte der Stiftung Marburger Medien. Darauf sind pastellfarbene Luftballons zu sehen aus der Perspektive dessen, der sie gleich fliegen lassen wird. Rechts unten steht mit kleinen blauen Buchstaben das Wort »loslassen«.[114] Auf der Rückseite findet sich neben einem Bibelzitat (Ps 103,12) die Anmerkung: »Wir können aufhören, uns und anderen alles Mögliche nachzutragen. Gottes Herzenswunsch ist es, uns Vergebung und Heilung zu schenken. Wir sind frei!« Wie befreiend sich das anfühlt, kann ich Ihnen nur aus meinem eigenen Erleben bestätigen.

Gefühlschaos

Wissen Sie, was wir besonders gern festhalten? Unsere Meinungen und Überzeugungen. Negative Erfahrungen. Vorwürfe gegenüber anderen Menschen. Innere Verletzungen. Schuldgefühle. In diesem Bereich öffnet sich ein riesiges Feld, in welchem wir das Loslassen praktizieren könnten.

Vor einiger Zeit hatte ich eine irritierende Begegnung. Auf meinem Rundweg begegnete ich einer Frau mit ihrem Hund. Aus unserem kurzen, harmlosen Wortwechsel wurde ein unangenehmes Gespräch. Mit offenen Fragen und aufgewühlten Gefühlen setzte ich meinen Weg fort. Ihr ging es vermutlich ebenso. Seltsam. Die Begegnung dauerte nicht einmal drei Minuten, doch sie beschäftigt mich heute noch. An der gleichen Kreuzung werde ich die Szene bestimmt noch ein paarmal erleben – zumindest im Kopf. Kennen Sie das auch? Was ist da los in unseren Gedanken und in Gefühlen?

Je nachdem, wie wir gestrickt sind, fühlen sich die einen nach einer ähnlichen Erfahrung schuldig. Sie drehen sich im Kreis mit der Frage, was sie da wieder falsch gemacht haben. Wie sie nur so dumm sein konnten und dass ihnen so etwas doch eigentlich nicht passieren sollte! Die anderen hingegen sehen die Schuld beim Gegenüber. Sie fragen sich, wie man nur so seltsam und empfindlich sein kann, was das Ganze wohl soll und welche Laus dem anderen über die Leber gelaufen sei.

Automatisch lenken wir unsere Aufmerksamkeit auf diese zwischenmenschliche Störung. Und damit fehlt die Aufmerksamkeit für andere Aufgaben in unserem Leben. Und wieder ist Loslassen angesagt. Es dient nicht nur unserer eigenen psychischen Gesundheit, sondern auch dem sozialen Frieden. Stellen Sie sich vor, ich würde diese negative Erfahrung weiter pflegen. Dann würde ich die Nachbarn fragen, was das wohl für eine seltsame Frau sei. Dabei könnte ich vermutlich weitere skurrile Dinge erfahren, die mein Bild verfestigen. Außerdem könnte ich mein Erlebnis im dramatischen Ton zum Besten geben. Auch das würde Wirkung zeigen für mich und meine Zuhörer. Bei der nächsten Begegnung mit der Frau und ihrem Hund würden meine Zähne schon fest aufeinanderbeißen, der Puls könnte sich beschleunigen oder die Knie weich werden.

Je mehr innerer »Film« bereits abgelaufen ist, desto schwerer wird das Loslassen. Nach Jahren der Entzweiung und der gepflegten Vorurteile wird es zu einer riesigen Hürde. Das Aussteigen aus den negativen Gefühlen ist wesentlich leichter, bevor sich alles zu sehr verfestigt. Wir müssen deswegen die Anfangsirritationen nicht verdrängen, aber zeitnah mit dem Loslassen beginnen.

Jedes Festhalten folgt einem Ziel

»Ich kann nicht …« Wie oft schon habe ich diesen Satz gehört – mit entschuldigendem Schulterzucken und überzeugtem Blick. »Ich kann die Sorge nicht loslassen«; »Ich kann nicht ohne diese Angst leben«; »Ich kann einfach nicht verzeihen«; »Ich kann nicht anders, als mich zu ärgern«. Vielleicht hat die Person es schon versucht, aber es änderte sich nichts. Oder aber der Einwand soll von vornherein verdeutlichen, dass die Person agieren will wie bisher. Dieses Recht steht ja tatsächlich auch jedem zu. Falls Sie das »Ich kann nicht« hinterfragen möchten, dann lassen Sie sich doch bitte auf die folgenden Gedanken ein. Alle Dinge, die wir tun oder lassen, machen für uns Sinn. Oder anders gesagt: Sie folgen einer unbewussten internen Logik. Wir versprechen uns etwas davon.

Wenn wir irgendwo im Loslassen stecken bleiben, wären die angemessenen Fragen: »Was habe ich vom Festhalten?« Vom Festhalten des Grolls, der Unsicherheit, der Vorwürfe oder Ängste. »Wozu halte ich daran fest? Wozu gebe ich diesem Ereignis so viel Raum?« Fällt Ihnen auf, dass in diesen Fragen das Wort »wozu« vorkommt, nicht aber das Wort »warum«? Das hat mit der Zielorientierung des Menschen[115] zu tun. Mit »warum« sind wir in der Regel sofort bei den vermeintlichen Ursachen. Bei den Fehlern der anderen oder den ungünstigen Umständen. Unseren eigenen Anteil könnten wir auf diese Weise wunderbar ausblenden und die Verantwortung abschieben. »Weil XY so unverschämt gewesen ist«, »Weil Maria Mustermann mich damals so verärgert hat«. Das mag schon sein. Die Frage ist, welchen *Gewinn* ich davon habe, diese Erfahrung und Interpretation heute noch festzuhalten. Vielleicht kann ich mich damit besser fühlen, moralisch überlegen? Ich kann etwas in der Hand haben gegen ein Familienmitglied, das mir damit noch etwas schuldet. Oder ich kann ein Vorurteil untermauern, welches ich nicht korrigieren möchte.

Fakt ist: Der Versuch des Loslassens wird nicht gelingen, solange uns nicht klar ist, *wozu* wir etwas festhalten. Wer unbedingt meint, etwas fest in der Hand halten zu müssen, wird seine Hand nicht öffnen. Es ist wie im Nähkurs. Die Nähmaschine tut genau das, was programmiert wurde. Wenn Zickzackstich eingestellt ist, wird sie keinen Steppstich nähen. Es sei denn, wir greifen an den betreffenden Knopf und ändern die Einstellung. Dann kann sich auch das Ergebnis ändern.

Der Versuch des Loslassens wird nicht gelingen, solange uns nicht klar ist, wozu wir etwas festhalten.

Wollen wir den Umstellknopf im Kopf betätigen, müssen wir auf die Frage *Wozu* umschalten. Wenn ich auf sie eine plausible Antwort gefunden habe, bin ich einen wesentlichen Schritt weitergekommen.

- Wozu bin ich so ärgerlich? – Aha, ich will mich durchsetzen.
- Wozu bin ich ängstlich? – Aha, ich fürchte mich vor der Verantwortung.
- Wozu bin ich beleidigt? – Aha, die anderen sollen sich Mühe geben, mich wieder zu gewinnen.

Natürlich sind das nicht die einzigen möglichen Antworten. Wenn ich das Ziel verstanden habe, kann ich mich entscheiden, es aufzugeben. Das ist der neuralgische Punkt. Automatisch wird damit auch das Gefühl des Ärgers oder der Ängstlichkeit verschwinden.

Wer nur allein das Gefühl loslassen will und gleichzeitig seine Überzeugungen festhält, wird langfristig keinen Erfolg haben.

Das Richtige festhalten

Je mehr es uns gelingt, Ärger, falsche Erwartungen und Sorgen loszulassen, desto freier werden unsere Hände und Herzen, wirklich Wichtiges festzuhalten: kostbare Beziehungen, gute Gewohnheiten und aufbauende Gedanken. Cae Gauntt sang in meinen Jugendjahren in einem Lied: »Halte fest, was du hast. Aber wenn es weiterwachsen soll, dann lass es los.«[116] Wie weise. Nicht krampfhaft festhalten, sondern dynamisch. In einer wertschätzenden Haltung, nicht besitzergreifend. Menschen, Beziehungen, Erfahrungen, Lebensphasen, Gewohnheiten, materielle und ideelle Werte – wir dürfen sie wie Geschenke locker in der Hand halten.

Je mehr wir Ärger, falsche Erwartungen und Sorgen loslassen, desto freier werden unsere Hände, wirklich Wichtiges festzuhalten.

Und dann dürfen wir den Bogen noch weiter spannen und Klarheit darüber suchen, was es wirklich festzuhalten gilt – bis zum Ende. An diesen Platz gehört für mich Jesus Christus. Ihn loszulassen wäre genau die falsche Entscheidung. Wussten Sie, dass in manchen Regionen der Welt Christen sich auch heute noch lieber töten lassen, als den Glauben an Jesus Christus aufzugeben? Vor einiger Zeit wurde wieder ein nigerianischer Pastor von der islamistischen Terrorgruppe Boko Haram aus diesem Grund enthauptet.[117]

Entsetzlich, sich das vorzustellen. Und gleichzeitig Mut machend und Respekt einflößend. Das Richtige festhalten. Das machten christliche Märtyrer in der Geschichte vor. Wir leben in einer Region, wo um unseres Glaubens willen längst nicht so viel auf dem Spiel steht wie das eigene Leben oder das Leben unserer Familienangehörigen. Deshalb sind wir wahrscheinlich in der Gefahr, oberflächlicher zu werden. Ich möchte unbeirrbar an Jesus Christus festhalten. Damit meine ich die Beziehung zu ihm, nicht meine Überzeugungen. Er hält auch mich.

Was ich gerade loslassen darf

In welchem Bereich ist das Loslassen aktuell für Sie und mich dran? Das können nur Sie selbst einschätzen. Das, was uns am meisten beschäftigt, eignet sich immer als Übungsfeld. Es können die Beziehung zu den erwachsenen Kindern sein, berufliche Schwierigkeiten, Sorgen um Finanzen oder die Gesundheit. Wenn Sie einmal kurz bedenken, in welche Richtung Ihre Gedanken und Gefühle in letzter Zeit oft gingen, haben Sie sofort Klarheit. Sie wüssten damit, wo Sie mit dem Loslassen anfangen könnten …

Und irgendwann musst du springen …

Bei mir ist ganz klar, was ich gerade loslassen darf. Es hängt mit meinen persönlich anstehenden Veränderungen zusammen. Während ich diese Zeilen schreibe, bin ich gerade dabei, mich aus meinem Beruf als Krankenschwester zu verabschieden, der über dreißig Jahre ein Teil von mir gewesen ist. Vertrauensbeziehungen zu Patienten und Kolleginnen loszulassen und die Rolle im Team – all das fällt mir nicht ganz leicht. Auch die jahrelang festgelegte Struktur des Alltags und finanzielle Sicherheiten fallen in Zukunft weg. Die erfahrene Kommunikationstrainerin Monika Bylitza sagte mir im Rahmen eines Coachings: »Und irgendwann musst du springen.« Mit diesem Zuspruch im Ohr »springe« ich nun in die Selbständigkeit als Beraterin und Referentin. Neuanfänge laden noch weit mehr dazu ein, Gott zu vertrauen, als die gewohnte Routine. Deshalb freue ich mich auf alle neuen Erfahrungen.

Ein neues Sichtfeld

Gehen Sie schnorcheln? Jahrelang überließ ich dieses Vergnügen im Urlaub dem Rest der Familie. Wieso, kann ich gar nicht sagen. Bei einer Freizeit in Kenia wollte ich mich nun auf die Erfahrung einlassen und meldete mich zur Schnorcheltour an. Als es direkt aufs offene Meer hinausging, wurde es mir schon ein wenig mulmig. Ich hatte mit Schnorcheln in Strandnähe gerechnet und mit ausreichend Gelegenheit, mich mit den Vorgängen vertraut zu machen. Stattdessen bekamen wir unsere Ausrüstung, nachdem wir mindestens schon eine Stunde vom Festland entfernt waren. Ja, Brille und Schnorchel passten. Ich setzte beides lieber noch einmal ab, damit beim Springen ins Wasser nicht gleich ein großer Schluck Salzwasser durch meinen Schnorchel schwappte. Endlich war ich an Ort und Stelle und hatte alles ordentlich aufgesetzt. Ich schwamm ein Stück vom Boot weg. Die anderen Freizeitteilnehmer tauchten nacheinander ab. Nur ich zögerte immer noch. Ein unsichtbarer Widerstand hielt mich davon ab. Sollte ich wirklich den Kopf unter Wasser tauchen und dem Schnorchel vertrauen, ohne dass ich es jemals vorher ausprobiert hatte? Nie werde ich den Moment, in dem ich es endlich wagte, vergessen. Im selben Augenblick eröffnete sich mir eine gigantische Welt. Bunte Fischschwärme, die friedlich ihre Bahnen zogen. Korallen jeder Art. Sogar mit Delphinen schwammen wir an jenem Tag und sahen sie unter Wasser miteinander spielen.

Vielleicht wird es sich ähnlich überwältigend anfühlen, wenn wir eines Tages in Gottes neuer Welt ankommen. Jedes kleine Loslassen unserer Sicherheiten bietet uns schon jetzt die Gelegenheit, etwas Neues zu entdecken.

Einige Fragen und Anregungen:

- Üben Sie ein, Ihren Atem bewusst zu erleben. Einatmen, ausatmen. Immer wieder. Bei sich selbst sein. Abstand finden. Auch Apps zur progressiven Muskelentspannung können helfen. Was Sie im Körper bewusst anwenden, können Sie auch auf den Alltag übertragen – nämlich ein gutes Maß zu finden im Wechsel von Anspannen und Lockerlassen.

- Wenn Menschen Sie aufreiben und deren Verhalten Sie anstrengt, wenden Sie doch folgenden Satz an: »Ich gestatte es …« Gestatten Sie, dass jemand *nicht tut*, was Sie für richtig halten. Nicht einhält, was er versprochen hat. Damit haben Sie viel gewonnen. Denn der andere verhält sich ohnehin so, wie er es für richtig hält. Aber Sie können sich nun innerlich damit beschäftigen, wie Sie darauf reagieren werden, anstatt sich zu ärgern.

- Fragen Sie sich: Welche Menschen gehören aktuell zu meinem Leben? An welchen Beziehungen will ich unbedingt festhalten? Welche dürfte ich ein wenig lockern oder gar loslassen? Die Antwort auf diese Fragen hilft zur Klarheit. Anschließend können Sie entsprechend handeln.

- Falls Sie den Eindruck haben, in einem Lebensbereich sei unbedingtes Loslassen dran, überlegen Sie, ob Ihnen Gesten oder Handlungen dabei helfen können. Etwas fliegen lassen ist dafür geeignet. Oder es als Schiffchen einem Fluss übergeben. Vergraben, verbrennen oder schreddern sind weitere Möglichkeiten.

12.

Persönliches Wachstum –

EINLADUNG ZUM NACHREIFEN

Wie attraktiv wirkt eine gesunde Pflanze, beispielsweise eine Rose. Kräftige Triebe, dunkelgrüne Blätter, Knospen in unterschiedlichen Stadien und volle Blüten mit abperlenden Tautropfen. Die schönste Rose unseres Gartens ist pfirsichfarben mit einem dunkelroten Rändchen. Nur sind meine Rosen leider nicht so gesund ... Stellen Sie sich vor, kränkelnde Pflanzen könnten selbst etwas dafür tun, dass es ihnen besser geht. Sie könnten sich eigenständig gießen und düngen, den Standort wechseln zu mehr Sonne oder mehr Schatten, Schädlinge entfernen oder Krankes abschneiden. Sie könnten sogar den Gärtner anrufen und um eine Behandlung bitten. Oder im Internet nach Hilfe suchen. Aber das ist ihnen natürlich nicht möglich. Sie sind darauf angewiesen, dass jemand von außen ihren Mangel bemerkt. Wir als Menschen können es sehr wohl: aktiv werden für unser gesundes Wachstum.

Meisterstück im Entwicklungsprozess

In allem, was lebt, steckt die Kraft des Wachstums. Im Frühling wird das besonders sichtbar. Die Knospen an den Buchenzweigen platzen tausendfach auf und neue Blätter beginnen, sich zu entfalten. Das wurde vom Schöpfer selbst programmiert. Auch in uns Menschen. Jede und jeder von uns ist Gottes Meisterstück. Ein absolutes Unikat. Kein Serienprodukt, keine Billigware, kein Werbeartikel. Sondern unverwechselbar und einmalig, schlichtweg unbezahlbar. So schrieb Paulus an die Christen in Ephesus: »Wir sind sein Werk, durch Jesus Christus geschaffen zu guten Werken. Damit erfüllen wir nur, was Gott schon immer mit uns vorhatte.« (Eph 2,10). In englischen Übersetzungen dieses Verses heißt es oft: »For we are *God's masterpiece*.« Diese Meisterwerke sind nicht dazu gedacht, als Ausstellungsstücke in der Glasvitrine zu stehen und zu beeindrucken. Nein, sie sind Werkzeuge, die eine Funktion haben. Sie sollen einem Zweck dienen. Dieser Zweck hat mit anderen Menschen zu tun und mit Gottes Wirken in dieser Welt. Deswegen trägt auch Gott selbst die Verantwortung. Die Philipper konnten in einem Brief desselben Paulus lesen, dass dieser ganz sicher sei, »dass Gott sein Werk, das er bei euch durch den Glauben begonnen hat, zu Ende führen wird, bis zu dem Tag, an dem Jesus Christus wiederkommt.« (Phil 1,6) Ich finde diesen Zuspruch überaus entlastend und ermutigend, nicht nur für die Christen damals. Folglich ist es unsere Aufgabe, uns einem Prozess anzuvertrauen, der in Gottes Hand liegt.

Du darfst beides gleichzeitig sein, ein Meisterstück und ein Werk in Arbeit.

In einem passenden Zitat heißt es: »Du darfst beides gleichzeitig sein, ein Meisterstück und ein Werk in Arbeit, im Entwicklungsprozess.«[118] Geht beides denn gleichzeitig? Unser Denken sträubt sich gern bei solchen Formulierungen. Wir meinen, wir könnten doch nur »entweder oder« sein. Entweder ein Meisterstück oder noch in Arbeit. Aber die Sichtweise des »sowohl als auch« beschreibt oft die Wirklichkeit genauer als »entweder oder«. Beides ist für sich gesehen wahr und es entfaltet im Doppelpack seine volle Kraft. Dieses »sowohl als auch« können wir weiterspinnen und davon ausgehen, dass – obwohl Gott Verantwortung für uns trägt – auch wir selbst Verantwortung für unsere Person und ihre Entwicklung haben. Vergleichbar ist das vielleicht mit dem Zusammenspiel von Arzt und Patient im Genesungsprozess. Kein Arzt kann den Erkrankten »gesund machen«, ohne dass derjenige sich selbst daran beteiligt.

Lassen Sie uns etwas genauer auf die Persönlichkeitsentwicklung schauen. Über die Kindheit konnten Sie schon im ersten Kapitel lesen. In ihr werden die Grundannahmen über das Leben von jeder Person selbst geschaffen, die dann auf das gesamte Leben Einfluss nehmen. Auf dieser Grundlage entwickelt sich unsere Persönlichkeit weiter und baut die Einflüsse von außen entsprechend ins Gesamtbild ein.

Erwachsen werden – und was dann?

»Werde erst mal erwachsen!« Als Kind hörte ich diesen Spruch gelegentlich. Sie auch? Wie ich mich kenne, verdrehte ich dabei heimlich genervt die Augen ... Als ob Erwachsene ein anderes Level von Menschsein erreicht hätten und ein Gütezeichen tragen würden, das man sich erst erarbeiten muss. Ist das denn wirklich so? Auf dem Weg zum Erwachsenwerden gehen Jugendliche zweifellos durch einen beachtlichen Prozess. Sie stehen vor der komplexen Aufgabe, ihre eigene Identität zu finden. Dazu gehört es, sich von der eigenen Familie abzulösen sowie Eigenverantwortung und Urteilsfähigkeit zu trainieren. Sicher erinnern Sie sich noch selbst daran, wie herausfordernd es war, sich abzugrenzen und dennoch mit der Familie verbunden zu bleiben. Auch die Identifikation mit dem eigenen Geschlecht und die Auseinandersetzung mit der damit verbundenen Geschlechterrolle gehören in diese Zeit. Für uns als Frauen waren beispielsweise folgende Fragen relevant: *Wie verstehe ich mein Frausein? Wie lebe ich es mir entsprechend?* Gerade im Verständnis der Rolle als Frau gab es in den vergangenen Jahrzehnten enorm viele Veränderungen. Das brachte Freiheit, aber auch Unsicherheit mit sich. Junge Frauen heute haben es nicht einfach, ihren Weg zu finden. Dazu gehört auch der Bereich der sozialen Identität, die Festigung von Selbstwertgefühl und Gemeinschaftssinn. Außerdem sind noch Verantwortungsübernahme und die Eingliederung in die gesamte Gesellschaft notwendig. Ein beträchtlicher Brocken Arbeit. Genug damit? Nein, die Frage nach der beruflichen Identität steht ebenfalls noch aus. Welche Begabungen und Fähigkeiten sind vorhanden? Für welches Berufsfeld entscheidet sich der junge Mensch? Wenn das geschafft ist, geht es noch um die perspektivische Identität. Bei ihr sind eigene Werte gefragt und die Ausbildung einer Lebensperspektive.

Wir dürfen uns gelegentlich bewusst machen, welche umfangreichen Aufgabenfelder ein Jugendlicher vor sich hat. Ich bin sicher, das macht uns ihnen gegenüber barmherziger. Und bestimmt auch großzügiger im Hinblick auf kraftraubende Streitthemen, zu denen ohne Zweifel unaufgeräumte Kleiderschränke gehören. Experten aus der Hirnforschung und Pädagogik schlagen vor, wir sollten uns unsere pubertierenden Jugendlichen mit einem Schild auf der Stirn vorstellen, auf dem steht: »Wegen Umbau geschlossen!«[119] Ein kurioses inneres Bild, das uns vielleicht schon ein wenig amüsiert. Das Gehirn baut sich tatsächlich um und dies bringt spürbare Veränderungen mit sich. Sie betreffen unter anderem den Körper und das Verhalten. Anschließend versucht der junge Mensch, sich zu sortieren und in der Welt der Erwachsenen zurechtzufinden. Es kann hilfreich sein, wenn wir uns daran erinnern, wie es uns selbst in dieser Lebensphase ging, wie wir fühlten und was uns beschäftigte. Ich staune im Nachhinein, welche elementaren Fragen und Gedanken mich damals bewegten. Das ist bei unseren Jugendlichen heute genauso, vermutlich sogar noch massiver, denn es gibt jetzt Fragestellungen und Anforderungen, die damals noch nicht aktuell gewesen sind.

Der Mensch braucht also eine nicht geringe Anzahl von Jahren, um das Erwachsenenalter zu erreichen. In der Zeitspanne von 18 bis 27 Jahren gilt man dann hierzulande als junger Erwachsener. Geschafft, könnte man meinen. Und was kommt dann? Können sich die jungen Menschen anschließend aufs Ruhekissen setzen und verschnaufen? Sie könnten es, aber so ist das nicht gedacht. Die Persönlichkeitsbildung braucht eine Fortsetzung, am besten unser gesamtes Leben lang. Wenn die aktuelle durchschnittliche Lebenserwartung für eine Frau 84 Jahre beträgt, bedeutet das auch etwas für unser Thema. Denn nach dem 30. Geburtstag könnte noch eine beachtliche Lebensspanne vor uns liegen, in der wir als Erwachsene weiter reifen und uns als Persönlichkeiten entwickeln dürfen.

Das Äußere altert, während das Innere reift

Interessanterweise verläuft diese Entwicklung entgegengesetzt zu unserem Alterungsprozess. Der ist ein Selbstläufer und setzt sich schon im Embryo in Gang. Strenggenommen altert der Mensch bereits vor seiner Geburt. Dieser Prozess wird uns erst bewusst, wenn unser Körper etwas nicht mehr so gut kann.[120] Es stimmt natürlich, Gelenkigkeit und Sehkraft lassen nach. Ich werde demnächst auch eine stärkere Brille benötigen …

Meine Oma sprach oft von einem für mich damals befremdlichen Bibelvers. Je älter ich werde, umso mehr spricht er auch mich an. In ihm heißt es:

»Wenn auch unser äußerer Mensch verfällt, so wird doch der innere von Tag zu Tag erneuert.« (2. Kor 4,16)

Tatsächlich, der äußere Mensch verfällt, auch wenn dieses Bibelzitat vielleicht unseren inneren Widerstand hervorruft. Doch wenn wir umgangssprachlich sagen, jemand habe »abgebaut«, meinen wir im Grunde dasselbe.

Es ist eine interessante Perspektive, die Paulus mit dieser Aussage aufzeigt. Er spricht im Textzusammenhang von Widrigkeiten und Anfeindungen, die massiv Kräfte verschleißen. Gleichzeitig erfahren Paulus und seine Mitarbeiter es als ein Wunder, dass ihnen geistliche Kräfte geschenkt werden. Sie wachsen und wirken in ihnen. Aus diesem Grund resignieren sie nicht. Auf geistliche Aspekte werde ich später eingehen. Zuerst möchte ich den Bibelvers frei übertragen und ihn auf unseren körperlichen Abbau und die innere Reifung beziehen.

Nicht jeder ältere Mensch wird automatisch weise. Es kommt darauf an, was ein Leben lang trainiert wurde.

Der aktuelle Mainstream stellt das Äußere des Menschen in den Mittelpunkt der Aufmerksamkeit. Unsere gesamte Kultur ist darauf ausgerichtet, jung und dynamisch zu bleiben. Obwohl wir stark davon beeinflusst sind, müssen wir dies nicht unreflektiert übernehmen. Zunehmende Falten, Cellulite, Wechseljahre und Osteoporose sind nicht automatisch Horrorbegriffe, sondern nur, wenn wir sie so bewerten. An sich sind sie einfach natürliche Begleiter des reifer werdenden Lebens. Alle Verschleißerscheinungen und der Abbau körperlicher Kräfte bilden lediglich einen Teil unserer Lebenswirklichkeit ab. Unser Körper und unsere Gesundheit sind nur ein Ausschnitt des Ganzen, zum Glück. Denn zu uns gehört viel mehr. Unsere Lebenserfahrung und unsere Persönlichkeit können immer mehr wachsen, während unsere körperliche Spannkraft immer mehr abnimmt. Nicht zufällig wird von der »Weisheit des Alters« gesprochen.

Die kann man als junger Mensch noch nicht haben. In manchen Kulturen werden auch heute noch die Alten und Weisen hochgeachtet. Doch nicht jeder ältere Mensch wird automatisch weise. Manche wirken auch verbittert, hart oder rechthaberisch – je nachdem, was ein Leben lang trainiert wurde.

Es wäre ein echter Perspektivwechsel, wenn wir dieselbe Aufmerksamkeit, die wir unserem Äußeren schenken, auch für unsere innere Reife aufbringen würden! Von Pastor Bruce Wersen hörte ich den Gedanken, dass unser Körper nur eine Art Werkzeug ist. In ihm kann unsere Seele, unser Ich, in Gottes Bild hineinwachsen. Nun stellt sich die Frage, welchem Part wir den Vorrang geben:

- Sind wir zuerst ein Körper, in dem auch Persönlichkeit und Seele steckt? Dann ist sein Verfall eine Tragödie und die Alterung des Körpers muss mit allen Kräften aufgehalten werden.

- Oder sind wir eine reifende Persönlichkeit, die in einem alternden Körper wohnt? Dann wäre freilich alles ganz anders zu gewichten und dieses Wachstum hätte viel mehr Aufmerksamkeit verdient.

Meine 76-jährige »Mutti« (wie wir in Ostdeutschland sagen) merkte etwas zu diesen Zeilen an, als sie meine Überlegungen las. Sie meinte, dass es auch ein ordentliches Stück Arbeit sei, in einem alternden Körper zu wohnen und damit klarzukommen! Man hat dann zu lernen, Nein zu sagen zu Dingen, die man nicht mehr kann, sich helfen zu lassen und sich anderen anzuvertrauen. Aber auch dankbar zu sein für neue oder verbliebene Möglichkeiten. Dieser Lernprozess sei dann hoffentlich auch mit persönlichem Wachstum verbunden, meinte sie zu Recht.

Bräuchten Sie jetzt erst einmal eine Pause, damit die Gedanken sich setzen können?

Dann folgen Sie dem Impuls. Inneres Wachstum ereignet sich nicht im Schnelldurchgang. Es braucht das Innehalten. Jeden Tee lassen wir einige Minuten ziehen, bevor wir ihn trinken. Unsere Gedanken benötigen das gelegentlich auch, ganz ohne Ablenkung und neue Informationen. Vielleicht mögen Sie sich jetzt einen Tee brühen, die warme Tasse in der Hand halten, zum Fenster hinausschauen und eine gedankliche Verdauungspause einlegen ...

Sieh mir ins Herz

Manchmal liege ich abends ganz ruhig im Bett und denke über das Geheimnis meines Seins nach. Dabei komme ich sehr bald an meine Grenzen und merke: Meine Persönlichkeit, mein Ich, lässt sich gar nicht klar verorten. Pulsiert sie im Herzen oder im Gehirn? Steckt sie in den Knochen? Liegt sie mir »im Blut«? Irgendwie scheint sie nicht greifbar zu sein. Jedes Mal erkenne ich neu: Ich bin zu klein, um darauf eine Antwort zu finden. Und dann beschließe ich den Tag mit einem vertrauensvollen Gebet zu dem Gott, der es sehr wohl weiß. Er sieht mich als ganze Person, bis in meine tiefsten Schichten hinein. Auch um das Unverstandene und Unerkannte weiß er. Erfahrungen aus der Vergangenheit, die mich prägten und die ich vielleicht bis heute erfolgreich wegschiebe, sind vor ihm präsent. Meine unerkannten Motive und Ziele überraschen ihn nicht. Ich kann mich innerlich fallen lassen wie der Beter des 139. Psalms. Dieses Gebet gipfelt in der Bitte: »Durchforsche mich Gott, und sieh' mir ins Herz. Prüfe meine Gedanken und Gefühle. Sieh, ob ich in Gefahr bin, dir untreu zu werden, dann hole mich zurück auf den Weg, der zum ewigen Leben führt.« (V. 23f.) Diese alten

> Gott sieht mich als ganze Person, bis in meine tiefsten Schichten hinein. Auch um das Unerkannte weiß er.

Gebetsworte benutze ich gern. Besonders in Lebensphasen mit emotional hohem Wellengang, in denen ich mich selbst nicht verstehe. Mit dieser Bitte kann ich Gott mit seiner Wirkmacht in die tiefen Schichten meines Seins einladen und mich ihm mit allen Gedanken und Gefühlen anvertrauen. Gott wacht über mein Sein und meine Entwicklungsprozesse. Worum geht es nun dabei?

Tiefer – langsamer – näher

Inneres Wachstum und Reifung einer Person zielen auf etwas anderes ab als Selbstmanagement und Selbstoptimierung. Es geht nicht um »höher, schneller, weiter«. Diese Begriffe haben sich in unserem Denken eingenistet und kommen auch im Sprachgebrauch vor. Ursprünglich stammen sie aus dem Lateinischen und bildeten die olympische Devise.[121] Was im Sportwettkampf als sinnvolles Motto dient, eignet sich nicht als Überschrift für unsere Existenz, denn das Leben ist kein Wettkampf. Es ist eine Entwicklung, die zum Wohle aller beitragen kann und gleichzeitig zu meinem eigenen Wohl dient. Deshalb spricht mich die Formulierung von Edo Zanki an, einem deutschen Sänger und Musikproduzenten: »Nicht höher, nicht schneller, nicht weiter – vielmehr tiefer, langsamer und näher.« Er meinte es musikalisch[122], ich möchte diese Devise hier auf das gesamte Leben übertragen.

Das Leben ist kein Wettkampf. Es ist eine Entwicklung.

Es ist nicht notwendig, uns selbst und andere zu überbieten, obwohl ein innerer Impuls uns immer wieder dazu anstachelt. Viel hilfreicher wäre es, uns zu erden, Tiefgang zu suchen, näher an die Mitmenschen heranzurücken und uns Ruhe zu gönnen. Im »Höher-Schneller-Weiter-Modus« bleibt für

Reflexion und innere Korrektur wenig Raum. Hier zählen Tempo und Erfolge. Mit vorzeigbaren Leistungen meint man, sich selbst und anderen seinen Wert beweisen zu können. Erfahrungsgemäß fruchtet das sehr wenig. Trotz beachtlicher Erfolge können Minderwertigkeitsgefühle einen Menschen immer weiter antreiben. Die ständige Zunahme von stressbedingten Erkrankungen und psychischen Anpassungsstörungen in unserem Kulturkreis legt die Vermutung nahe, dass diese Lebensweise uns auf die Dauer nicht bekommt. Sie ist auch gar nicht nötig, wenn wir es verstanden und angenommen haben, dass unser Wert von Geburt an besteht. Als Mitglieder der »Familie Mensch« und als Geschöpfe des Allerhöchsten empfangen wir unseren Selbstwert als Vorschussgeschenk, völlig unabhängig von dem, was wir leisten. Das dürfen wir staunend und dankbar annehmen. Und dann mit dieser Gewissheit als Fundament unser Bestes geben, um die Herausforderungen des Lebens zu meistern.

Jeder hat seine eigenen Baustellen

Wie ist es nun möglich, eine reife Person zu werden? Es wird keinem von uns in die Wiege gelegt. Jeder hat seine Bereiche, in denen er »nachreifen« darf. Dabei gibt es immer Luft nach oben, unabhängig davon, auf welchem Entwicklungsstand wir uns gerade befinden. Dieser Prozess folgt keiner Schablone. Er ist höchst persönlich und individuell. Aus diesem Grund werde ich nicht versuchen, hier allgemeine Regeln aufzustellen oder Rezepte vorzuschlagen. Für völlig unterschiedliche Menschen in verschiedenen Lebenssituationen und Phasen ist das nahezu unmöglich. Deshalb möchte ich Ihnen eher Grundansätze anbieten.

Unsere Mitmenschen bekommen einiges von unserem Reifegrad mit, am meisten diejenigen in unseren vertrautesten Beziehungen. Wenn wir ehrlich wissen möchten, an welchen Punkten wir »anstrengend« sind, könnten wir sie fragen – denn wer mit uns Familienfeste feiert oder Gesellschaftsspiele spielt, weiß, wie wir ticken. Wenn irgendetwas aus dem Ruder läuft, das Reisegepäck nicht ankommt oder das Urlaubsquartier nicht der Beschreibung entspricht, kommt unser Wesen zum Vorschein. Wir befinden uns dann in sogenannten »Krisenbedingungen« und reagieren entsprechend. Ja, jede von uns hat ihre eigenen Baustellen und neuralgischen Punkte. Wir sind chronisch unvollkommen, und das darf so sein.[123] Entscheidend ist, wie wir langfristig damit umgehen und welche Weichen wir für unsere Entwicklung stellen.

Jeder hat seine Bereiche, in denen er »nachreifen« darf.

Sara ist perfektionistisch, Carola überkritisch, Birgit kann sich nicht motivieren und Annelie will immerzu anderen alles recht machen. Manche Verhaltensweisen oder Denkmuster treten immer wieder auf. Sie behindern die betreffende Person und die Menschen im engeren Umfeld. Ich denke an eine hübsche und kluge Klientin, die in einer massiven Lebenskrise Beratung suchte. Sie kam sich innerhalb kurzer Zeit selbst auf die Schliche und bemerkte, dass ihr tief sitzendes Bedürfnis, Kontrolle auszuüben, zur Krise beigetragen hatte. Mich beeindruckte das ehrliche Bedürfnis dieser Klientin, jetzt genauer hinzuschauen und an diesem Punkt nachzureifen. So können Tiefschläge im Leben zu Reifungskrisen werden. Mit einem geeigneten Gegenüber ist es leichter als allein, sich selbst und die eigenen Grundmuster zu verstehen und die richtigen Schlüsse zu ziehen. Manche wählen dafür eine gute Freundin oder Mentorin. Auch geistliche Begleitung und qualifizierte Seelsorge können von großem Wert sein. Glücklicherweise nimmt mittlerweile auch die Scheu vor psychologischer Beratung und Psychotherapie immer mehr ab. Je mehr ein Mensch festhängt, desto professioneller sollte die Begleitung sein.

Kennzeichen von reifen Menschen

Fälschlicherweise wurden früher Schulabschlüsse als »mittlere oder höhere Reife« betitelt. Diese Bezeichnung trifft nur auf den Lernstoff zu, denn die Reifeentwicklung einer Person hat wesentlich mehr mit Beziehungsfähigkeit zu tun als mit Intelligenz. Wenn Sie sich in Ihrer Familie umschauen, finden Sie vermutlich mindestens eine Person, die keine besonderen Titel und Abschlüsse hat, aber positiven Einfluss auf die Familie nimmt. Generell gibt es in Ihrem Umfeld sicher lebenserfahrene Menschen, in deren Nähe Sie sich besonders wohlfühlen. Ich könnte Ihnen sofort nennen, welche Frauen und Männer dies für mich sind. Sie strahlen aus. Sie sind aus den Mechanismen wie Selbstbehauptung, Machtkämpfen, Selbstdarstellung oder dem Bedürfnis, andere abzuwerten, ausgestiegen. Deshalb tut es so gut, mit ihnen zusammen zu sein. Man sollte meinen, die christliche Glaubenspraxis trägt dazu bei, dass sich emotional gesunde Menschen entwickeln. Leider ist das nicht zwingend so. Auf die Entwicklung eines gesunden Charakters wurde in christlichen Gemeinden teilweise zu wenig Wert gelegt. Peter Scazzero, ein Pastor und Berater aus New York, befasst sich in seinem Buch über geistliches Wachstum und emotionale Reife ausführlich damit. Er ist überzeugt: »Es ist unmöglich, im Glauben Fortschritte zu machen und gleichzeitig emotional unreif zu bleiben.«[124] Das heißt, wer in seinem Charakter nicht reift, blockiert gleichzeitig auch das geistliche Wachstum. Manche Wachstumsschübe mag Jesus uns sofort schenken, wenn wir seine Vergebung beanspruchen und Altes abgeben. Anderes aber braucht einen längeren Prozess der Heilung und Veränderung.

Reife zeigt sich an Haltungen, die verbinden und Beziehungen stiften.

Was ist wirklich für unser Zusammenleben gefragt? In erster Linie sind es Haltungen, die verbinden und Beziehung stiften. Dazu gehören viele. Mir fallen gelebte Geduld, Großzügigkeit, Barmherzigkeit, Mitmenschlichkeit und Gottvertrauen ein. Vielleicht denken Sie an weitere. Im Moment herrscht in der Gesellschaft und in den sozialen Medien leider eher ein anderer Ton, teilweise das totale Gegenteil dieser Haltungen. Das bereitet vielen Menschen zunehmend Sorge. Ein ungutes Bauchgefühl liegt schwer im Magen und lässt sich nicht leicht analysieren. Ja, die Reife unserer Mitmenschen erkennen, das wäre hilfreich. Beim Obst beherrschen wir es recht gut. Wenn wir jetzt als Frauen gemeinsam durch die Obstabteilung einer Kaufhalle gehen würden, könnte jede von uns ihre Erfahrungen einbringen. Wassermelonen klopft man, sie sollten hohl klingen. Bei Mangos und Avocados ist mit vorsichtigem Druck zu testen, ob sie schon ein wenig nachgeben. Bei einer reifen Ananas lassen sich die innersten Schopfblätter leicht auszupfen. Auch Farbe und Duft sind bei reifen Früchten anders als bei unreifen. Wenn das doch bei Menschen auch so einfach zu erkennen wäre ...

Reife Frauen

Vor Ihr inneres Auge möchte ich jetzt ein Ideal zeichnen, das sollte Ihnen vom ersten Satz an bewusst sein. Denn diese Frau – wir wollen sie Sophie nennen – gibt es so nicht. Sie dient lediglich dazu, damit wir sensibler dafür werden, woran eine gewisse charakterliche und geistliche Reife erkennbar ist. So, wie wir es beim Obst wahrnehmen. Der Name Sophie (oder auch Sophia) bedeutet übrigens »Weisheit«.

Sophie sieht äußerlich eher unauffällig aus, doch in ihrer Nähe kann man sich rundherum wohlfühlen. In Gesprächen hört sie gut zu und bringt ihren Standpunkt ein. Dabei meint sie nicht, immer recht zu haben. Sie weiß, dass sie sich irren kann, und gesteht Irrtümer offenherzig ein. Wenn jemandem ein Fehler unterläuft, macht Sophie daraus keine große Sache. Sie geht freundlich und großzügig mit der Situation um, sei es ein umgeworfenes Saftglas der Kinder oder ein Druckfehler im Gemeindeblatt ... Wenn sie selbst etwas falsch gemacht hat, ärgert sie das zwar kurz, aber sie lässt sich davon nicht lange beirren. Kürzlich verpasste Sophie die Autobahnabfahrt und musste einige Kilometer in die verkehrte Richtung fahren. Das kostete sie etwas Zeit, aber nicht die gute Stimmung. Sophie spricht mit Wertschätzung über sich selbst und auch über andere Menschen. Ihr Wahrnehmungsfilter ist auf Positives ausgerichtet. Sophie hat ein grundsätzliches Selbstvertrauen entwickelt, dass von gelegentlichen Selbstzweifeln nicht ins Wanken gebracht werden kann. Im Laufe der Jahre wurde sie immer weniger ichbezogen und kränkbar. Der Glaube ist für sie eine unerschöpfliche Kraftquelle.

Jede Entwicklung, die mich ein Stückchen weiterbringt in Richtung »Sophie«, stellt ein Zeichen des Wachstums dar.

Nun stelle ich Ihnen auch eine reale Person vor, Irmtrud Chmell. Sie ist eine beeindruckende Persönlichkeit und Leiterin eines der größten Frühstückstreffen für Frauen in Deutschland (Bad Blankenburg / Thüringen). Beim Korrekturlesen meines Abschnittes über sie merkte Irmtrud sofort an, dass sie keine Heilige sei, sondern lediglich in ihrem Leben von Gott besondere Gelegenheiten geschenkt bekam. Das mag sein. Der Trappist und Schriftsteller Thomas Merton (1915–1968) sagte es so: »Ein Heiliger ist kein Mensch, der gut ist, sondern einer, der die Güte Gottes erfährt.«[125] Das trifft auch für Irmtrud zu. Ich hörte schon mehrfach von ihr. Dann durfte ich selbst vor einem Frühstückstreffen zu Gast bei ihr sein. Mich empfing eine kleine, kurzhaarige Frau um die siebzig. Mit ihrer herzlichen Begrüßung stellte Irmtrud sofort einen Draht her. In der gemütlichen Veranda erwarteten mich ein liebevoll gedeckter Tisch und appetitanregende Gerüche. Irmtrud besitzt die Gabe, innerhalb kürzester Zeit ein vertrautes Gespräch entstehen zu lassen. Sie stellt Fragen, die echtes Interesse zeigen, ohne Grenzen zu überschreiten. Und sie beherrscht die Kunst, sich mitzuteilen, ohne nur von sich zu sprechen. Immer wieder lenkt sie das Gespräch auf Wesentliches. Sie erzählt mit Freude und Bescheidenheit, wie Gott in ihrem Leben gewirkt und sie gebraucht hat. Irmtrud hört wach zu und ist ehrlich interessiert an dem, was zu meinem Leben und Glauben gehört. Nach zwei Stunden fühle ich mich nicht nur mit einem guten Abendessen versorgt, sondern rundherum erfüllt und beschenkt.

> Ein Heiliger ist kein Mensch, der gut ist, sondern einer, der die Güte Gottes erfährt. (Thomas Merton)

Was sich im äußeren Reden und Handeln von einer Persönlichkeit zeigt, hängt unmittelbar mit dem inneren Denken und Fühlen zusammen. Alles ist miteinander verwoben und verzahnt, es bildet ein Ganzes.[126] Wie integer und »aufgeräumt« ein Mensch ist, hängt von der Reife des Inneren ab. Äußeres können wir zwar kontrollieren. Wir können versuchen, einen guten Eindruck zu machen. Wenn wir aber mit uns selbst kämpfen – oder richtiger ausgedrückt *gegen* uns selbst –, verbraucht das nicht nur Kraft, sondern führt auch zu unreifen Aktionen und Reaktionen. Deshalb lohnt es sich, nicht nur an den guten Manieren und geistlich richtigen Antworten zu arbeiten, sondern tiefer anzusetzen.

Korrigierende Erfahrungen

Alles, was wir erleben, bietet uns Lernchancen. Es steht uns frei, sie zu ergreifen und zu nutzen oder sie verstreichen zu lassen.

Der Begriff der *korrigierenden Erfahrung* umschreibt ein Erlebnis, welches bisher Gedachtes infrage stellt. Oder welches mir zeigt, dass ich auch ganz anders handeln kann, als ich bisher immer meinte. Diese Erfahrungen korrigieren also mich selbst. Oft werden sie zu Schlüsselerlebnissen.

Das erinnert mich an eine Episode, die für mich langwierige Folgen hatte. Bei einem Frauenwochenende im Allianzhaus in Bad Blankenburg saßen wir abends in gemütlicher Runde zusammen. Eine Teilnehmerin stand auf und bewegte sich zu dicht am Getränketisch vorbei. In meinem Kopf zeichnete sich das Malheur schon ab. Sofort sprang ich auf und bekam die fallende Glasflasche direkt im Aufprall noch zu greifen. Trotzdem zerbrach sie und schnitt mir tief in den Finger. Erst später stellte sich heraus, dass sogar ein kleiner Glassplitter in meiner Wunde steckte und herausoperiert werden musste. Was war daran korrigierend für mich? Der pulsierende Schmerz im Finger erinnerte mich lange an den Vorfall. Mir wurde bewusst, dass ich automatisch dazu neige, einspringen zu wollen und mich für alles verantwortlich zu fühlen. Mit mehr Ruhe wäre einfach nur eine Flasche zu Bruch gegangen, wir hätten aufgewischt und alles wäre erledigt gewesen. Das war mir eine deutliche Lehre. Seitdem übe ich mich darin, nicht alles unausgesprochen als einen Appell an mich zu interpretieren. Und »erstaunlicherweise« finden auch andere Menschen ganz wunderbare Lösungen für ihre eigenen Angelegenheiten. Nein, es ist nicht erstaunlich, sondern logisch. Vorher gab ich ihnen nur weniger Gelegenheit dazu.

> Wachstum geschieht nicht zufällig und unbeabsichtigt, sondern vorsätzlich und absichtsvoll.

Der Experte für Führungsfragen John Maxwell[127] regt dazu an, aus Erlebnissen bewusste Erfahrungen werden zu lassen. Dazu soll man sich am Ende eines Tages nicht nur fragen: »Was habe ich erlebt?«, sondern: »Was habe ich aus dem, was ich erlebt habe, gelernt?«. Diese Übung ist sehr leicht durchzuführen und hilft, einen Schritt zurückzutreten, um die mögliche Ernte eines Tages wahrzunehmen.

Maxwell betont in einem Wortspiel, dass Wachstum nicht »accidentally« geschieht, was so viel heißt wie zufällig, versehentlich, unbeabsichtigt. Wachstum geschieht »intentionally«, also absichtsvoll, vorsätzlich und gewollt.[128]

Weite statt Engführung

Lassen Sie mich einen der wichtigsten Punkte noch einmal wiederholen: Mit bestimmten Mechanismen der Wahrnehmung und Bewertung haben wir alle die Tendenz, uns selbst zu bestätigen. Wir ziehen Schlussfolgerungen, wie das Leben ist und wie wir folglich handeln müssen. Aus diesen Bereichen setzt sich die private Logik zusammen. Sie ist nur für denjenigen völlig logisch, der sie besitzt. Die nicht korrigierte private Logik führt automatisch in die Enge. Alles, was uns hinterfragt, ist demzufolge hilfreich. Selbstkritische Personen tun das sowieso, leider in einer verkehrten Richtung. Sie sollten nicht hinterfragen, ob sie etwas können, sondern wozu sie daran zweifeln. Oder wozu sie ihre eigenen Fehler und diejenigen anderer Menschen so wichtig werden lassen. Ist dieser Weg erst einmal beschritten, wird es Fortschritt geben, eine Entwicklung in Richtung größerer Weite. Engführung ist immer kritisch. Auch auf der Autobahn halten wir das Lenkrad in einer baustellenbedingt engeren Spur wesentlich angespannter fest als auf freier Strecke. Wie herrlich ist der Moment, in dem das Ende der Baustelle sichtbar wird. Sofort lockern sich die Schultern und der Fuß auf dem Gaspedal zuckt freudig. Es fährt sich gleich ganz anders, wenn die Spuren in ihre übliche Breite übergegangen sind. Das lässt sich auch auf das Leben übertragen. Es lebt sich gleich ganz anders, wenn wir das Schmalspurdenken hinter uns lassen.

Wir sind übrigens nicht die erste Generation, die sich nach innerer Weite und Weisheit sehnt.

Schon der Kirchenvater Augustinus (354–430 n. Chr.) rief Gott an: »Eng ist das Haus meiner Seele, in das du kommen sollst zu ihr. Weit soll es werden, weit durch dich!« Wir brauchen weit gewordene Seelen und Herzen, denn sie sind eine Wohltat für alle.

Eng ist das Haus meiner Seele. Weit soll es werden, weit durch dich. (Augustinus)

Aus der Sicht einer Weisheitsforscherin

Die Professorin für Entwicklungspsychologie Judith Glück forschte über die Psychologie der Weisheit und die Entwicklung im Erwachsenenalter. Dazu beobachtete sie Eigenschaften weiser Menschen und wertete sie anschließend aus. Unter der Überschrift »Das Geheimnis weiser Menschen« stellt sie fünf einfache Prinzipien vor.[129] Die ersten beiden möchte ich hier nennen. Unter dem Prinzip »Offenheit« versteht Judith Glück die Bereitschaft, sich auf andere Denkweisen, Veränderungen und neue Erfahrungen einzulassen. Sie führt aus, dass sich Weisheit nur dann entwickeln kann, wenn Menschen bereit sind, sich verändern und überraschen zu lassen. Und wenn sie nicht sofort einordnen, was sie wahrnehmen. Dem stimme ich vollkommen zu. Es ist ein hervorragendes Übungsfeld für den Alltag, Menschen mit freundlichem Interesse einfach wahrzunehmen. Zum Beispiel kann ich feststellen: »Aha, manche lieben Hunde und sind glücklich, wenn sie sich einen Labrador oder langhaarigen Chihuahua zulegen. Sie sind auch bereit, dafür einige Opfer zu bringen, beispielsweise nicht mehr überallhin in den Urlaub fahren zu können. Welche schöne Eigenschaft, die ich nicht habe.« Die Haltung der Offenheit schützt davor, nur meine mir naheliegende Denkschiene zu bedienen.

Als zweites Prinzip nennt Judith Glück den »guten Umgang mit Gefühlen«. Dazu zählt sie nicht nur die Sensibilität für die Vielschichtigkeit der eigenen Gefühle, sondern auch, wie gut der Mensch je nach Situation mit ihnen umgehen kann. Weise Menschen nehmen ihre Gefühle wahr. Weder verdrängen oder ignorieren sie diese, noch lassen sie sich von ihnen vollkommen überwältigen. Sie können mit ihren Gefühlen angemessen umgehen und der Situation entsprechend reagieren.

Gefühle wahrnehmen und ernst nehmen

Seltsamerweise gab es christliche Strömungen, die Gefühle gering achteten oder sie als gefährlich bewerteten. Das hatte fatale Folgen. Peter Scazzero bringt das pointiert zum Ausdruck, indem er schreibt: »Wie den meisten Christen ist auch mir beigebracht worden, dass so gut wie jedes Gefühl unzuverlässig ist. Gefühle verändern sich schnell, und sie sollten in unserem geistlichen Leben am besten keine Rolle spielen.«[130] Scazzero führt aus, dass infolge dieser Überzeugung Christen gelegentlich meinen, »sie dürften nicht zu ihren Gefühlen stehen oder sie nicht offen zum Ausdruck bringen. Das gilt vor allem für die schwierigen Gefühle wie Angst, Traurigkeit, Scham, Wut, Verletzung und Schmerz.«[131] Doch Wachstum ohne Auseinandersetzung mit unseren Gefühlen ist schlichtweg unmöglich.

Kürzlich schrieb mir eine Frau, ich solle bitte für sie beten, weil sie seit Tagen ihre Traurigkeit und Einsamkeit »nicht unter die Füße bekommt«. Natürlich bete ich ernsthaft für sie. Aber nicht darum, dass sie diese Gefühle unter die Füße bekommt, sondern dass sie mit Gottes Hilfe durch Traurigkeit und Einsamkeit hindurchgehen kann und deren Botschaft versteht. Gefühle lassen sich einteilen in angemessene und unangemessene Gefühle. Wenn jemand einen schmerzlichen Verlust erlitten hat, ist Traurigkeit ein angemessenes, der Situation entsprechendes

Gefühl. Souveränität und Unberührtheit wären hingegen unangemessen. Genauso können Wut und Zorn unangemessen sein, wenn es nur um eine Alltagskleinigkeit geht. Gefühle von leichter Verärgerung sind hingegen dafür vielleicht angemessen.

Weggedrückte Gefühle sind eine heikle Angelegenheit, denn sie werden sich auf anderem Weg melden. Das kann über Körpersymptome geschehen. Oder auch durch extreme Gefühlsausbrüche, die man sich selbst kaum erklären kann. Die bessere Entscheidung ist es, sich seiner gesamten Menschlichkeit bewusst zu sein. Mit diesem manchmal unaufgeräumten Innenleben dürfen wir zu Gott kommen. Heute fand ich einen geposteten Predigtsatz von Eugene Cho, der das auf den Punkt bringt: »Du kannst dein Selbst vollständig zu Gott bringen. Deine Sorgen, deine Ängste, deine Gebrochenheit und deinen Schmerz. Er ist in alldem an deiner Seite.«[132] Nur der gesamte Mensch kann reifen, deshalb gehören unsere Gefühle nicht unter den Teppich gekehrt oder unter die Füße getreten, sondern direkt zu uns. Noch einmal möchte ich Peter Scazzero zu Wort kommen lassen. Er meint, dass Selbsterkenntnis und das Wissen um Vorgänge in unserem Inneren »eine unerlässliche Voraussetzung für emotionale Gesundheit und die Fähigkeit, wirklich zu lieben«[133] sind. Weiter gibt er zu bedenken, dass wir nur in dem Maße fähig sind, andere zu lieben und zu respektieren, wie wir uns auch selbst lieben und respektieren. So weit einige Anregungen aus dem Bereich der Seelenkunde und Menschenkenntnis. Nun möchte ich mit Ihnen auch auf die Perspektive des Glaubens schauen.

Gestimmt sein – mit Gott im Einklang

In den Sprüchen Salomos, einem der biblischen Weisheitsbücher, ist zu lesen:

»Die Furcht des Herrn ist der Weisheit Anfang.« (Spr 1,7)

Das klingt für unseren Sprachgebrauch, in dem Furcht mit Angst und Zittern gleichgesetzt wird, befremdlich. Hier ist stattdessen Ehrfurcht gemeint und aus ihr folgt das Ernstnehmen Gottes. Der Schreiber dieser Sätze ist davon überzeugt, dass Reife und Weisheit sich auf der Basis der Ehrfurcht vor Gott entwickeln können. Früher dachte ich: Wer kann das behaupten? Ist es nicht vermessen gegenüber Menschen, die nicht aus dem Glauben an Gott leben? Auch sie können doch sehr weise und lebensklug sein.

Auf der Basis der Ehrfurcht vor Gott können sich Reife und Weisheit entwickeln.

Auf diese Frage habe ich keine endgültige Antwort. Aber ein Bild hilft mir. Das Bild davon, »gestimmt« zu sein. Lassen Sie mich an einer Episode erklären, was ich damit meine. Als größeres Kind besuchte ich den Gitarrenunterricht. Dafür lief ich mit meinem Instrument weit durchs Dorf, um meinen Gitarrenlehrer in seiner Wohnung aufzusuchen. Er zeigte im Unterricht mit der langen weißen Stricknadel seiner Frau jeweils auf die Note, die ich spielen sollte. Eine skurrile Szene, die ich nicht besonders liebte. Von ihm lernte ich auch, wie die Gitarre zu stimmen sei. Das ging nur nach Gehör. Eine andere Saite wird genau an der Stelle gegriffen, die denselben Ton vorgibt, den die zu stimmende Saite als Grundton benötigt. Und dann wird so lange am Drehknopf gedreht, bis die beiden Töne harmonieren. So machten wir das. Später besaß ich eine Stimmpfeife, einen Plastikstern mit sechs Zacken, in den ich wie in eine Trillerpfeife hineinblasen konnte. Damit bekam ich den richtigen Ton für jede der sechs Saiten vorgegeben. Das alles liegt weit zurück. In den Familienjahren kam meine Gitarre noch regelmäßig zum Einsatz, mittlerweile ist das nur noch in der Weihnachtszeit der Fall. Im letzten Jahr ergab sich die überraschende Situation, dass ich unsere christliche Reisegruppe auf der Postschiffroute zum Nordkap mit der Gitarre begleiten sollte. Meine Freundin, die als begnadete Musikerin für diese Aufgabe vorgesehen war, fiel leider kurzfristig aus. Auf die Schnelle bereitete ich mich vor und spielte das gesamte Liederbuch durch. Dann konnte es losgehen. Weder das Rhythmusgefühl noch die Barré-Akkorde bereiteten mir Probleme. Allerdings hatte ich die Schwierigkeit des Stimmens unterschätzt. Die Gitarre mochte es nicht, durch unterschiedliche Räume getragen zu werden, und verstimmte sich immer wieder. Es war kaum ein geräuscharmes Eckchen im Gruppenraum zu finden, in dem ich ungestört hätte stimmen können. Außerdem war ich gedanklich schon mit dem Thema des Abends beschäftigt. Welche Wohltat, dass eine Teilnehmerin unserer Gruppe mir die Gitarre abnahm. Sie besitzt ein sehr gutes Gehör und reichte mir nach kurzer Zeit mit strahlendem Lächeln das gestimmte Instrument. Ich war ihr so dankbar. Übrigens wird mir das nicht noch einmal passieren. Mittlerweile besitze ich ein elektronisches Stimmgerät. Es zeigt über Frequenzmessung an, wie die Saite gerade schwingt und wie groß die Abweichung vom richtigen Ton ist. Den kann ich dann anhand der Anzeige korrigieren.

Die Furcht des Herrn ist mein Stimmgerät fürs Leben. Wenn ich in Resonanz zu Gott gehe, im Einklang mit ihm lebe, erhalte ich Orientierung. Sonst könnte ich gründlich schiefliegen, den verkehrten Grundton erwischen und in mir nicht stimmig sein. So, wie die Gitarre sich immer wieder verstimmt, verstimmt sich oft auch mein Leben. Es braucht immer wieder Korrektur, neue Ausrichtung, den Einklang mit Gott.

Die Furcht des Herrn ist mein Stimmgerät fürs Leben.

Gott als Coach

Mich begeistert immer wieder, wie Gott durch alle Jahrhunderte und auf allen Kontinenten mit unvollkommenen Menschen zusammenarbeitete und wirkte. Trotz ihrer Mängel, persönlicher Befindlichkeiten und blinder Flecken durften Menschen Teil seiner Geschichte sein und Jesus nachfolgen. In diese Menschenkette reihe ich mich ein. Das Fernziel ist und bleibt, mich an Gott auszurichten und in seiner neuen Welt anzukommen. Letztlich wird nicht meine Reife ausschlaggebend sein, sondern seine Gnade. Ein anschauliches Beispiel dafür ist der zu Recht Verurteilte, der neben Jesus am Kreuz hing. Jesus versprach ihm Erbarmen und Erlösung (Lk 23,42f.). Die Gnade Gottes wirkt unabhängig davon, wie verworren eine Lebensgeschichte ist oder wie verkorkst uns ein Charakter erscheinen mag.

Wie schön, dass mir in meinem Leben die Zeit und Gelegenheit geschenkt wird, wachsen zu dürfen. Vom Kinderglauben meiner ersten Jahre bis heute ist schon einiges an Veränderungen geschehen. Die Wiederholung des Kirchenjahres bietet die Gelegenheit, die großen Ereignisse der Geschichte Gottes mit uns Menschen immer wieder neu zu umkreisen und in sie hineinzuwachsen. Der Glaube an Jesus Christus ist meine Kraftquelle, die Basis meines Seins. Ich könnte ihn auch als mein Nest bezeichnen oder meine Heimat. Deshalb möchte ich natürlich auch im geistlichen Bereich reifer und erwachsener werden.

Der Ansatz, zu einer herausfordernden Lage zu sagen: »Danke Situation, du bist mein Coach«, geht auf den Psychologen Jens Corssen[134] zurück. Dies habe ich für mich umgedeutet und bewusst Gott diese Rolle als Coach übergeben. Deshalb frage ich mich oft: »Was will mein Vater im Himmel mich gerade lehren? Was wünscht er sich von mir, damit ich reifer werde? Welche Lektion soll ich jetzt lernen?« Anders gesagt: Wo würde der große Gärtner jetzt in meinem Lebensgarten Handlungsbedarf sehen? Diese Frage macht mich unglaublich neugierig und lernbereit. Sie führt mich zu meinen Schwächen und lässt mich erkennen, dass Gott gerne einiges an mir anders hätte, als es im Moment ist. Schwierige Lebenssituationen bekommen dadurch eine neue Bedeutung, denn Gott lässt sie so geschehen und will sie vielleicht sogar zu meinem Guten benutzen. Folglich werden sie für mich und für andere einen Sinn ergeben. Auf diese Weise durfte ich schon einiges lernen, z. B. Menschen, die mich herausfordern, zu achten, Kritik anzunehmen, nicht mit meiner Platzanweisung zu hadern oder mich selbst zurückzunehmen.

Die eigene Möglichkeit finden

Es gibt viele Möglichkeiten, geistlich zu reifen. Finden Sie Ihre ganz persönliche! Und praktizieren Sie diese dann auch. Eine entschlossene Routine hilft, Erkanntes ins Leben einzubauen und nutzbar zu machen. Monika fährt eine Woche ans Meer, Angelika zu stillen Tagen. Gabi meldet sich zum Online-Glaubenskurs an. Brigitte liest Romane, die den Glauben thematisieren. Maria bevorzugt Literatur, die geistliche Übungen vorstellt. Anne lebt mit den großen Werken der Kirchenmusik, die tief verinnerlicht in ihrem Herzen klingen. Seit einigen Jahren weiß ich, was *mein* Herz, *meine* Seele brauchen und halte daran fest. In der Bibel lesen gehört dazu und am liebsten anschließend laufen, um das Gelesene zu verinnerlichen. Ohne Smartphone unterwegs sein mit dem Gedanken: Ich bin nur für den Heiligen Geist erreichbar. Auf dem Weg beten für Menschen und Anliegen, die mir auf dem Herzen liegen. Zu Beginn der großen Baumallee kurz stehen bleiben, meine Gedanken stoppen und zum Bibeltext des Tages zurückkehren. Den Text langsam laufend innerlich wiederholen. Den Alltag und die aktuellen Erlebnisse und Gefühle mit Gott in Verbindung bringen. Mit dem Vater, dem Sohn und dem Heiligen Geist im Kontakt bleiben, Gottes Geheimnis umkreisen. Von ihm erfüllt und ergriffen sein. Nicht

Der Mensch braucht ein ganzes Leben lang, um reif zu werden. Ganz reif wird die Frucht erst durch seinen Tod.
(Anselm Grün)

nur etwas für wahr halten, sondern mich dieser Wahrheit anvertrauen mit meiner gesamten Existenz. Das ist im Moment mein Weg des Wachsens.

Der Gedanke eines weisen Mönchs soll am Ende des Kapitels stehen. Er lenkt den Blick darauf, dass auch noch die letzte Lebensphase eine Reifungsphase ist. Über sie kann keiner Auskunft geben, weil jeder Mensch sie nur einmal erlebt. Pater Anselm Grün sagt: »Der Mensch braucht sein ganzes Leben lang, um reif zu werden. Ganz reif wird die Frucht des Menschen erst durch seinen Tod.«[135]

Egal, wie viel Zeit mir bleibt, sie soll bis zum Ende Reifungszeit sein. Bis zum Ende, das in das neue Leben einmündet.

Einige Fragen und Anregungen:

- Wenn Sie sich weitere Veränderungen wünschen, könnten Sie sich fragen, in welchem Bereich Ihres Charakters Sie gerne in absehbarer Zeit reifer werden möchten.

- Benennen Sie, welche Entwicklung Sie anstreben. Beispielsweise: Ich möchte geduldiger werden, ausgeglichener oder mich weniger von anderen abhängig machen.

- Fassen Sie einen Plan, was dazu hilfreich sein könnte. Bestimmte Literatur? Der Besuch eines persönlichen Seminars? Beratung?

- Fangen Sie mit kleinen Schritten an, so zu denken und zu handeln, als ob Sie schon einen Schritt weiter in Richtung Veränderung wären. Und bitte halten Sie durch. Neue

Denk- und Handlungsweisen brauchen Zeit, bis sie ein Teil von uns werden können.

- Vertrauen Sie darauf, dass Gott Sie schon so liebt, wie Sie jetzt sind. Mit der Veränderung müssen Sie sich nichts erarbeiten. Natürlich können Sie Gott um Unterstützung in Ihrem Lernprojekt bitten.

- Vielleicht sind Sie in der Versuchung, auf ein Wunder zu hoffen. Dann möchten Sie vielleicht beten: »Lieber Vater im Himmel, bitte mache mich doch geduldiger!« Dann dürften Sie sich fragen, wozu Sie es sich so einfach machen wollen und gleich die Verantwortung an Gott abgeben möchten – denn dieses Training ist zunächst einmal *Ihre* Aufgabe.

Nachklang: Die Bibel als Lebensbuch –

EIN PERSÖNLICHER EINBLICK

»Jesaja – Jeremia – Klagelieder – Hesekiel – Daniel – Hosea ...« Zwei halbwüchsige Mädchen sitzen in ihrem Zimmer und wetteifern miteinander. Sie wollen Namen und Reihenfolge aller biblischen Bücher auswendig lernen und damit in der Kinderbibelwoche einen kleinen Preis gewinnen. Bei der Kinderfreizeit geht es um die Bibel. Die 66 Bücher, die zur evangelischen Bibel gehören, wurden anschaulich wie die sichtbaren Buchrücken eines Bücherregals dargestellt. »Obadja – Jona – Micha ...«, sagen die Mädchen weiter auf und bemühen sich, die ungewöhnlichen Namen im Gedächtnis zu behalten. Ursprünglich waren es keine Buchrücken, sondern Schriftrollen, das lernten die Kinder am Tag zuvor bei einem Geländespiel. Sie suchten verwitterte Rollen aus Pergamentpapier und erfuhren, wie alte Bibelfragmente tatsächlich gefunden und zusammengesetzt wurden. »Zefania – Haggai – Sacharja – Male-

achi.« Jetzt können die Mädchen die Namen der Propheten abspulen. Alles andere ist viel leichter zu lernen. »Matthäus – Markus – Lukas – Johannes – Apostelgeschichte.« Richtig. Der Preis winkt schon. Noch tiefer prägt sich die Ahnung ein, dass mit der Bibel ein Abenteuer und Geheimnis verbunden ist.

In Kontakt mit Gottes Wirklichkeit

Eines dieser wissbegierigen und eifrigen Mädchen war ich selbst. Mein Vater leitete jene Kinderbibelwoche. Meinen beiden Eltern verdanke ich enorm viel, denn sie legten den Samen in mein Kinderherz. Er war die Grundlage dafür, der Bibel und Gott zu vertrauen. Schritte zum mündigen, reiferen Glauben hatte ich anschließend selbst zu gehen. Der kindliche Glaube wurde durchgeschüttelt, infrage gestellt, korrigiert und erweitert. Und das war auch gut so. In jeder dieser Entwicklungsphasen spielte die Bibel selbst eine entscheidende Rolle. Durch sie kam ich in Kontakt mit Gottes Wirklichkeit. Ich konnte etwas ahnen von seinen Absichten. Und auch von der Art, wie er sich zeigt – im Leben einzelner Menschen und in der Weltgeschichte. Als Jugendliche begann ich damit, Stellen in der Bibel mit Bleistift zu markieren: Ausrufezeichen, Unterstreichungen und eine ganze Menge Fragezeichen. Was mich ansprach, versuchte ich zu verinnerlichen.

Die Bibel ist mein Lebensbuch. In allen Höhen und Tiefen des Lebens sprach Gott mich durch sie an.

Seitdem begleiteten mich unterschiedliche Bibeln. Zuerst natürlich die gute alte Lutherbibel. Später folgten andere Übersetzungen, die sich besonders nahe am ursprünglichen Text orientierten. Ich wollte vieles genau wissen, deshalb las ich die Elberfelder und Zürcher Bibel. Vor etwa 15 Jahren wurde es mir wichtiger, biblische Aussagen in heute verständlicher Sprache aufzunehmen. Deshalb wählte ich damals die Übertragung »Hoffnung für alle« und blieb ihr bis heute treu.

Ja, die Bibel ist mein Lebensbuch. In allen Höhen und Tiefen des Lebens sprach Gott mich durch sie an. Er weckte Hoffnung und Vertrauen. Er korrigierte mich, zeigte mir Versagen und Irrtümer. Und durch alles hindurch strahlte seine beständige und unbeirrbare Liebe. Darauf kann ich mich auch in Zukunft verlassen.

In mein Leben hineinsprechen lassen

Jeder Text, den wir lesen, löst etwas in uns aus, sei es nun eine Zeitungsmeldung, ein Lehrbuch oder ein Roman. Innerlich steigen wir an irgendeinem Punkt ein, fühlen mit und denken weiter. Oder wir nehmen eine Gegenhaltung ein und möchten widersprechen. Vielleicht langweilt uns die eine oder andere Passage sogar. All das kann uns ebenso mit biblischen Texten passieren. Gott verfolgt nicht das Ziel, geneigte Leser bei der Stange zu halten und keine Abo-Kündigung zu riskieren. Er hat den Anspruch, in das Leben der Leser hineinzusprechen. Gerade das macht die Lektüre so spannend, persönlich und existenziell.

Beim Lesen der Bibel treffen zwei Welten aufeinander. Eine einzelne Person mit ihrer Befindlichkeit, Lebensgeschichte, ihren aktuellen Herausforderungen und individuellen Grenzen. Und Gottes Wirklichkeit, die weitaus größer ist als unser menschliches Denken und alle unsere Wahrnehmungsmöglichkeiten.

Oberflächlich gesehen begegnen uns nur Buchstaben und überlieferte Texte. Genauer hingeschaut nehmen wir teil an Glaubenserfahrungen früherer Menschen. Sie lebten in anderen Kulturkreisen und zu einer anderen Zeit. Wodurch springt nun der Funke über? Dafür braucht es den Dolmetscher, den Gott seinen Kindern schenkt, den Heiligen Geist. Er ist in der

Lage, Worte der Bibel wesentlich tiefer wirken zu lassen. Wie eine persönliche Medizin zur rechten Zeit. Wohldosiert. Krankheitsursachen behebend. Entgiftend. Stärkend und aufbauend. Belebende Nahrung für Geist und Seele.

Durch das Wirken des Heiligen Geistes wird alles, was in der Bibel berichtet wird, zur Bühne Gottes. Auf ihr zeigt sich Gottes Wirken in der Welt. Er selbst ist der Hauptakteur. Seine Liebe kommt zum Auftritt in unterschiedlichen Szenen und Gewändern. Am deutlichsten in Jesus Christus selbst. Für viele Menschen steht am Anfang dieser geheimnisvollen Erfahrung beim Bibellesen die einfache Bitte an Gott: »Zeige dich mir und sprich mich an.«

Der Heilige Geist macht Gott sichtbar wie das Wasserzeichen in einem echten Geldschein. Und er knüpft exakt an unserer Lebenssituation an. An unseren Krisen, Fragen und Zweifeln. Jedes Mal, wenn wir uns dem aussetzen, kann eine tiefe Erfahrung daraus werden. Es kann jederzeit geschehen, dass mich ein Satz der Bibel, ein Gedanke, eine Erkenntnis trifft wie eine Erleuchtung. Wie die Entdeckung von Neuland, eine richtungsweisende Navigationsansage, die befreiende Diagnose oder der erlösende Schluck frisches Wasser. Das »lebendige Wasser« erscheint als Bild häufig in der Bibel, zum Beispiel spricht Jesus davon, dass er uns Glauben wie lebendiges, erfrischendes Wasser schenken will (Joh 4,10; 7,37).

Und von Gott heißt es, dass er betrauert, dass sein Volk sich – symbolisch gesprochen – rissige Zisternen baut, und ihn, »die Quelle mit frischem Wasser« (Jer 2,13), verlässt.

Wo bleiben sie denn?

Als ich einmal zu Beginn der kalten Jahreszeit unser Vogelhaus vor dem Fenster anbrachte, wartete ich gespannt darauf, dass die ersten Vögel es entdecken würden. Nichts passierte, obwohl das Futterhaus im Vorjahr an derselben Stelle gehangen hatte und gut besucht worden war. Aus meiner Verwunderung wurde eine leichte Enttäuschung. Ich ertappte mich bei den Gedanken: »Wann werden die kleinen Dummchen denn endlich bemerkten, dass es hier Nahrung gibt?«, »Warum kommen sie nicht? Das ist gutes, teures Futter!«. Plötzlich wurde mir das zu einem Bild für meine Beziehung mit Gott. Geht es denn ihm mit mir nicht ähnlich? Er bietet nahrhaftes und gesundes Futter an. Aber sein Futterhaus wird vielfach ignoriert. Wie schade! Für den, der füttern möchte, und für die, die Nahrung brauchen ... Meine Vöglein bemerkten es schließlich und kamen seitdem regelmäßig.

Ich mache es wie sie und hole regelmäßig mein Futter. Dazu lese ich in der Bibel und schreibe etwas auf, damit Gottes Gedanken so richtig in mein Herz sickern können und Jesus mir deutlich vor Augen steht. Die Texte, die von Jesus berichten, sind mir die allerkostbarsten. Unmittelbarer etwas über Gott zu erfahren als aus dem Mund seines Sohnes, das geht nicht. Jede seiner Handlungen, jedes Schweigen, jede Frage, jeder Zuspruch und jedes Wunder lässt mich ahnen, wie Gott ist.

Und Sie? Welche Rolle spielt für Sie das Lesen der Bibel? Haben Sie es vielleicht noch nicht ausprobiert? Oder damit aufgehört? Alles abgehakt? Oder sind Sie neu gespannt?

Gedanken aus einer anderen Welt

Von dem klinischen Psychologen, Bestsellerautor und Vortragsredner Henry Cloud hörte ich, dass 80 bis 90 Prozent von dem, was wir heute denken, unsere eigenen Wiederholungen sind. Forschungen hätten dies gezeigt. Also denken wir heute ziemlich genau dasselbe wie gestern und vorgestern. Kommt Ihnen das bekannt vor? Selbst, wenn wir neue Gedanken aufnehmen, bauen wir sie in unser übliches Denkschema ein.

Gerade deshalb möchte ich mich den überraschenden Worten Gottes aussetzen und seinem Geist genug Raum geben. Mich selbst endlos zu wiederholen, das läuft fast automatisch ab. Im Kopf drücke ich immer wieder die »Repeat-Taste«. Trinke immer wieder den alten Aufguss. Und dann spricht plötzlich Gott in meine Denkroutine hinein und enthüllt mir einen Teil seiner Geheimnisse.

Diese Vorstellung begeistert mich. Natürlich sind dabei Missverständnisse und Irrtümer nicht ausgeschlossen. So, wie ich im englischsprachigen Ausland manchmal Dinge nicht ganz verstehen kann oder falsch auffasse. Aber das macht nichts. Das, was ich von der Bibel verstehe, reicht, um mein Herz mit Gedanken aus Gottes Welt zu füllen. Selbst meine Begrenzungen werden ihn nicht hindern.

Das, was ich von der Bibel verstehe, reicht, um mein Herz mit Gedanken aus Gottes Welt zu füllen.

Erfahrbereit

Meine Füße schlüpfen in die Wanderschuhe, passgenau. Ich binde die Schnürsenkel zu und bin bereit, meine morgendliche Runde zu gehen. Startklar und erfahrbereit zu sein – welch wohltuende Routine! Die heilsame Erfahrung stellt sich unterwegs ein. Der Weg ist zwar der gleiche, und doch wird jeder Spaziergang ein anderer. Die Jahreszeiten sind unterschiedlich. Wetter, Wolken und Licht variieren. Meine Aufmerksamkeit ist auf andere Details gerichtet. Neue Verknüpfungen geschehen in meinen Gedanken und Gefühlen.

Ähnlich ist es mit dem Lesen der Bibel. Wenn ich sie zur Hand nehme, mache ich mich »erfahrbereit«. Die gleichen Texte, egal, wie oft ich sie schon gelesen habe, treffen mich in einer jeweils anderen Erfahrungswelt. Mitten in neuen Fragen und Herausforderungen. Gelegentlich stoße ich wieder auf Datumsangaben, mit Bleistift an den Rand notiert. Dann erinnere ich mich, in welcher Lebenssituation mir dieser Text schon Hilfe, Trost und Korrektur gewesen ist. Manchmal schreibe ich ein neues Datum dazu. Gottes Geschichte mit mir, mein Werden und Sein, ist unlösbar mit Gottes Anrede verbunden. Ich erlebe sie auf unterschiedlichste Weise, aber am verlässlichsten durch die Bibel.

Eine Einladung an Sie:

- Probieren Sie es aus. Das ist in jedem Lebensabschnitt möglich.

- Machen Sie Ihre ganz eigenen Erfahrungen mit der Bibel. Bitten Sie Gott darum, etwas durch die biblischen Texte in Ihnen zu bewegen.

- Steigen Sie bei Texten ein, die sich mit Jesus beschäftigen. Die Evangelien nach Matthäus, Markus, Lukas und Johannes sind dafür geeignet.

- Nutzen Sie Hilfen. Online-Bibelkurse des ERF sind zum Beispiel dafür geeignet. Neben hochwertigen Bibellesehilfen wie »Atempause – Start ins Bibellesen« (Bibellesebund) gibt es auch Podcasts, die das Verstehen erleichtern.

- Suchen Sie sich Menschen, mit denen Sie über Ihre Fragen und Erkenntnisse sprechen können.

Endnoten

1 »Das Leben besteht zu 10 Prozent aus dem, was dir widerfährt, und zu 90 Prozent aus dem, wie du damit umgehst.«

2 Andere Formulierung für Patchwork- oder Stieffamilien. Ich persönlich finde diesen Begriff passender, denn Patchwork könnte nach Flickenteppich klingen. Auch »Stief-« hat einen negativen Touch. https://www.familienwegweiser.ch/stichwort/fortsetzungsfamilien/ (abgerufen am 29.07.2019).

3 Alfred Adler, 1870 geboren in Wien, 1937 gestorben in Aberdeen, Schottland.

4 »Alfred Adlers Individualpsychologie« herausgegeben von Ansbacher/Ansbacher, Ernst Reinhardt Verlag, München, 1982, S. 178.

5 Aus »Die schöpferische Kraft« von Betty Lou Bettner, Peter Pollak Verlag, Tuttlingen, 2012, S. 14f.

6 Aus »Mut tut gut«, Theo Schoenaker, RDI Verlag, Bocholt, 2007, S. 76.

7 Die »Baueinheiten« in der Nationalen Volksarmee der DDR wurden Anfang der 60er-Jahre als Kompromiss zwischen der SED und den Evangelischen Kirchen ins Leben gerufen. In ihr dienten sogenannte Bausoldaten ohne Waffe und Fahneneid. Bausoldat konnte werden, wer die Ausbildung an der Waffe aus »religiösen Anschauungen oder aus ähnlichen Gründen« ablehnte. Viele Christen wählten aus Gewissensgründen diesen Weg. http://www.gesellschaft-zeitgeschichte.de/stasi/bausoldaten-in-der-ddr/bausoldaten/ (abgerufen am 30.07.2019).

8 Die Pionierorganisation wurde im Dezember 1948 in der DDR als sozialistische Massenorganisation für Kinder der Klassenstufen 1–7 gegründet. Ihr Ziel war es, die Kinder im Sinne der sozialistischen

Ideologie zu erziehen. https://www.ddr-geschichte.de/Bildung/Schule/Pionierorganisation/pionierorganisation.html (abgerufen am 30.07.2019).

9 Aus »Partnerschaft lernen« von Dr. Zivit Abramson, Herzsprung-Verlag, Lindau, 2018, S. 496: »Die Problematik ist, dass die Interpretationen eines Kindes oft nicht zutreffend sind, weil dessen Denk- und Urteilsvermögen noch nicht sehr ausgeprägt sind. Ein Kind zieht seine Schlüsse viel zu früh.«

10 Kailash Verlag, München, 2015.

11 Stefanie Stahl, »Das Kind in dir will Heimat finden«, Kailash Verlag, München, 2015, S. 15.

12 Ebd., S. 15.

13 Ebd., S. 16.

14 Antje Sabine Naegeli, »Umarme mich, damit ich weitergehen kann«, Herder Verlag, Freiburg im Breisgau, 2011, S. 112.

15 https://anotherotherblog.wordpress.com/2014/01/19/one-day-well-be-old/ (abgerufen am 04.11.2019).

16 Arkana Verlag, München, 2013.

17 https://www.youtube.com/watch?v=c7dt573_JM0; Chelsea Werner on the Today Show; 12.07.2016 (abgerufen am 05.11.2019).

18 Special Olympics ist die weltweit größte Sportbewegung für Menschen mit geistiger Behinderung und Mehrfachbehinderung. Sie ist vom Internationalen Olympischen Komitee offiziell anerkannt. https://de.wikipedia.org/wiki/Special_Olympics (abgerufen 05.11.2019).
Im Unterschied dazu treten bei den Paralympics Menschen mit Körperbehinderung an.

19 Schülke, Claudia, Ein unerschrockener Forscher, Südthüringer Zeitung, 14.9.2019.

20 Rauer, Friedrich, Die Welt gehört in Kinderhände, Südthüringer Zeitung, 26.2.2018 und https://www.unhcr.org/dach/de/aktuelles/dream-diaries (abgerufen am 06.11.2019).

21 In Lydia 1/2014 als Auszug aus »Werden, wie du mich siehst« von Stacy Eldredge, Gerth Medien, Asslar, 2014.

22 Ebd.

23 »If you can dream it, then you can achieve it.« https://www.pinterest.de/pin/145663369171999695/ (abgerufen am 06.11.2019).

24 https://www.aphorismen.de/zitat/47212 (abgerufen am 06.11.2019).

25 https://usa.usembassy.de/etexts/soc/traum.htm (abgerufen 06.11.2019).

26 »Dreams are the edges of the puzzle of your life.« Tom Ziglar, https://www.ziglar.com/articles/your-dreams/ (abgerufen am 07.11.2019).

27 In Lydia 1/2014 als Auszug aus «Werden, wie du mich siehst" von Stacy Eldredge, Gerth Medien, Asslar, 2014.

28 Aus: »Ufergedanken«, Gütersloher Verlagshaus, Gütersloh, 2007.

29 »If your dreams don't scare you, they aren't big enough.« Zig Ziglar, https://www.pinterest.de/pin/177329304054865090/ (abgerufen am 08.11.2019).

30 https://www.badische-zeitung.de/wie-das-zweite-leben-des-samuel-koch-aussieht (abgerufen am 08.11.2019).

31 Willow Creek Magazin 2/19; »Neue Perspektiven« von Sarah Kleinknecht.

32 »Let your dreams be bigger than your fears.«

33 https://de.statista.com/statistik/daten/studie/432/umfrage/idole-der-deutschen/ (abgerufen am 21.01.2019).

34 https://www.bing.com/videos/search?q=vorbilder+und+helden+youtube&view=detail&mid=C0449F133D36A308A195C0449F133D36A308A195&FORM=VIRE (abgerufen am 22.01.2019).

35 https://www.swr.de/swr2/programm/sendungen/glauben/-/id=5344778/property=download/nid=659102/1y91jwd/swr2-glauben-20091101.pdf (abgerufen am 22.01.2019).

36 Aus »Oh Haupt voll Blut und Wunden«, Strophe 9 (EG Nr. 85).

37 https://1000-zitate.de/autor/Dietrich+Bonhoeffer/ (abgerufen am 22.01.2019).

38 https://www.bundesgesundheitsministerium.de/fileadmin/Dateien/5_Publikationen/Praevention/Broschueren/Broschuere_Leben_in_Balance_-_Seelische_Gesundheit_von_Frauen_01.pdf (abgerufen am 25.11.2019).

39 Der Begriff wird heute zunehmend von »Work-Life-Integration« abgelöst: https://arbeits-abc.de/work-life-integration/ (abgerufen am 25.11.2019).

40 Rudolf Dreikurs (geboren 1897 in Wien, gestorben 1972 in Chicago) war Psychiater, Pädagoge und Psychologe, Vertreter der Individualpsychologie.

41 Dr. Harold Mosak (1921–2018) war Adlerianischer Psychotherapeut in Chicago.

42 Beilage der Südthüringer Zeitung vom 22.11.19.

43 https://www.youtube.com/watch?v=QUTq5k5Npos. Wallendas describe high-wire walk in Times square; 24.06.2019 (abgerufen am 11.02.2020).

44 https://www.focus.de/politik/deutschland/tid-17363/margot-kaessmann-nicht-tiefer-fallen-als-in-gottes-hand_aid_483780.html (abgerufen am 30.11.2019).

45 Ichiro Kishimi/Fumitake Koga, »Du musst nicht von allen gemocht werden«, Rowohlt Taschenbuch Verlag, Reinbek bei Hamburg, 2019, S. 100.

46 Joyce 1/2019, »Ich will Hoffnung schenken«, Porträt über Deborah Rosenkranz von Debora Kuder.

47 Randnotiz der Südthüringer Zeitung vom 09.11.2019 unter der Rubrik »Persönlich«.

48 Valerie Lill, CD »Von heute an«, Lied Nr. 7: »Nimm meinen Segen an« (cap-music).

49 Stefanie Stahl, »Das Kind in dir muss Heimat finden«, Kailash Verlag München, 2015, S.66.

50 Nach Betty Lou Bettner, »Die schöpferische Kraft«, Peter Pollak Verlag, Tuttlingen, 2012, S. 50.

51https://twitter.com/drhenrycloud/status/613024014928207872 (abgerufen am 09.12.2019).

52 https://www.youtube.com/watch?v=F-AXJM3LRkw. Fürs Weinen bezahlt: Tränenseminare in Japan (abgerufen am 09.12.2019).

53 Antje Sabine Naegeli, »Du hast mein Dunkel geteilt«, Herder Verlag, Freiburg im Breisgau , 1984, S. 30.

54 https://www.medico.de/blog/der-heuschrecken-17644/ (abgerufen am 25.3.2020).

55 https://www.ksta.de/politik/gastbeitrag-von-zukunftsforscher-horx-nach-corona-wird-es-nie-wieder-so-wie-vorher-36452094 (abgerufen am 25.3.2020).

56 Ebd.

57https://tagesschau.de/inland/geschellschaft/zeitenwende-wort-des-jahres-101.html (abgerufen am 21.3.2023).

58 https://www.boundaries.me/blog/how-to-take-control-during-a-personal-crisis (abgerufen am 25.3.2020).

59 https://www.apotheken-umschau.de/Erste-Hilfe/Wiederbelebung-mit-telefonischer-Hilfe-540953.html (abgerufen am 31.3.2020).

60 https://www.ameos.eu/aktuelles/nachrichten/artikel/zunahme-von-25-an-depressionen-und-angststoerungen (abgerufen am 21.3.2023).

61https://deximed.de/home/b/psychische-stoerungen/patienteninformationen/angststoerungen/panikstoerung-haeufigkeit-und-ursachen/ (abgerufen am 28.3.2020).

62 »Nur Mut! Das kleine Überlebensbuch«, Kösel-Verlag München, 3. Auflage 2013.

63 https://www.spektrum.de/lexikon/psychologie/selbstdistanzierung/13887 (abgerufen am 27.3.2020).

64 Elisabeth Lukas, »Der Schlüssel zu einem sinnvollen Leben«, Kösel-Verlag München, 2011, S. 222-223.

65 https://www.agitano.com/zitate-sprueche/viktor-e-frankl-ich-muss-mir-von-mir-selbst-nicht (abgerufen am 27.3.2020).

66 »I am the captain of my soul« stammt aus dem bekannten Gedicht »Invictus« von William Ernest Henley (1849–1903). Die Beziehung von Nelson Mandela zu diesem Satz wird im gleichnamigen Film »Invictus – Unbezwungen« thematisiert.

67 Südthüringer Zeitung, 30.03.2020, »Warum in der Krise Fake News blühen«.

68 Deutsches Ärzteblatt Jg. 117, Heft 13, 27.3.2020, »Covid-19-Pandemie – Psychische Belastungen können reduziert werden«, Dr. rer. medic. Moritz Petzold.

69 https://de-de.facebook.com/StasiEldredge, Post vom 31.03.2020 (abgerufen am 31.03.2020).

70 https://www.gutzitiert.de/zitat_autor_theodor_fontane_thema_beten_zitat_32885.html (abgerufen am 02.04.2020).

71 Gerth Medien, 2005.

72 Ps. 73,23: »Dennoch bleibe ich stets an dir; denn du hältst mich bei meiner rechten Hand.«

73 Deutscher Taschenbuch Verlag München, 1993.

74 Ebd., S. 109.

75 Ebd., S. 111.

76 Die genannten Anregungen orientieren sich an Empfehlungen von Henry Cloud, die von mir über längere Zeiträume aus seinen Posts zusammengestellt wurden. Aktuellster Beitrag: https://www.boundaries.me/blog/4-things-you-can-do-for-your-mental-health-during-the-covid-19-crisis (abgerufen am 02.04.2020).

77 http://www.sozialpolitik-aktuell.de/tl_files/sozialpolitik- (abgerufen am 02.12.2019). Seit etwa 1975 liegt die Geburtenrate in Deutschland um 1,4. Seit 2012 ist eine leicht ansteigende Tendenz zu beobachten, ohne jedoch das längerfristige Phänomen des Geburtenrückganges umzukehren.

78 https://de.wikipedia.org/wiki/Kindersterblichkeit (abgerufen am 02.12.2019). 1870 starben 250 Kinder unter 5 Jahren auf 1.000 Geburten. 2004 in Nordrhein-Westfalen 5 Kinder pro 1.000 Geburten.

79 https://www.destatis.de/DE/Themen/Gesellschaft-Umwelt/Bevoelkerung/Geburten/_inhalt.html (abgerufen am 02.12.2019).

80 Bei fast allen Säuglingen ist das Aneinanderreihen von »ma« das erste Wort. Die Silbe »ma« ist sehr leicht auszusprechen, durch stimmhaftes Öffnen des Mundes bildet sie sich beinahe von allein.

81 Vollständiger Name heute: Elly-Heuss-Knapp-Stiftung, Deutsches Müttergenesungswerk.

82 https://www.muettergenesungswerk.de/ueber-uns/geschichte/ (abgerufen am 13.02.2020).

83 https://www.zeit.de/wissen/geschichte/2018-07/ns-geschichte-mutter-kind-beziehung-kindererziehung-nazizeit-adolf-hitler (abgerufen am 13.02.2020).

84 https://www.spektrum.de/news/paedagogik-die-folgen-der-ns-erziehung/1555862 (abgerufen am 13.02.2020).

85 Donald W. Winnicott (1896–1971) prägte in den 1950er Jahren den Begriff «good enough mother".

86 Stuart Clarke, »So much of what we know about love we learn from our mother«, Pinterest (abgerufen am 13.02.20).

87 https://www.welt.de/kultur/article5466389/Herta-Muellers-Taschentuch-gegen-die-Diktatur.html (abgerufen am 13.02.2020).

88 Kalender »Der Andere Advent«, 2019/2020.

89 https://www.familienrat-training.de/ (abgerufen am 14.02.2020).

90 http://www.sakristane-schweiz.ch/docs/2013/4-2013_Gebet_nach_Henri_Nouwen.pdf (abgerufen am 14.02.20).

91 Victor E. Frankl, »... trotzdem Ja zum Leben sagen«, Deutscher Taschenbuch Verlag, München, 1993.

92 Elisabeth Lukas über Victor E. Frankl, »Binde deinen Karren an einen Stern«, Verlag Neue Stadt, München, 2016, S. 135.

93 Im Internet unter dem Stichwort »Marriage Box« zu finden.
94 Dr. Zivit Abramson ist seit Jahrzehnten als Paar- und Sexualtherapeutin in Tel Aviv tätig und lehrt regelmäßig auch in Deutschland. Ihr verdanke ich meine grundlegendsten Kenntnisse zum Thema Partnerschaft und Paardynamik.

95 »Good contract and bad contract «, in: Zivit Abramson, Learning Couples, Adlerian Society UK & Institute for Individual Psychology, 2014, S. 6. Mittlerweile auch in Deutsch erschienen: Partnerschaft lernen, Herzsprung Verlag, Lindau, 2018.

96 Ebd., S. 106.

97 Rudolf Dreikurs, »Ermutigung an jedem Tag«, Herder Verlag, Freiburg im Breisgau, 2002, S. 21.

98 Theo Schoenaker, »Die kreative Partnerschaft«, RDI Verlag, Bocholt, 2005, S. 52.

99 Diese Übung geht auf Theo Schoenaker zurück.

100 Bruce Wersen, Pastor von »His Place Community Church«, Burlington, Washington.

101 Bedürfnisse des Mannes: Sexuelle Erfüllung, Respekt/Anerkennung, Gebraucht werden. Bedürfnisse der Frau: Zuneigung/Zärtlichkeit, offene Kommunikation, Verantwortung des Partners für die Familie. Quelle: Ausbildung im Adler-Pollak-Institut.

102 Zivit Abramson, »Partnerschaft lernen«, Herzsprung Verlag, Lindau, 2018, S. 185–270.

103 Lichtblick Magazin für praktizierte Individualpsychologie, Heft 108, S. 12: »Mut zu Liebe und Intimität«, Bericht über einen Workshop mit Monika Risi-Widmer von Christina Ott.

104 Spiegel-Bestseller, Goldmann Arkana, München, 2009.

105 »Liebeslust« und »Alltagslust«, erschienen im SCM Verlag, 2015 und 2017.

106 »Many marriages would be better if the husband and wife clearly understood they are on the same side«, Quotefancy (abgerufen am 09.01.20).

107 Diese Symptome wurden von John Gottman als die apokalyptischen Reiter in einer Partnerschaft bezeichnet: https://www.planet-wissen.de/gesellschaft/liebe/partnerschaft/pwiedieapokalyptischenreiter100.html (abgerufen am 11.01.2020).

108 https://utopia.de/ratgeber/neue-utopien-minimalismus-2-0/ (abgerufen am 13.01.2020).

109 »Oh! Noch mehr Geschichten für andere Zeiten«, Andere Zeiten e.V., 2010, S. 22.

110 Adler Pollak Institut https://www.adler-pollak-institut.de/ (abgerufen am 13.02.2020).

111 Henri J. M. Nouwen, »Siehe, ich mache alles neu«, Herder Verlag, Freiburg im Breisgau, 1997, S. 4.

112 Ebd.

113 Reinhold Niebuhr (1892–1972), US-amerikanischer Theologe, Philosoph und Politikwissenschaftler. https://www.aphorismen.de/zitat/25799 (abgerufen am 16.01.2020).

114 https://shop.marburger-medien.de/produktgruppe/karten/fotokarten/loslassen-pk141.html

115 Die Individualpsychologie verwendet hierfür den Begriff »Finalität«, der von Alfred Adler eingeführt wurde.

116 https://www.gugalyrics.com/lyrics-547355/cae-gauntt-gauntt,-cae-halte-fest,-was-du-hast.html (abgerufen am 17.01.2020).

117 https://www.vaticannews.va/de/welt/news/2020-01/nigeria-terroristen-mord-praesident-christenverband-dschihadist.html (abgerufen am 17.01.2020).

118 «You are allowed to be both a masterpiece and a work in progress simultaneously.« Sophia Bush, Pinterest, (abgerufen am 20.12.2019).

119 https://www.dein-weg-zum-beruf.com/f%C3%BCr-eltern/ (abgerufen am 20.12.2019).

120 https://www.br.de/themen/wissen/alterungsprozess-mensch-theorien-100.html (abgerufen am 20.12.2019).

121 Die lateinischen Begriffe lauten: citius, altius, fortius. https://www.t-online.de/gesundheit/fitness/id_78518934/olympisches-motto-das-ist-das-offizielle-motto-von-olympia.html (abgerufen am 23.12.2019).

122 Amazon Produktbeschreibung, Mai 2013 zur CD »Hautnah«.

123 Theo Schoenaker, »Mut tut gut«, RDI Verlag, Bocholt, 2007, S. 70.

124 Peter Scazzero, »Glaubensriesen – Seelenzwerge?«, Brunnen Verlag, Gießen, 2008, S. 2.

125 https://www.evangeliums.net/zitate/thomas_feverel_merton.htm (abgerufen am 21.12.2019).

126 Dass der Mensch ein unteilbares Ganzes ist, wird mit dem Begriff »Holismus« ausgedrückt. Alle Teile des Individuums sind miteinander verknüpft und streben nach demselben Ziel, auch wenn es nicht offensichtlich ist.

127 John Maxwell ist ein amerikanischer Buchautor, Redner, Coach und Pastor. Seine über 70 Bücher wurden 16 Millionen Mal verkauft.

128 https://www.johnmaxwell.com/blog/making-the-transition-to-intentional-growth/ (abgerufen am 14.02.2020).

129 https://www.randomhouse.de/Das-Geheimnis-weiser-Menschen/aid70386.rhd (abgerufen am 16.12.2019).

130 Peter Scazzero, »Glaubensriesen – Seelenzwerge«, Brunnen Verlag, Gießen, 2008, S. 28.

131 Ebd., S. 29.

132 Facebook-Eintrag der Willow Creek Community Church, 29.12.2019: »You can bring your full self to God. Your worries, your fears, your brokenness, and your pain. He is with you through it all.«

133 Peter Scazzero, »Glaubensriesen – Seelenzwerge«, Brunnen Verlag, Gießen, 2008, S. 52f.

134 »Der Selbst-Entwickler« von Jens Corssen ist als Online-Kurs, Buch und Hörbuch erhältlich.

135 Anselm Grün, »Das große Buch der Lebenskunst«, Herder Verlag, Freiburg im Breisgau, 2010, S. 37.